Inga Wolff-Junghans

FRED & OTTO

unterwegs im Allgäu

Wanderführer für Hunde

Inhalt

Unterallgäu

Ostallgäu

Tannheimer Berge

Oberallgäu

Westallgäu

Iron-Dog-Challenge

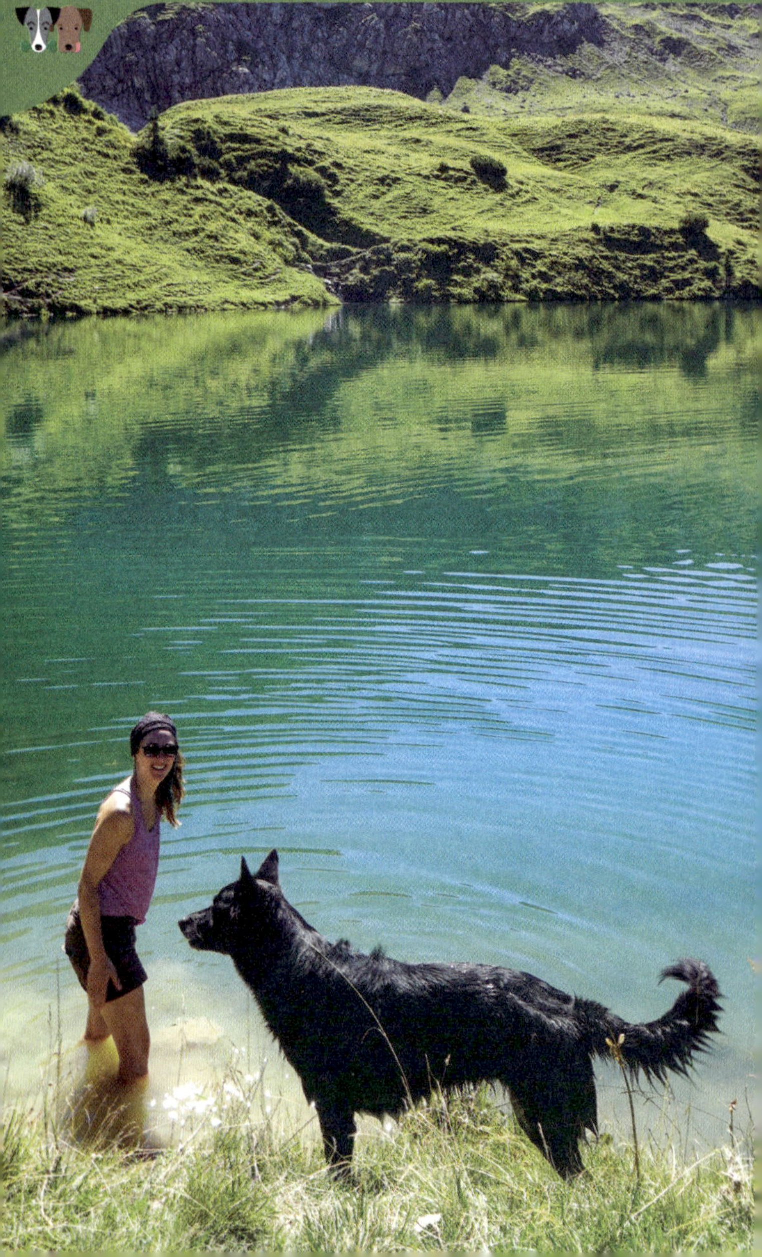

Vorwort

Am eigenen Leib mussten meine Hündin Mina, besser bekannt als Wuff, und ich erfahren, dass man aus einer normalen Tourenbeschreibung nicht immer herauslesen kann, ob sie auch für Hunde geeignet ist. Vor allem wenn man einen großen Hund hat, den man sich nicht mal eben so unter den Arm klemmen kann. Dieses Erlebnis war die Motivation dafür mich auf die Suche nach hundefreundlichen Wandertouren in meiner Heimat Allgäu zu machen, sie auf Herz und Nieren zu testen und für andere wanderbegeisterte Mensch-Hunde-Teams aufzuschreiben.

Das Allgäu ist eine sehr vielfältige und beliebte Wanderregion. Von stillen Wanderungen durch Moorlandschaften, über sanfte Hügel im Voralpenland bis hin zu hohen Bergen mit spektakulären Ausblicken ist für jeden was dabei. Hundefreundlich sind wasserreiche Touren mit ausreichend Schatten, die möglichst nicht an stark frequentierten Wegen entlang führen. Letzteres lässt sich oft nicht vermeiden, denn sowohl Einheimische als auch Touristen erkunden gerne diese schöne Landschaft zu Fuß, auf dem Fahrrad oder mit Skiern. Zahlreiche Hütten und Alpen bieten unterwegs Gelegenheit zum Rasten und Stärken, oft mit selbst produzierten Köstlichkeiten. Im Allgäu wird sehr aktiv Alpwirtschaft betrieben und dementsprechend begegnet man häufig Weidetieren. Oft kommt man aber auch einigen Wildtieren sehr nah. Die Berge bieten diesen Tieren oft letzte Rückzugsmöglichkeiten und als naturbegeisterter Wanderer muss man das unbedingt respektieren. Es heißt Abstand halten, Hunde anleinen und von der Ferne die Begegnung genießen.

Wandern macht einfach Spaß. Besonders mit der passenden zwei- und vierbeinigen Begleitung. Ich bedanke mich bei all meinen WeggefährtInnen für ihre Unterstützung und freue mich auf weitere Wandererlebnisse mit Euch!

In diesem Sinne wünsche ich viel Spaß beim gemeinsamen Erkunden des schönen Allgäus.

Inga Wolff-Junghans

Was zu beachten ist … Wandern mit Hund

Wandern mit Hund, ist das nicht einfach nur ein langer Spaziergang? Ganz und gar nicht! Laut dem Deutschen Wanderverband ist „Wandern Gehen in der Landschaft. Dabei handelt es sich um eine Freizeitaktivität mit unterschiedlich starker körperlicher Anforderung, die sowohl das mentale wie physische Wohlbefinden fördert". Wandern mit Hund ist sogar noch mehr, denn es bietet eine wunderbare Möglichkeit die Mensch-Hund-Beziehung zu festigen. Gemeinsam neue Wege zu erkunden, Abenteuer zu bestehen und Hindernisse zu überwinden, vertieft automatisch und spielerisch die Bindung zwischen dem Zwei- und seinem Vierbeiner und baut nachhaltig Vertrauen auf. Und dabei kommt man ganz nebenbei in den Genuss von wunderschönen Landschaften, lustigen Begegnungen oder urigen Einkehrmöglichkeiten.

Daten und Fakten zum Wanderführer

Dieser Wanderführer hält für jeden etwas bereit und ist daher sowohl für Einheimische, Urlauber, Genusswanderer, aber auch ambitionierte Bergwanderer eine Bereicherung. Die meisten Touren sind Rundwanderungen, bei denen unterwegs eine hundefreundliche Einkehrmöglichkeit zur Pause einlädt. Bei der Tourenauswahl wurde darauf geachtet, große (Fahrrad-) Verkehrsadern zu meiden, unterschiedlich lange oder schwierige Routen sowie Wanderungen zu jeder Jahreszeit vorzustellen und es wurde natürlich immer an erfrischende Bäche, Flüsse oder Seen gedacht.

Alle Angaben zu Wegführungen, Einkehrmöglichkeiten, Preisangaben, hundefreundlichen Hotels oder der nächstgelegenen Tierarztpraxis wurden nach bestem Wissen recherchiert und können sich jederzeit ändern. Für den Fall, dass man sich trotz der Tourenbeschreibung verläuft und der Empfang zur Verwendung der komoot-App zu schwach ist, ist es nach wie vor sinnvoll, eine Wanderkarte der Region dabeizuhaben. Man begibt sich zur letzten bekannten Wegmarkierung zurück und sucht von dort nach dem richtigen Weg, anstatt sich querfeldein noch mehr zu verirren.

Die Einteilung in die Schwierigkeitsgrade wurde mithilfe der komoot-App vorgenommen. Grundsätzlich kann man sagen, dass sich die Touren folgendermaßen gliedern:

Leichte Wanderungen sind für alle Fitnesslevel geeignet. Es sind nur

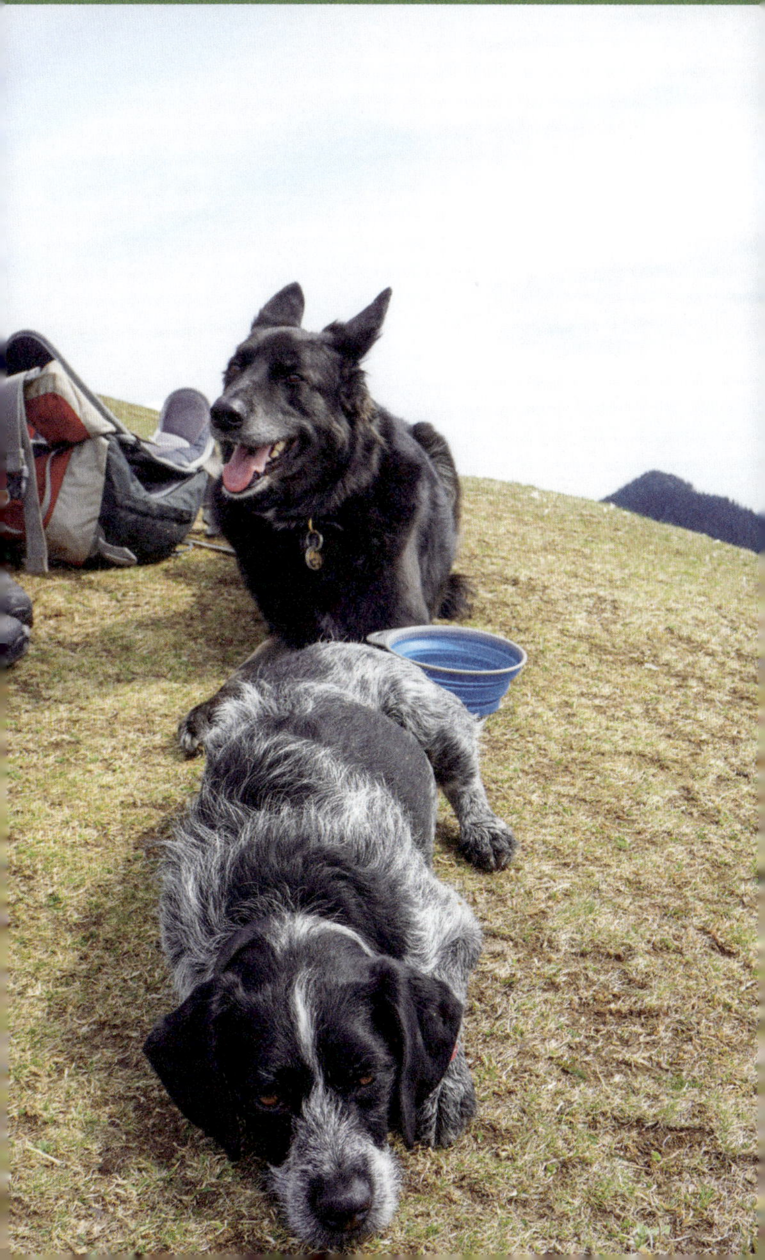

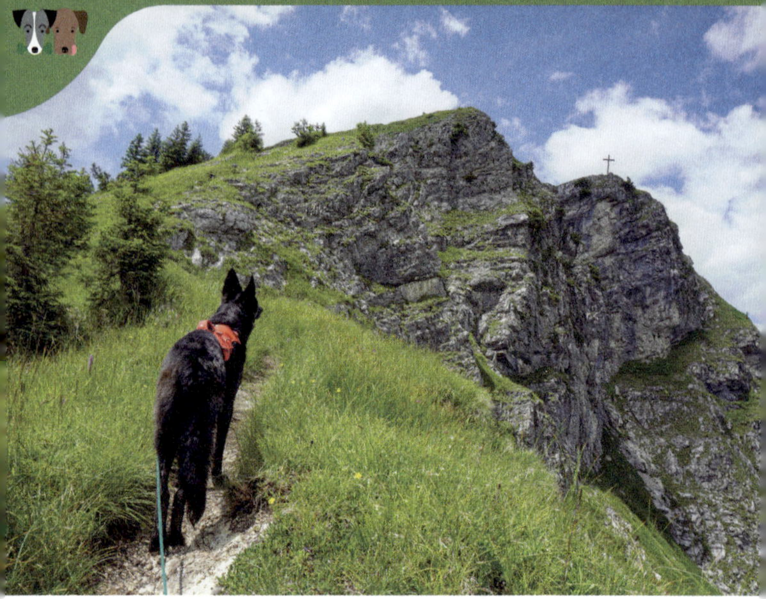

mäßige Steigungen zu bewältigen und dadurch für junge sowie ältere Hunde gut machbar. Die Wege sind leicht begehbar, sie weisen keine größeren Hindernisse auf. Die Routen sind bei jedem Wetter begehbar und es ist kein besonderes Können erforderlich.

Mittelschwere Wanderungen erfordern eine gute Grundkondition, es sind teilweise kurze, steile Passagen zu bewältigen. Überwiegend sind die Wege gut begehbar, aber es können schon auch mal ein schmaler Steig, rutschige Wurzeln und einzelne Felsstufen vorkommen. Daher sind Trittsicherheit und gute Leinenführigkeit erforderlich.

Schwere Wanderungen erfordern sehr gute Kondition sowie gute Trittsicherheit. Es handelt sich um lange Touren in den Bergen mit steilen, ausgesetzten und steinigen Wegpartien. Festes Schuhwerk und alpine Erfahrung sind notwendig, an manchen Stellen muss den Hunden aktiv geholfen werden, z.B. beim Überwinden einer Felsstufe. Eine sehr gute Leinenführigkeit und Gehorsam sind wichtig, um Unfälle zu vermeiden. Diese Wanderungen dürfen nur bei guter Witterung begangen werden.

Gehzeiten entsprechen der Berechnung der alpinen Vereine, und zwar in einer Stunde gut 300 Höhenmeter im Aufstieg, 500 Höhenmeter im Abstieg und generell 4 km in der Ebene.

Einschätzung der Kondition

Die Kondition ist bekanntlich nicht von der Größe des Hundes abhängig, sondern wird von vielen anderen Faktoren beeinflusst. Alter, Trainingszustand, aber vor allem auch gesundheitliche Aspekte sind zu berücksichtigen. Mit einem Hund mit Arthrose sollten keine langen und steilen Wanderungen gemacht oder diese z.B. durch die Benutzung einer Seilbahn an den Hund angepasst werden. Viele brachycephale Rassen, also Hunde mit sehr kurzen Nasen, haben besonders im Sommer ein Problem, ausreichend Luft zu bekommen und hyperventilieren schnell. Es ist daher fahrlässig, sie auf eine anstrengende, sonnenexponierte Wanderung mitzunehmen, außer man kann sie bei Bedarf in einer Tragemöglichkeit unterbringen. Es ist auf jeden Fall angeraten, mit leichten Wanderungen zu beginnen und sich langsam zu steigern, um sich und den Hund nicht zu überfordern. Es wollen ja alle Beteiligten Spaß haben und keinen Schaden davontragen. Das heißt auch, dass man Junghunde je nach Rasse frühestens im Alter von 12 Monaten an lange Wanderungen heranführt. Sie haben zwar jede Menge Energie, aber für das Skelett ist zu frühe Belastung sehr schädlich.

Wetter und Gewitter

Zur guten Planung einer Wanderung, insbesondere einer Bergwanderung, gehört es sich, den Wetterbericht, das Regenradar und im Winter den Lawinenlagebericht zu studieren. Hierfür eignet sich zum Beispiel das DAV Bergwetter, welches unter www.alpenverein.de im Servicebereich zu finden ist. Bei unsicherer Witterung, nach starken Regenfällen oder besonders eisigen Tagen sollten absturzgefährliche Gratwanderungen, Wanderungen durch enge Tobel oder sehr lange Touren vermieden werden. Falls man doch mal von einem Gewitter überrascht werden sollte, gilt es, folgende Grundregeln zu beachten: Man entfernt sich von exponierten Gegenständen, wie Bäumen, Gipfelkreuzen oder Seilbahnmasten, und sucht sich auf einer freien Fläche idealerweise eine kleine Mulde. Hier hockt man sich auf eine isolierte Unterlage, kauert sich mit angezogenen Beinen zusammen und wartet das Gewitter ab. Alle leitenden Gegenstände, wie z. B. Wanderstöcke, werden dabei weit von sich deponiert.

Verantwortung für den Hund, die Natur und Mitmenschen

Als HundehalterInnen haben wir die Verantwortung über das Wohlbefinden unserer Schützlinge zu tragen und dafür zu sorgen, dass sie ihr Leben ohne Schmerzen, Leiden oder Schäden verbringen dürfen. Das gilt natürlich auch für gemeinsame Wandererlebnisse. Hunde finden zwar

intuitiv den besten Weg, aber der Bodenbeschaffenheit sind sie gnadenlos ausgeliefert. Im Gegensatz zu uns tragen sie keine schützenden Schuhe und die Pfotenballen müssen mit Umständen, wie scharfen Steinen, stacheligen Dornen und heißem Asphalt zurechtkommen. Wir sollten also regelmäßig die Pfoten auf Verletzungen oder Fremdkörper kontrollieren, die Ballen gegebenenfalls mit Vaseline oder ähnlichem einreiben und für den Notfall einen Pfotenschutzschuh oder Verbandmaterial dabeihaben.
Im Alltag verbringen unsere Hunde viel Zeit mit Ruhen und Schlafen, daher müssen wir auf längeren Wanderungen auch ausreichend Pausen einplanen. Wasser sollte immer angeboten werden, eine große Mahlzeit ist nicht notwendig oder empfehlenswert. Aber über einen energiereichen Snack zwischendurch freut sich bestimmt jeder Vierbeiner.

Wandern in der freien Natur ist einfach großartig, aber man muss sich auch an einige Regeln halten. Das gilt insbesondere für Naturschutzgebiete und Wildruhezonen. Es wird zwischen Landschaftsschutzgebiet, in dem keine generelle Anleinpflicht herrscht und Naturschutzgebieten, in denen Hunde stets an der Leine geführt werden müssen, unterschieden. Selbstverständlich wandert man nur auf den gekennzeichneten Wegen und geht nicht kreuz und quer, um Tiere nicht unnötig aufzuschrecken oder Anpflanzungen zu zerstören. Pflanzen werden nicht gepflückt, der eigene Müll - und netterweise auch fremder - wird eingepackt. Anleingebote gelten normalerweise für alle Hunde, nicht nur für die Jagenden. In Bayern gibt es keine generelle Leinenpflicht, jede Gemeinde entscheidet darüber selber. Man sollte sich also vorab über die lokalen Bestimmungen informieren. In Wertach z.B. gilt die Leinenpflicht nur für Hunde über 50 cm Schulterhöhe sowie Kampfhunde.

Betretungsverbote müssen berücksichtigt werden, insbesondere im für Wildtiere sehr kräftezehrenden Winter oder während der Brut- und Setzzeit sollte besondere Rücksicht genommen werden. Wildruhezonen und die damit einhergehenden Betretungsverbote sind meistens mit Schildern markiert.

Wie auch bei einem normalen Spaziergang müssen wir HundehalterInnen auf unsere Mitmenschen Rücksicht nehmen und vorausschauend handeln. Viele Menschen haben Angst vor Hunden oder mögen sie schlichtweg nicht. Das heißt für uns, dass wir freilaufende Hunde zurückrufen, um dann gemeinsam an der anderen Person vorbeizugehen. Gegebenenfalls mit einem gebührenden Abstand. Oder aber wir warten an einer geeigneten Stelle, die ein Passieren erlaubt. Das

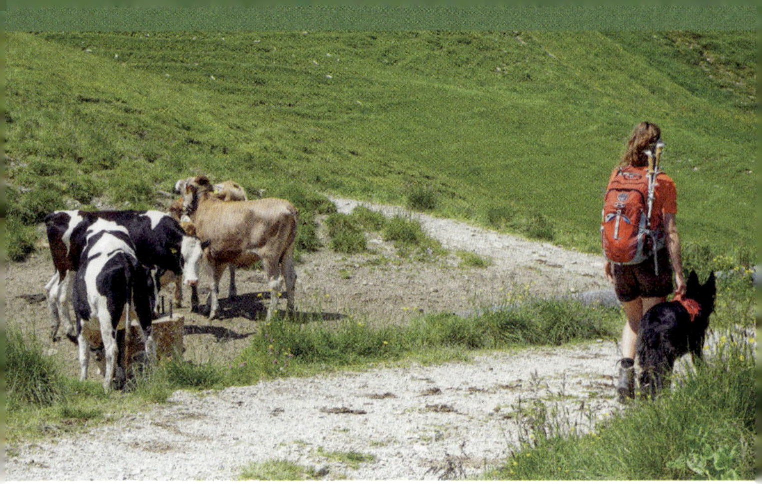

An Weidevieh ruhig, aber zügig vorbeigehen und den Hund nah bei sich führen

gilt besonders dann, wenn wir merken, dass sich unser Gegenüber verspannt, stehenbleibt oder hektisch wird. Leinenpflichten müssen berücksichtigt werden und oft ist es für alle Beteiligten sowieso entspannter, wenn der Hund an der Leine geführt wird. Eine gute Leinenführigkeit ist Voraussetzung für das Wandern an ausgesetzten Wegen und absturzgefährdeten Passagen.
Ähnliches gilt für die Begegnung mit FahrradfahrerInnen. Insbesondere Hunde, die leidenschaftlich gerne Fahrräder jagen, müssen zwangsläufig an der Leine geführt werden.

Verhalten bei Weideviehbegegnungen

Das Allgäu ist traditionell von Almwirtschaft geprägt und so verbringen abertausende Jungtiere, welche im Allgäu „Schumpen" genannt werden, aber auch zahlreiche Milchkühe sowie Mutterkuhherden den Sommer auf weitläufigen Wiesen im Voralpenland und den Bergen. Der Alpsommer geht, grob gesagt, von Mitte April bis Mitte September und ist je nach Höhenlage vom Futterangebot und der Witterung abhängig. Durch das Grasen und den Tritt pflegen sie diese artenreiche und schöne Kulturlandschaft, die vielen seltenen Tier- und Pflanzenarten Lebensraum bietet. Daher müssen wir diese Art der Viehhaltung unbedingt erhalten und respektvoll mit ihr sowie ihren Akteuren umgehen. Das heißt selbstverständlich, dass der Hundekot aufgesammelt wird und man seinen Hund nicht direkt aus den Viehtränken trinken lässt. Dadurch soll eine eventuelle Übertragung des einzelligen Parasiten Neospora caninum vom Hund auf die Kuh verhindert werden. Dieser Parasit wird für eine erhöhte Abortrate und Kälbersterblichkeit verantwortlich gemacht. An vielen Allgäuer Wiesen kann man den Spruch „Hundekot ist Kälbertot" lesen. Aus Respekt den LandwirtInnen gegenüber und aus Qualitätsansprüchen an die eigenen Lebensmittel sollte jeder Hundehalter dieses Thema ernstnehmen.

Auf vielen Wanderrouten lassen sich Überquerungen von Weideviehflächen nicht vermeiden und stellen im Normalfall kein Problem dar, sofern man sich an einige Grundregeln hält:

1) Hunde sollten, gegebenenfalls an der Leine eng bei Fuß gehen.
2) Das Weidevieh sollte in Ruhe gelassen und mit Abstand passiert werden.
3) Die Wanderwege dürfen nur verlassen werden, wenn ein Tier den Weg versperrt.
4) Ruhig bleiben, zügig gehen, aber das Weidevieh nicht aus den Augen lassen.
5) Zäune werden selbstverständlich ordentlich verschlossen.

Die Initiative „Bergwelt Tirol Miteinander Erleben" hat diese Verhaltensregeln sehr anschaulich zusammengetragen, man kann sie unter www.bergwelt-miteinander.at/sommer/weidevieh/weidevieh/verhaltensregeln.html nachlesen. Oft findet man sie auch als Tafeln an Weidezäunen angebracht. Außerdem weisen in Tirol oft Schilder auf Alternativrouten zum Umgehen von Weideflächen hin. Rinder sind an sich friedliche und gutmütige Tiere. Jungtiere sind oft noch sehr neugierig und lebhaft. Menschen finden die meisten Rinder uninteressant, bei Hunden sieht das Ganze aber anders aus. Oft kommen die Jungrinder interessiert angerannt, sobald sie einen Hund erblicken. Das ist dann kein Angriff, kann aber dennoch bedrohlich wirken und zu ungünstigen Situationen führen. Da Rinder zwar wunderschöne, aber nicht die besten Augen haben, hilft es sehr, den Hund nah bei sich zu führen, damit dieser nicht als solcher wahrgenommen wird. Bei Mutterkuhherden ist stets Vorsicht geboten. Mutterkuhherden sind fleischbetonte Rassen, die nicht zur Milchgewinnung gehalten werden. Die Kälber wachsen im Herdenverband bei der Mutter auf. Die Herden leben auf weitläufigen Weiden und sind den engen Umgang mit Menschen nicht gut gewöhnt, daher haben die Mutterkühe ihren Kälbern gegenüber einen starken Beschützerinstinkt. Das Drohverhalten von Kühen äußert sich durch Schnauben, Senken des Kopfes und schließlich dem Angriff. Leider passieren jedes Jahr schwere, zuweilen sogar tödliche Unfälle im Zusammenhang mit Weidevieh. Falls es zu einem Angriff kommen sollte, sofort den Hund ableinen und wegschicken. Hunde sind schneller und wendiger als Menschen und können der Situation oft ungeschoren entkommen. Und zwar ohne menschliche Hilfe. Falls uns eine Kuh zu sehr auf die Pelle rückt und sich nicht vertreiben lässt, darf auch ein beherzter Hieb auf die Nase (z.B. mit dem Wanderstock) als Notwehr eingesetzt werden.

Die richtige Ausrüstung

Gut passende, wasserfeste Wander- oder Trekkingschuhe sind die Grundausstattung für eine schöne Wanderung. Auch alle anderen Kleidungsstücke sollten bequem sitzen und im Idealfall nach dem Zwiebelprinzip übereinander angezogen werden. So kann man sich immer an die schwankenden Temperaturen anpassen. Eine atmungsaktive Regenjacke, die gegen Nässe und Wind schützt, sollte auch bei gutem Wetter nie fehlen, in den Bergen ist es oft windiger als im Tal. Für Bergtouren empfiehlt es sich außerdem, ein Wechselshirt einzupacken, das man nach dem schweißtreibenden Aufstieg anzieht, um sich vor einer Erkältung zu schützen. Funktionsklamotten aus Merinowolle haben sich zu jeder Jahreszeit bewährt, da sie sogar im feuchten Zustand wärmen und sich allein durch Lüften der Schweißgeruch verflüchtigt. Ideal für mehrtägige Touren.

Ein guter Wanderrucksack besitzt einen Hüftgurt, der bei richtigem Sitz die Last von den Schultergurten nimmt. Schwere Lasten sollten grundsätzlich nah am Körper getragen werden, damit der Wanderer nicht vom schlecht austarierten Rucksack aus dem Gleichgewicht gebracht werden kann.

Packliste Mensch

» festes Schuhwerk
» wetterabhängige Kleidung
» Wechselkleidung
» Getränke und Proviant
» Wanderkarte
» Erste-Hilfe-Set
» Handy und evtl. Powerbank
» Wanderstöcke
» Handschuhe, Mütze
» Sonnenschutz

Packliste Hund

» Leine
» Geschirr
» Wasser
» Faltnapf oder Hundetrinkflasche
» Hundekotbeutel und Transportgefäß (alte Tupperdose etc.)
» evtl. Hundemantel (je nach Empfindsamkeit des Hundes)
» Erste-Hilfe-Set, Pfotenschutzschuh
» Maulkorb oder Maulschlaufe
» energiereicher Snack
» Handtuch

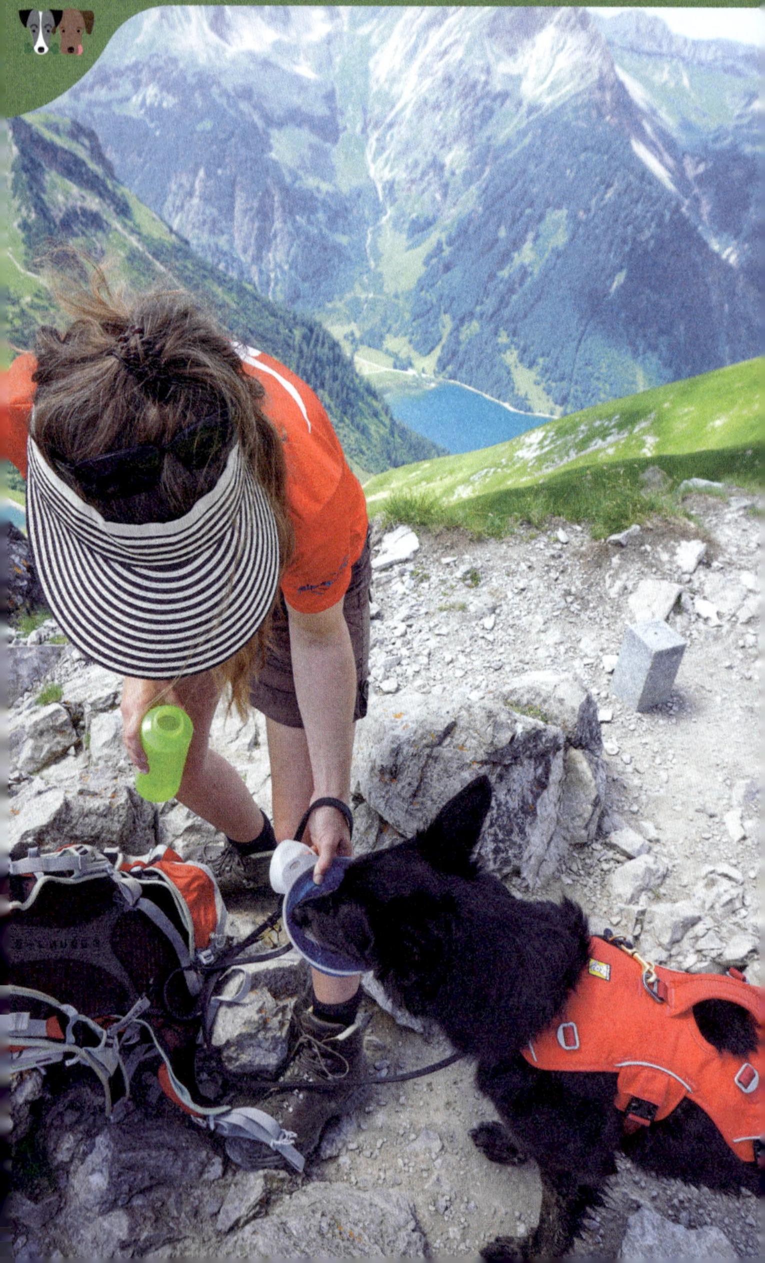

- Heimtierausweis (bei Grenzübertritt)
- für Mehrtagestouren: ausreichend Trockenfutter (erhöhter Energiebedarf!) und Schlafplatz

Ein Brustgeschirr ist insbesondere in den Bergen empfehlenswert. Die Gefahr bei Halsbändern ist immer, dass sich der Hund damit in einem Busch oder ähnlichem verheddert, in Panik gerät und sich im schlimmsten Fall stranguliert. Das kann bei Brustgeschirren nicht passieren und sie haben noch weitere Vorteile. Idealerweise wählt man ein Modell mit zwei Bauchgurten, um ein Verrutschen zu verhindern und mehr Stabilität zu gewinnen. Es gibt Modelle, die einen stabilen Griff auf dem Rückenteil befestigt haben. Dieser erleichtert es sehr, dem Hund über schwierige Passagen zu helfen, oder ermöglicht ein schnelles Festhalten, wenn z.B. ein Wildtier vor einem den Weg kreuzt. Zudem können an einigen Brustgeschirren Packtaschen angebracht werden. Dann kann der Hund einen Teil seines eigenen Gepäcks tragen, was vor allem bei Mehrtagestouren von Vorteil ist. Dabei darf der Hund nicht mehr als ein Viertel seines Körpergewichts tragen und auch hierbei ist auf Alter, körperliche Einschränkungen und Kondition zu achten. Und all das will natürlich geübt sein, denn nicht jeder Hund akzeptiert Packtaschen ohne Weiteres.

An ausgesetzten Gratwegen und Gipfeln Hunde immer gut sichern, vor allem etwas „kopflose" Hunde.

Flexi-Leinen oder sehr lange und dünne Schleppleinen eignen sich nicht zum Wandern in den Bergen, da das Verletzungsrisiko zu hoch und die Stabilität gering ist. Bewährt haben sich Abschnitte von dünnen Kletterseilen oder eine stabile „normale" Hundeleine. Wer mit Wanderstöcken wandert kann die Leine an einem Hüftgurt fixieren, idealerweise mit einem Panikverschluss versehen, für den Fall der Fälle.

Erste Hilfe

Die meisten Verletzungen, die beim Wandern auftreten können, sind aufgerissene Ballen, eingetretene Fremdkörper, wie spitze Dornen oder ab- oder eingerissene Krallen. Das tut dem Hund erstmal ordentlich weh und belasten will er die Pfote nicht mehr. Was also tun, wenn das Auto oder der nächste Tierarzt mehrere Kilometer entfernt ist und man sich auf einem schmalen Pfad in den Bergen befindet? In diesen Fällen ist es sinnvoll, die Wunde zu inspizieren und so gut es geht zu säubern, eine antiseptische Salbe aufzutragen und einen provisorischen Pfotenverband anzulegen. Wie das geht, lässt man sich am besten vorher einmal in einer Tierarztpraxis zeigen oder sieht sich ein Lehrvideo an. Auf der Homepage www.erste-hilfe-beim-hund.de findet man so eines und noch viele weitere wertvolle Tipps für diverse Notfälle. Kann der Hund trotz Pfotenverband oder Schuh nicht mehr laufen, heißt es schlicht und einfach: tragen. Wie, ist abhängig vom Hund. Mithilfe eines großen Tuchs können Hunde wie in einer Hängematte getragen werden. Aber nicht jeder Hund macht das ruhig mit. Eine Alternative ist es, sich den Hund über die Schultern zu legen. Das ermüdet die Arme nicht so schnell und man hat ihn besser unter Kontrolle.

Ein weiteres Thema sind Überhitzungen. Hierzu kommt es oft an heißen Sonnentagen, an denen die gewählte Tour doch länger ausfällt als erwartet oder die anvisierte Wasserstelle wegen Trockenheit nicht mehr existiert. Dann ist die oberste Prämisse, den Hund abzukühlen, z.B. mithilfe eines nassen Handtuchs oder T-Shirts. Sinnvoll ist es auch, die Pfoten zu kühlen. Wenn möglich, sucht man sich einen Schattenplatz und wartet hier, bis es dem Hund wieder besser geht und er ausreichend Wasser getrunken hat.

In einem Erste-Hilfe-Set für Hunde sollte sich befinden:

- Pfotenschutzschuh
- Verbandmaterial für einen Pfotenverband (Wundauflage, antiseptische Salbe oder Spray, Polsterwatte für den Zwischenraum von Kralle und Pfote, selbstklebende Fixierbinde, Klebeband)
- Zeckenzange oder Pinzette
- Mullbinde für einen Druckverband
- Maulschlaufe
- Latexhandschuhe

Mit der Bahn auf den Berg

Heutzutage gibt es zahlreiche Seilbahnen, die einen den An- oder Abstieg erleichtern. Die Vorteile sind, dass man durch die Schonung der Kräfte oder der Zeitersparnis längere Höhenwanderungen machen, die Tour an junge oder alte Hunde anpassen oder aber die eigenen Gelenke schonen kann. Es ist bei der Tourenauswahl aber darauf zu achten, ob es sich um eine Gondelbahn oder einen Sessellift handelt. Die Benutzung eines Sessellifts ist nicht mit jedem Hund möglich und sollte im Zweifelsfall vermieden werden. Mit entspannten, kleinen oder mittelgroßen Hunden, die man gut gesichert, z.B. an einem Klettergurt fixiert, auf dem Arm halten kann, dürfte eine solche Fahrt aber kein Hindernis sein. Einem „Angstbeißer", der in Panik um sich schnappen könnte, sollte man eine solche Fahrt ersparen – und damit sich und den Mitmenschen. Auch bei einer Gondelfahrt gibt es ein paar Dinge zu beachten. Der Ein- und Ausstieg erfolgt in die fahrende Gondel, was manchem Hund nicht geheuer ist.

Also anleinen und im Zweifelsfall den Hund hinein- bzw. hinausheben. Es gibt kleine Gondeln mit Sitzplätzen, aber auch große mit Stehplätzen. In letzteren kann es sehr eng werden, meistens herrscht Maulkorbpflicht. Am besten, man informiert sich vorab beim entsprechenden Liftbetreiber über die Transportbestimmungen.

Wanderbusse

In manchen Regionen ist das Wanderbusnetz gut ausgebaut, in anderen fährt vielleicht zweimal am Tag ein Bus. Darüber sollte man sich vorab informieren. In den Regionen Oberstdorf, Kleinwalsertal oder Bad Hindelang/Hinterstein gibt es gute Verbindungen, die Abfahrtzeiten unterscheiden sich meistens von Sommer zu Winter. Außerdem sollte man stets einen Maulkorb parat haben und die Hunde selbstverständlich an der Leine führen.

Hüttenübernachtung mit Hund

Mit seinem Hund auf einer Hütte zu übernachten, ist leider nur auf den wenigsten Hütten erlaubt und erfordert zwingend eine vorherige Absprache mit dem Hüttenwirt. Manche Hütten bieten eigene Hundezimmer an, im Regelfall sind Hunde aber in den Schlafräumen nicht gestattet und müssen dann alleine im Gastraum, Trockenraum oder Lifthäuschen übernachten. Es muss sich jeder gut überlegen, ob man sich und seinem Hund das zumuten kann. Eine sehr gute soziale Verträglichkeit und die Fähigkeit, entspannt alleine zu bleiben, sind hierfür Grundvoraussetzungen. Für eine gelungene Übernachtung in den Bergen braucht es außerdem einen mitgebrachten Hundeschlafplatz. Es dürfen dafür auf keinen Fall die hütteneigenen Decken verwendet werden. Zudem braucht man ein Handtuch, um den Hund vor Betreten der Hütte zu reinigen, und ausreichend Trockenfutter. Trockenfutter empfiehlt sich, da es bei geringerem Gewicht eine hohe Energiedichte hat und nicht so intensiv riecht. Bevor man die Hütte wieder verlässt, ist es eine nette Geste, den Hüttenwirt nach einem Besen zu fragen und den Hundeschlafbereich zu säubern. Dass man all seinen Müll und Hundekotbeutel wieder mit ins Tal trägt, sollte selbstverständlich sein.

Badeseen mit Hund im Allgäu

Das gemeinschaftliche Baden von Mensch und Hund ist auch im Allgäu nicht überall gern gesehen. An Flüssen stellt es normalerweise kein Problem dar, im Folgenden sind mögliche Hundebadeseen aufgelistet:

- Alatsee, nur am Westufer
- Bodensee, am Naturstrand in der Eichwaldstraße in Lindau

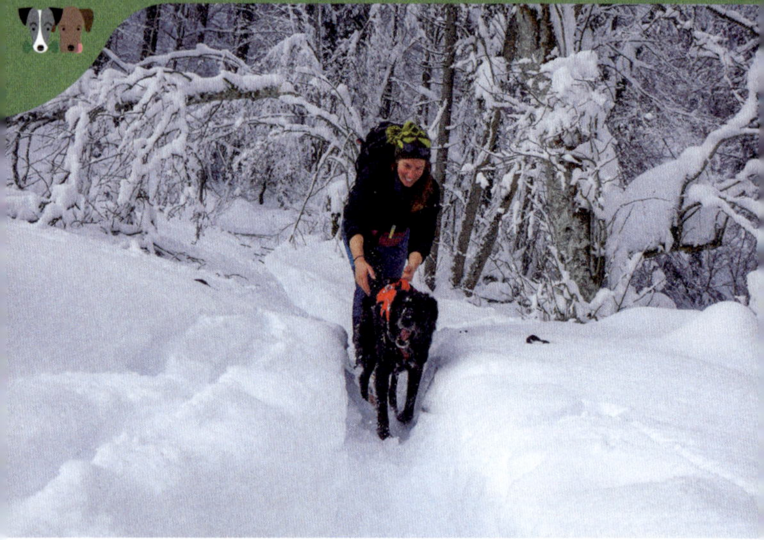

» Forggensee, am südlichen Ostufer gibt es Hundebadeplätze
» Grüntensee, am Campingplatz gibt es einen Hundebadestrand
» Hopfensee
» Rottachsee, nur am Vorsee in Bisseroy
» Großer Alpsee

Damit an diesen Seen Hunde weiterhin erwünscht sind, müssen wir besondere Rücksicht auf unsere Mitmenschen nehmen. Der Hund sollte nicht einfach kreuz und quer über fremde Handtücher jagen, das Picknick klauen, sich neben fremden Menschen den nassen Pelz schütteln oder lautstark alle verbellen. Am besten sucht man sich einen schattigen Platz etwas abseits des Trubels, leint den Hund an und räumt selbstverständlich auch hier die Hinterlassenschaften auf.

Wintersport mit Hund

Das Allgäu bietet Wintersportlern hervorragende Bedingungen. Und als Hundemensch will man seinen Vierbeiner am liebsten immer dabeihaben. In den letzten Jahren sind Aktivitäten wie Schneeschuhwandern und Skitouren immer populärer geworden. Vielen Hunden macht die Bewegung im Schnee tierisch Spaß, und richtig trainiert steht dem auch nichts im Wege. Man darf aber nicht unterschätzen, wie anstrengend oftmals das Vorwärtskommen im Tiefschnee ist, dass eisige Temperaturen vielen Hunden sehr zu schaffen machen und welche

Gefahren die Sportarten für unsere Hunde bereithalten. Skier und Rodel haben scharfe Kanten, die ein großes Verletzungsrisiko für Hundepfoten darstellen. Grundsätzlich hat ein Hund auf einer Skipiste nichts zu suchen, da er für sich und andere Wintersportler ein großes Unfallrisiko darstellt. Beim Rodeln ist darauf zu achten, dass man seine Geschwindigkeit der des Hundes anpasst und nicht einfach ungebremst ins Tal brettert. Die Geschwindigkeit und das ungebremste Bergabrennen belasten die Gelenke der Hunde sehr. Es heißt also auch hier: Regelmäßige Pausen sind Pflicht! Da ist das Schneeschuhwandern schon viel entspannter und weniger gefährlich, aber auch hier gibt es ein paar Dinge zu beachten. Da die Touren bevorzugt durch Tiefschnee gehen, dürfen sie nicht zu lang ausfallen. Viele Hunde gehen gern hinter ihrem Menschen in der Spur. Hierbei ist darauf zu achten, dass genügend Abstand herrscht, um den Hund nicht mit dem Schneeschuh am Kopf zu treffen oder auf die Pfote zu treten. Und für alle Aktivitäten gilt: Wasser mitnehmen und wenn nötig, einen Hundemantel. Bei Hunden mit langem Behang an den Pfoten und Beinen verklumpt der Schnee gerne mal und bildet schwere Schneepakete. Vaseline, auf die Pfote geschmiert, kann das in einem gewissen Maß verhindern und schützt gleichzeitig die Pfoten vor der Kälte oder scharfen Eiskristallen.

Hunde-Events

Für Fans von Hundesportveranstaltungen bietet das Allgäu auch das ein oder andere Schmankerl.

- Seit über 20 Jahren findet in Bad Hindelang – Unterjoch ein internationales Schlittenhunderennen statt. An einem verschneiten Wochenende im Januar oder Februar rasen dann Schlittenhundeteams mit bis zu 45 km/h über die anspruchsvolle Piste. Ein wahres Spektakel! Allerdings sind zuschauende Hunde nicht gerngesehen, weil diese die Gespanne ablenken und dadurch das Unfallrisiko steigt. Aktuelle Informationen unter www.oberallgaeu.info/veranstaltung/schlittenhunderennen-bad-hindelang-unterjoch
- Ende des Sommers heißt es dann in Wangen im Allgäu „Volle Kanne" beim Internationalen Dackelrennen. In verschiedenen Klassen treten hier Dackel oder Dackelmischlinge gegeneinander an und fliegen regelrecht über die Rennstrecke. Ein lustiges Ereignis, und der eigene Hund ist als Zuschauer herzlich willkommen. Aktuelle Informationen unter www.dackelrennen-wangen.de

Werbung

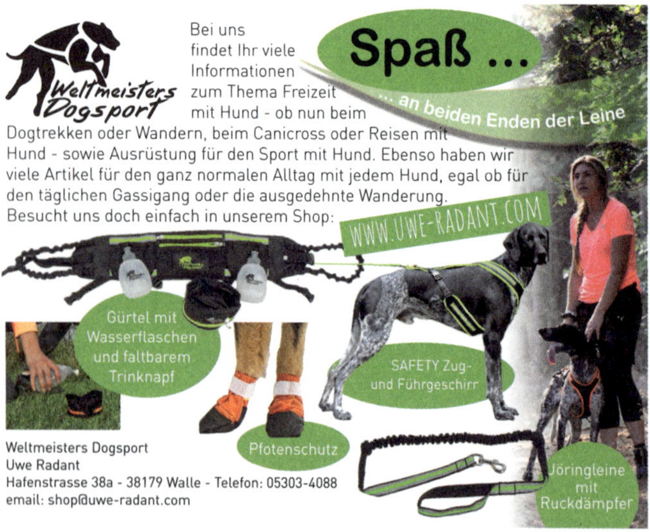
Weltmeisters Dogsport
Spaß …
… an beiden Enden der Leine
Bei uns findet Ihr viele Informationen zum Thema Freizeit mit Hund - ob nun beim Dogtrekken oder Wandern, beim Canicross oder Reisen mit Hund - sowie Ausrüstung für den Sport mit Hund. Ebenso haben wir viele Artikel für den ganz normalen Alltag mit jedem Hund, egal ob für den täglichen Gassigang oder die ausgedehnte Wanderung.
Besucht uns doch einfach in unserem Shop:
WWW.UWE-RADANT.COM
Gürtel mit Wasserflaschen und faltbarem Trinknapf
SAFETY Zug- und Führgeschirr
Pfotenschutz
Jöringleine mit Ruckdämpfer
Weltmeisters Dogsport
Uwe Radant
Hafenstrasse 38a - 38179 Walle - Telefon: 05303-4088
email: shop@uwe-radant.com

Unterallgäu

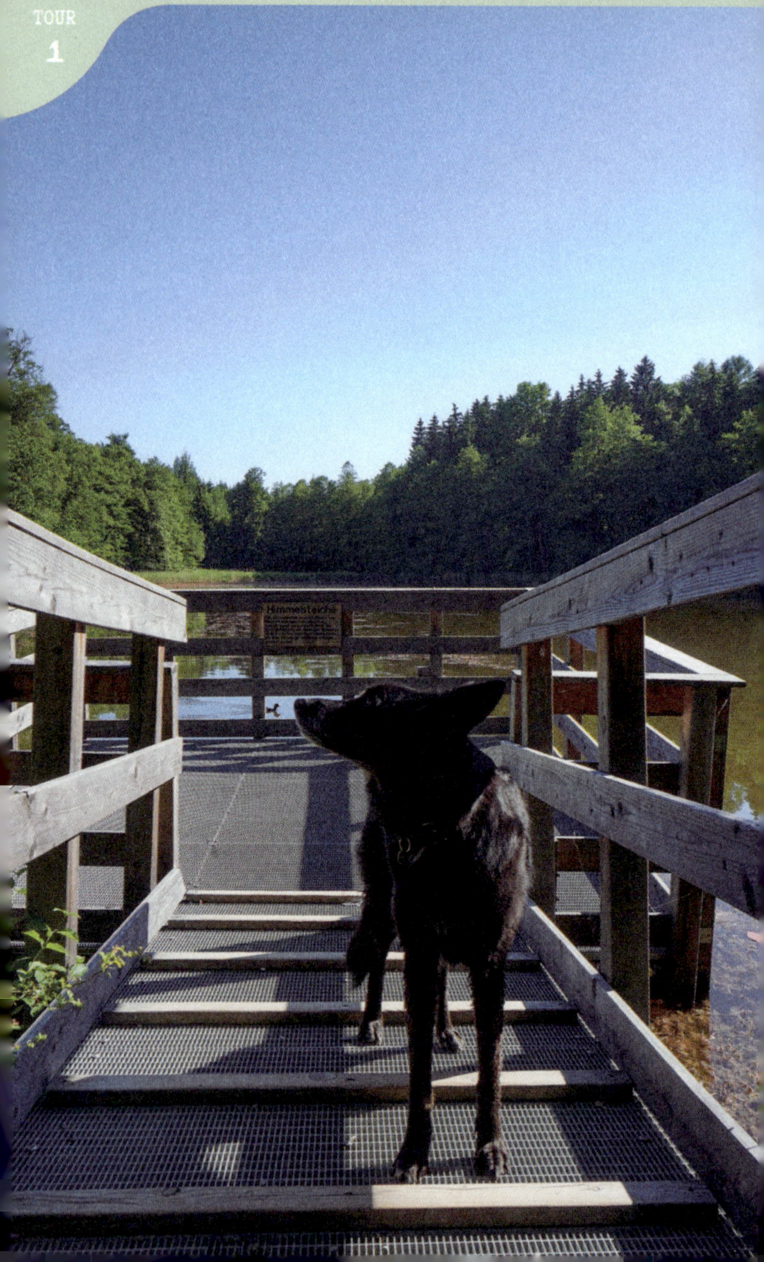

Schöner Mischwald – variabel zu laufen – Bademöglichkeiten

Himmlische Teiche im Wald

Hundefreundlichkeit: **An den touristisch erschlossenen Buxheimer Weiher grenzt der Buxheimer Wald, welcher von zahlreichen kleineren Weihern durchzogen ist. Diese Weiher, auch Himmelsteiche genannt, wurden von den Kartäusermönchen zur Fischzucht angelegt und bieten heute zahlreichen Tieren und Pflanzen eine Heimat sowie Wasserratten etliche Bademöglichkeiten. Die idyllische „Waldweiherrunde" wäre perfekt, würde nicht die Autobahn den Wald durchschneiden und die Idylle durch Verkehrslärm stören. Wem es zu laut ist, kann einfach die Tour mit der ausgeschilderten „Illerabbruchrunde" erweitern und so tiefer in den stillen Wald eintauchen. Ganzjährig möglich.**

Tour-Info	↔ 6,5 km	1:45 Std.	+++ leicht
Start-Ziel:	Parkplatz am Weiher		
GPS:	47°59'34.4"N 10°8'1.1"E		
Markierung:	graue Wanderschilder		
Wegecharakteristik:	95 % Weg – 5 % Wanderweg		

Vom Parkplatz am Weiher gehen wir über eine Brücke in den Buxheimer Wald hinein. Die heutige Tour ist hervorragend ausgeschildert und wir folgen der „Waldweiherrunde" bzw. den Hinweisschildern auf dem Wanderweg. Linkerhand bietet ein Pfad einen kleinen Abstecher zu den Skulpturen am Waldgeisterweg. Danach folgen wir dem Schotterweg, der für ein Stück in ein Teersträßchen übergeht. Auf diesem unterqueren wir die Autobahn, gehen um eine Kurve und biegen dann vor dem Wald linkerhand auf einen Wiesenpfad ein. Dieser führt uns unmittelbar in das Örtchen **1** Buxheimer Mühle. Rechterhand folgen wir dem Weg einen sanften Hang hinauf, an einer Viehweide vorbei und am

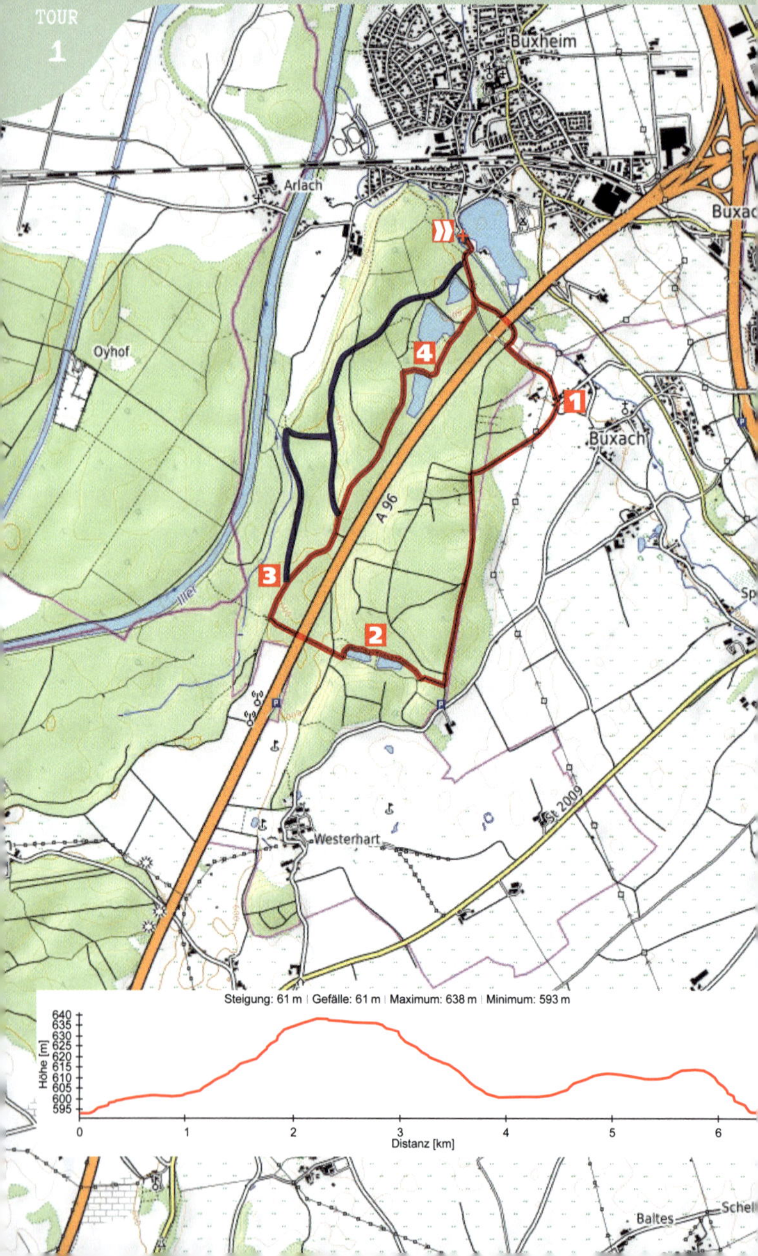
Buxheim
Arlach
Oyhof
Buxach
A 96
Iller
Westerhart
St 2009
Baltes
1
2
3
4
Steigung: 61 m | Gefälle: 61 m | Maximum: 638 m | Minimum: 593 m
Höhe [m]
640
635
630
625
620
615
610
605
600
595
0
1
2
3
4
5
6
Distanz [km]

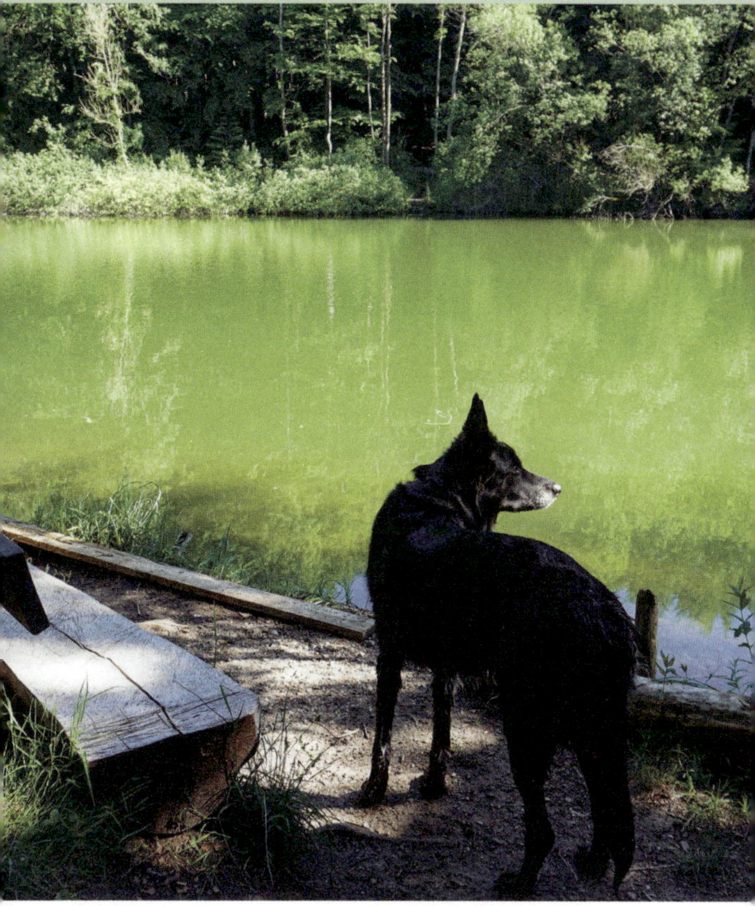

Ein beschaulicher Rastplatz am Westerharter Weiher

Waldrand entlang. Bei Föhn kann man von hier sogar die Alpenkette sehen! Wir tauchen wieder in den Wald hinein und folgen einfach den Schildern. Wir ignorieren das Schild „Abkürzung Waldweiher-Runde“, nehmen dann aber die darauffolgende unbeschilderte Abzweigung rechterhand. Es geht einen kleinen Hang hinunter und rechts in einen Pfad hinein. Und dann öffnet sich linkerhand der Blick auf den ersten

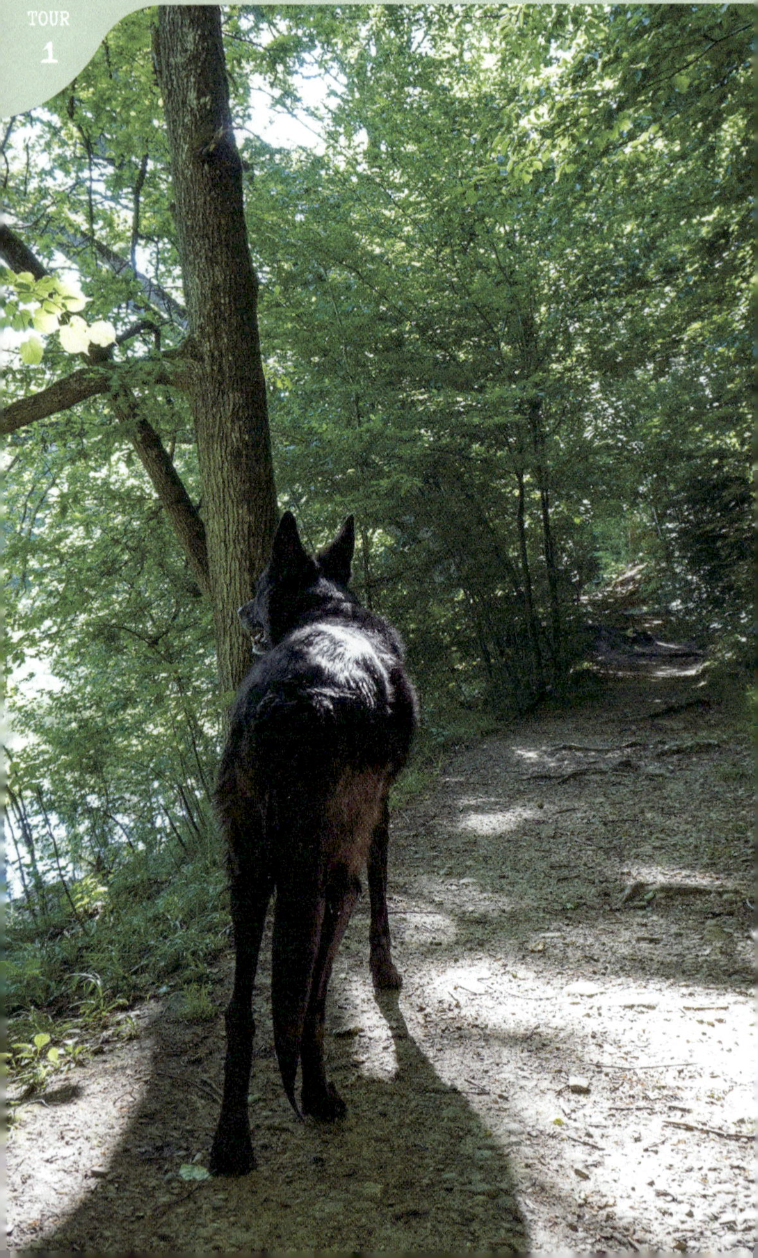

der beiden 2 Westerharter Weiher. An dessen Ufer befinden sich mehrere Rastplätze für müde Wanderer. Und müde Hunde finden Erfrischung im Wasser.

Nach der Umrundung der Westerharter Weiher geht es wieder auf einen breiten Schotterweg, wir unterqueren abermals die Autobahn und können uns an den nächsten beiden Weggabelungen entscheiden, ob wir die Waldweiher-Runde um die 3 Illerabbruch-Runde erweitern. Wir gehen parallel zur Autobahn weiter auf der Waldweiher-Runde und verlassen diese bei dem Holzschild mit Mönchskopf nach links, um die trubelige Badestelle am Waldweiher zu umgehen. Wir gehen nun zwischen den sogenannten 4 Himmelsteichen hindurch und dann am Ostufer entlang zurück zum Ausgangspunkt.

Info

Bus 964 von Memmingen ZOB nach Buxheim, Abzw. Weiher

Parkplatz am Weiher

Kompass Wanderkarte Oberschwaben (Band 187)

Diverse Möglichkeiten am Buxheimer Weiher

Hotel Hiemer
Obere Straße 24
87700 Memmingen/Ammendingen
Tel.: 08331-990490
Web: www.hotel-hiemer.de
Preise ab 64 Euro (einfacher Standard)

Touristeninfo Buxheim
Kirchplatz 2
87740 Buxheim
Tel.: 08331-97700
Web: www.buxheim.de

Kleintierpraxis Buxheim
Dres. Eckart
Memminger Str. 10
87740 Buxheim
Tel.: 08331-63038

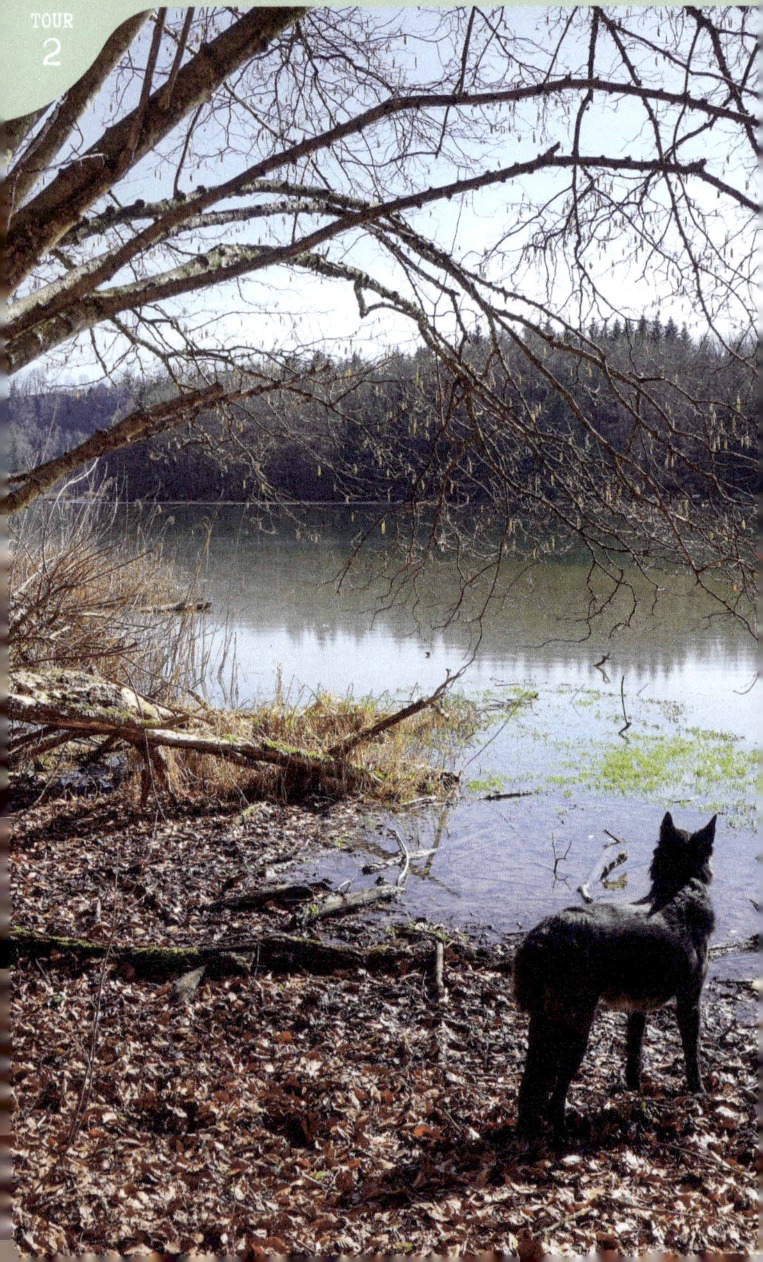

Fernab von Straßen und frequentierten Radwegen – Wasser und Wald – toller Ausblick auf die Illerschleife

Die Iller von nah und fern

Hundefreundlichkeit: **Die Iller ist einer der großen Allgäuer Flüsse und Ziel vieler Erholungssuchender. Der Weg entlang der Illerschleife bei Kronburg allerdings liegt fernab vom bekannten Iller-Radwanderweg und führt durch ein Naturholzreservat direkt am Ufer entlang. Badespaß und Schlammpartien sind also vorprogrammiert. Offiziell wird von der Begehung des Uferweges abgeraten, während und nach stürmischen Episoden sollte man diesen auch unbedingt meiden. Aber in Schönwetterzeiten ist der Pfad einfach zu traumhaft, um ihn sich entgehen zu lassen. Ganzjährig möglich.**

Tour-Info	↔ 6,6 km	◷ 2 Std.	✚✚✚ leicht
Start-Ziel:	Parkplatz bei Oberbinnwang		
GPS:	47°52'48.9"N 10°10'48.4"E		
Markierung:	graue Wanderschilder		
Wegecharakteristik:	60 % Wanderweg – 30 % Weg – 10 % Straße		

Vom Parkplatz bei Oberbinnwangs gehen wir zunächst auf der Straße in den kleinen Ort hinein und folgen dann dem Wegweiser nach links Richtung Illersteg. Bald lassen wir den letzten Hof hinter uns und gehen geradeaus auf den Wald zu. Hier halten wir uns rechts und steigen steil zum Illerufer ab. Unten angekommen halten wir uns links und folgen dem kleinen unbeschrifteten Wanderschild, vorbei an einem kleinen Häuschen. Nun haben wir das Ufer erreicht und kommen bald an den Beginn des **1** Uferweges, der mit einem Warnschild markiert ist. Jeder muss für sich selbst entscheiden, ob er das Risiko einer Begehung eingehen möchte. Unfälle sind nicht bekannt.

Wenn man lieber auf der sicheren Seite bleiben möchte oder wenn

TOUR 2

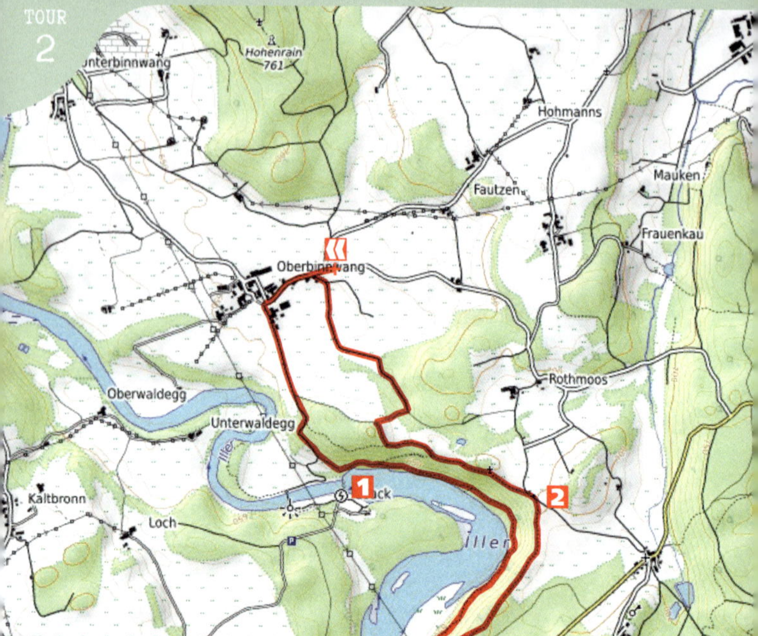

Steigung: 79 m | Gefälle: 79 m | Maximum: 694 m | Minimum: 633 m

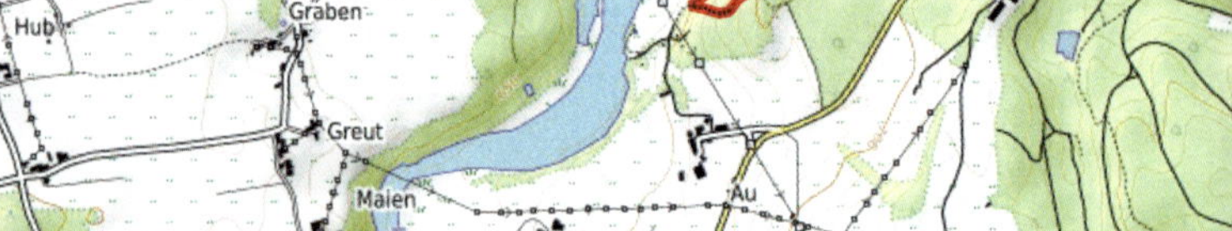

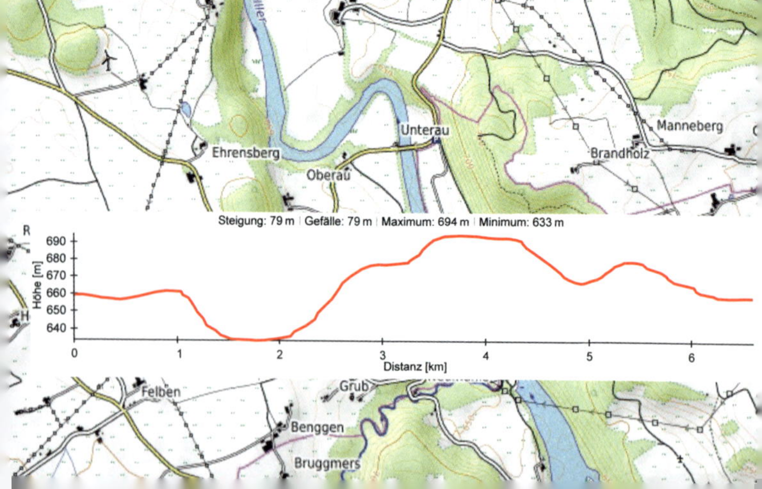

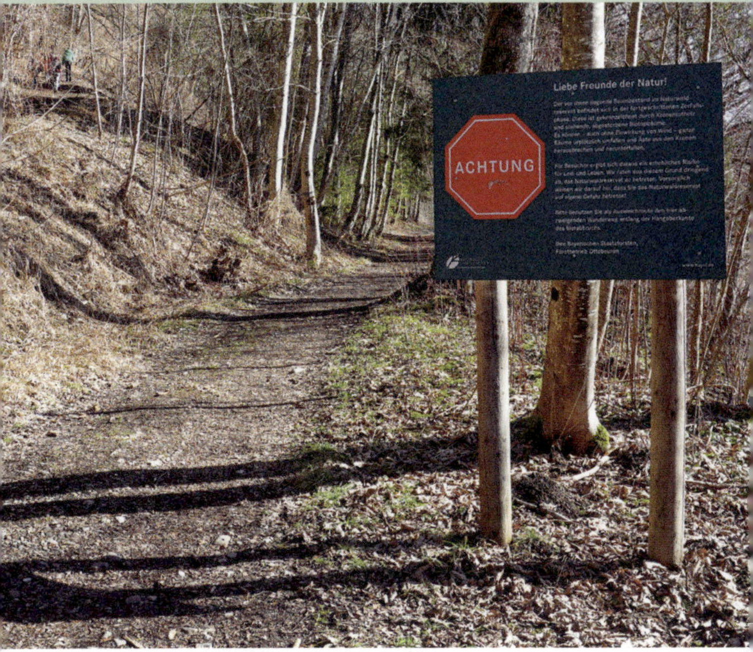

Begehen auf eigene Gefahr

die Witterung Sturmbruch wahrscheinlich macht, nimmt man von hier einfach den linken Pfad den Hang hinauf. Ansonsten folgen wir nun einfach immer dem Ufer der Iller flussaufwärts. Der Weg kann teilweise sehr schlammig oder rutschig sein. Aber die Stille und Abgeschiedenheit entlohnen einen dafür doppelt und dreifach. Das Ende des Uferweges wird dann vom Schönauer Bänkle markiert, das eine willkommene Pause mit herrlichem Blick bietet, ehe wir den Hang hinaufsteigen müssen. Treppenstufen erleichtern uns den Aufstieg sehr. Oben angekommen gehen wir nun, uns stets oberhalb des Steilhanges haltend, geradeaus weiter. Bald erreichen wir eine Wiese und folgen einem kleinen Trampelpfad zur nächsten einladenden Pausenmöglichkeit, der Trilogiebank. Diese Bank ist Teil der Wandertrilogie Allgäu, genauer gesagt der Wiesengänger Route. Auf jeden Fall hat man von hier einen tollen Blick über die Iller, die tief unter uns durch die Landschaft mäandert.

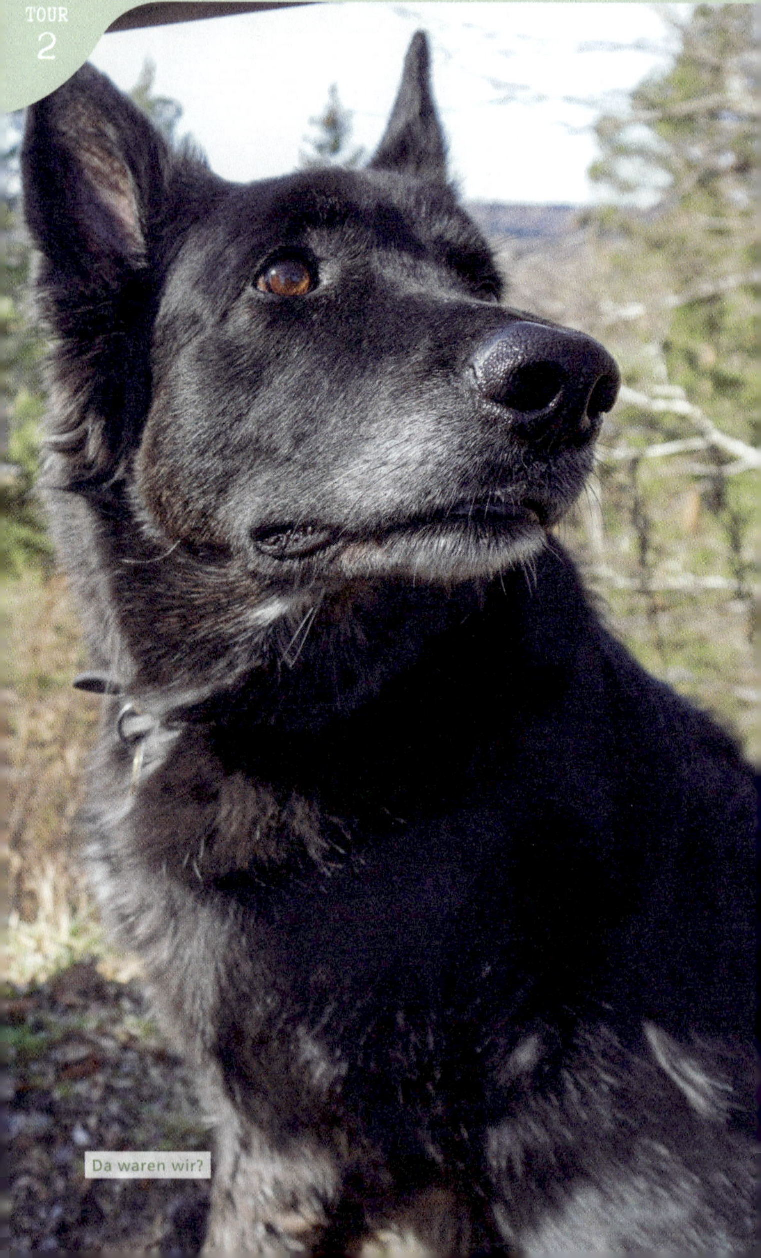

Da waren wir?

Iller-Radwanderweg

Man kann die Iller entlang von ihrem Ursprung bei Oberstdorf bis zur Mündung in die Donau wandern oder radeln. Einzig der Abschnitt zwischen Dietmannsried und Aitrach ist nicht durchgehend ausgebaut und eignet sich daher besonders für Touren mit Hunden. (www.illerradweg.de).

Nach wenigen Schritten erreichen wir dann das **2** Naturfreundehaus Rechberg. Vielleicht haben wir ja einen der wenigen Öffnungstage erwischt und können uns erstmal erfrischen. Ansonsten folgen wir von hier aus dem zwischen Hangkante und eingezäunten Viehweiden verlaufenden Pfad. **!** Achtung, ab hier können uns eventuell Mountainbiker begegnen. Wir wandern über Stock und Stein, ignorieren den von unten kommenden Weg und biegen an der nächsten Gelegenheit rechts und danach links ab. Nun haben wir einen breiteren Forstweg erreicht, der uns zurück zum Parkplatz führt.

Info

H	keine
P	Parkplatz bei Oberbinnwang
Karte	Kompass Wanderkarte Oberschwaben (Band 187)
Einkehr	NaturFreundehaus Rechberg – „Rechberghaus" Rechberg 2 87730 Grönenbach Web: www.naturfreunde-mm.de Jeden 1. Sonntag von Mai – Oktober sowie 1. Mai und Vatertag
Übernachtung	Gasthof zum Rösle Lautrach Deybachstraße 16 87763 Lautrach Tel.: 08394-9266700 www.roesslelautrach.de Preise ab 89 Euro
i	Kur- und Gästeinformation Bad Grönenbach Haus des Gastes 87730 Bad Grönenbach Tel.: 08334-60531 Web: www.bad-groenenbach.de
+	TierarztPraxis Bad Grönenbach Bahnhofstraße 37 87730 Bad Grönenbach Tel.: 08334-257 www.tierarztpraxis-groenenbach.de

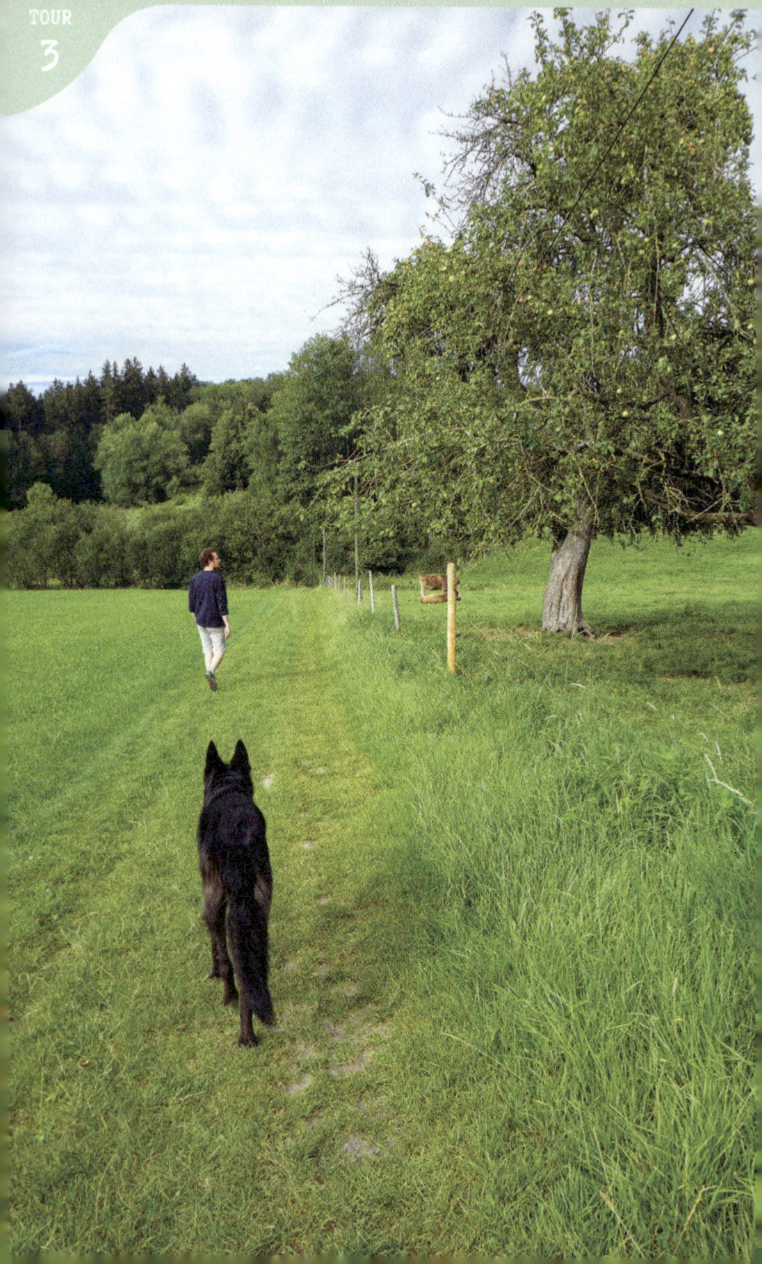

Viele weiche Pfade – pittoreske Höfe – Naturdenkmal

Aus dem Ottobeurer Bannwald ins Unterallgäu

Hundefreundlichkeit: Diese Wanderung unweit des Städtchens Ottobeuren führt uns auf Wanderwegen und kleinen Nebenstraßen durch die hügelige unterallgäuer Landschaft. Die Hundepfoten können immer wieder in kleinen Bächen abgekühlt werden und freuen sich über die oft schmalen, weichen Pfade. Manche Waldwege muss man sich aber mit abenteuerlustigen Mountainbikern teilen. Im Bannwald sind viele Menschen unterwegs, aber die restliche Wanderung ist man dann meist für sich. Ganzjährig möglich.

Tour-Info	↔ 11 km	3 Std.	++ mittel
Start-Ziel:	Parkplatz Bannwald Ottobeuren		
GPS:	47°56'27.7"N 10°17'28.01"E		
Markierung:	graue Wanderschilder		
Wegecharakteristik:	35 % Wanderweg – 35 % Weg – 30 % (Neben-)Straße		

Dieser Rundwanderung durch eine typisch allgäuerische Kulturlandschaft startet direkt am Ortsrand von Ottobeuren. Diese Stadt mit ihrer beeindruckenden Basilika ist im Anschluss definitiv einen Besuch wert, am Marktplatz bieten viele Wirtschaften die Möglichkeit zur Einkehr. Aber zunächst wandern wir ein Stück durch den **1** Ottobeurer Bannwald. Wir nehmen den etwas kleineren, rechten Weg und gehen ein Stück am Motzabach entlang, in dem nicht nur Hunde gerne kneippen. Danach folgen wir den Wegweisen zu den Geologischen Orgeln. Sobald wir den Wald verlassen, folgen wir einer kleinen, wenig befahrenen Nebenstraße. Unsere Hunde sollten wir also sicherheitshalber **!** anleinen. Wir gehen geradeaus durch den Weiler Niebers, bis wir den Wald erreichen. Hier geht es in

TOUR 3

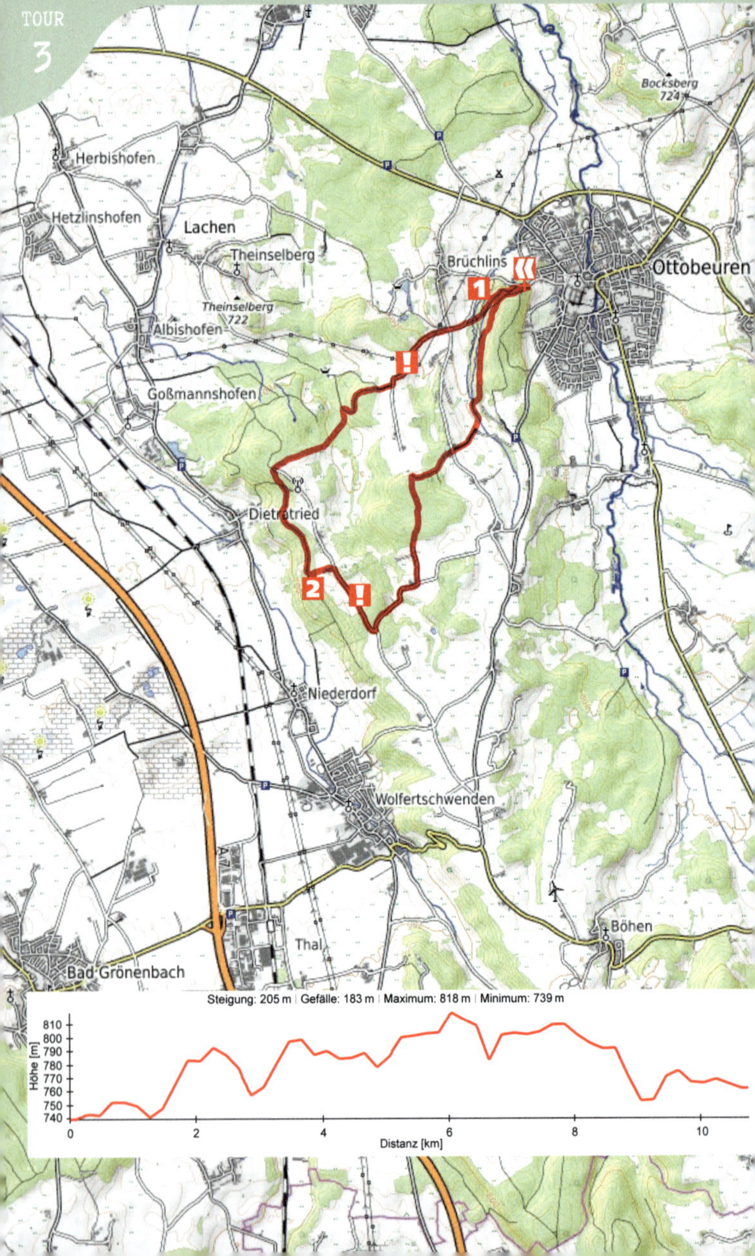
Bocksberg 724
Herbishofen
Hetzlinshofen
Lachen
Theinselberg
Theinselberg 722
Brüchlins
Ottobeuren
1
Albishofen
Goßmannshofen
!
Dietratried
2
!
Niederdorf
Wolfertschwenden
A 7
Thal
Böhen
Bad Grönenbach
Steigung: 205 m | Gefälle: 183 m | Maximum: 818 m | Minimum: 739 m
Höhe [m]
740
750
760
770
780
790
800
810
0
2
4
6
8
10
Distanz [km]

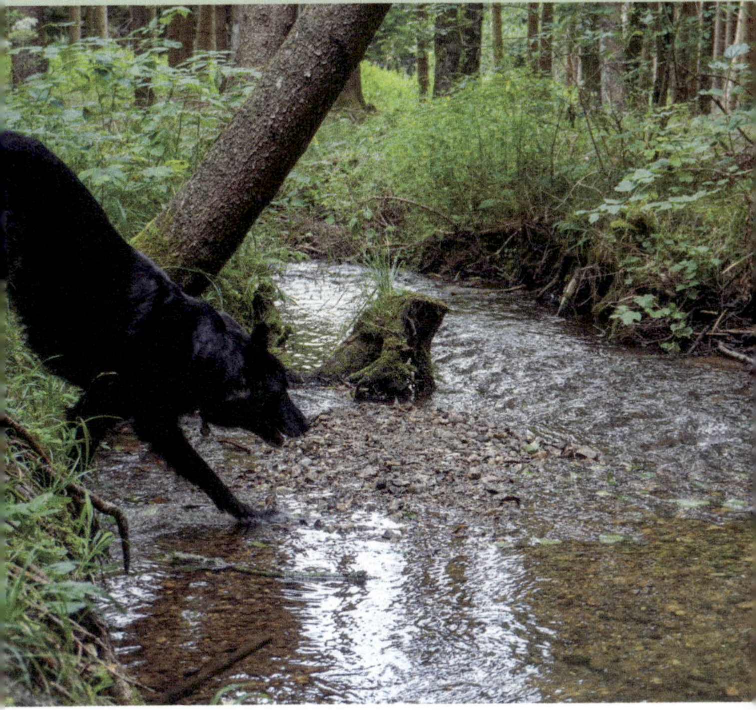

Der Krebsbach bietet eine willkommene Abkühlung im Wald

Kurven stetig bergab, an der nächsten Abzweigung halten wir uns links und überqueren bald den erfrischenden Krebsbach.

Nun geht es weiter geradeaus, der breite Forstweg wird allmählich zu einem tollen Pfad und man steigt unter zahllosen Ebereschen am Waldrand leicht bergan. Manchmal kann man hier auf ! Mountainbiker stoßen. Oben angekommen, quert man eine kleine Straße und hält sich dann am Waldrand links.

Wieder im Wald geht es zunächst einen steilen Trampelpfad (der mit einem Geländer gesichert ist) bergab und geradeaus, bis man auf eine breite Forststraße stößt. Hier halten wir uns links und folgen dem Weg, bis wir schließlich die Infotafel der 2 Geologischen Orgeln erreichen. Es geht einen steilen Steig und Treppen bergauf und schon bald stehen wir vor dem Naturdenkmal aus Nagelfluh. Ob man wirklich ein Orgelkonzert bei starkem Wind hören kann? Von hier

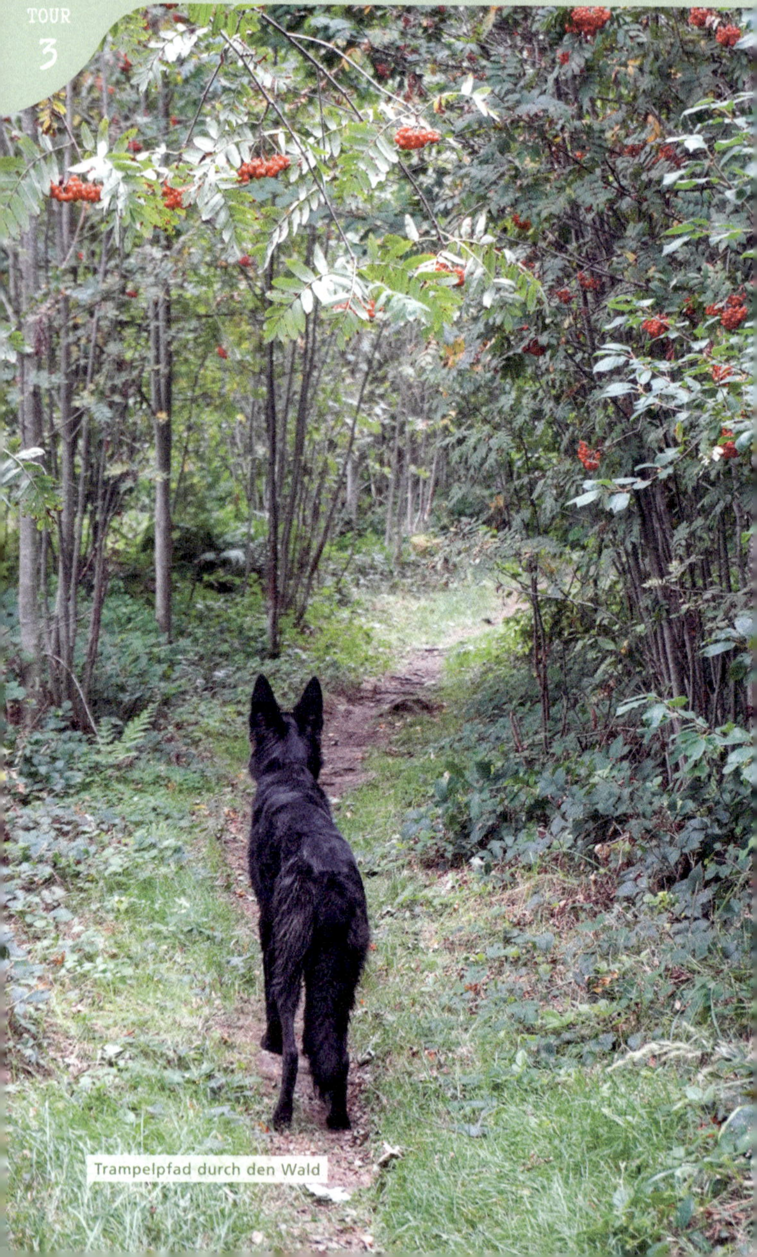

Trampelpfad durch den Wald

Geologische Orgeln

Bei den sogenannten „Geologischen Orgeln" handelt es sich um Nagelfluhfelsen, die durch Sickergewässer über Jahrtausende hinweg nach und nach ausgehöhlt wurden. Wenn man durch diese Orgeln durchsieht, kann man den Himmel sehen.

gehen wir bis zur Hangkante hoch, queren eine Wiese, auf der ! Rinder weiden können, und gehen schließlich links am Hof vorbei zur Straße. Hier halten wir uns rechts und folgen dem Sträßchen, bis wir zu einem Abzweig kommen. Wir biegen links ab und folgen den Wegweisern nach Klessen. In Klessen biegen wir wiederum links ab und folgen dem Weg in den Wald hinein, an dessen Ende wir schließlich rechts nach Wolferts abbiegen. Wir wandern durch eine idyllische Senke und steigen linkerhand nach Wolferts auf. In Wolferts gehen wir direkt geradeaus über eine kleine Straße und an dem Hof rechts vorbei in die nächste Senke zurück Richtung Ottobeurer Bannwald. An dem wunderschön hergerichteten Hof gehen wir geradeaus den Wiesenweg an den Obstbäumen entlang. Wieder im Bannwald, folgen wir einfach dem Terrainweg 1 zurück zum Parkplatz.

Info

H	Bus 955 von Memmingen ZOB nach Ottobeuren Basilika. Von hier zu Fuß.
P	Parkplatz Bannwald Ottobeuren
Karte	Kompass Wanderkarte Oberschwaben (Band 187)
Bett	Gasthof „Zum Mohren" Marktplatz 1 87724 Ottobeuren Tel.: 08332-92130 Web: www.gasthof-mohren.de Preise ab 53 Euro (Hunde 10 Euro Aufpreis)
i	Touristikamt Ottobeuren Marktplatz 14 87724 Ottobeuren Tel.: 08332-921950 Web: www.ottobeuren.de
+	Dr. med. vet. Manfred Beutel Guggenberger Straße 10 87724 Ottobeuren Tel.: 08332-371

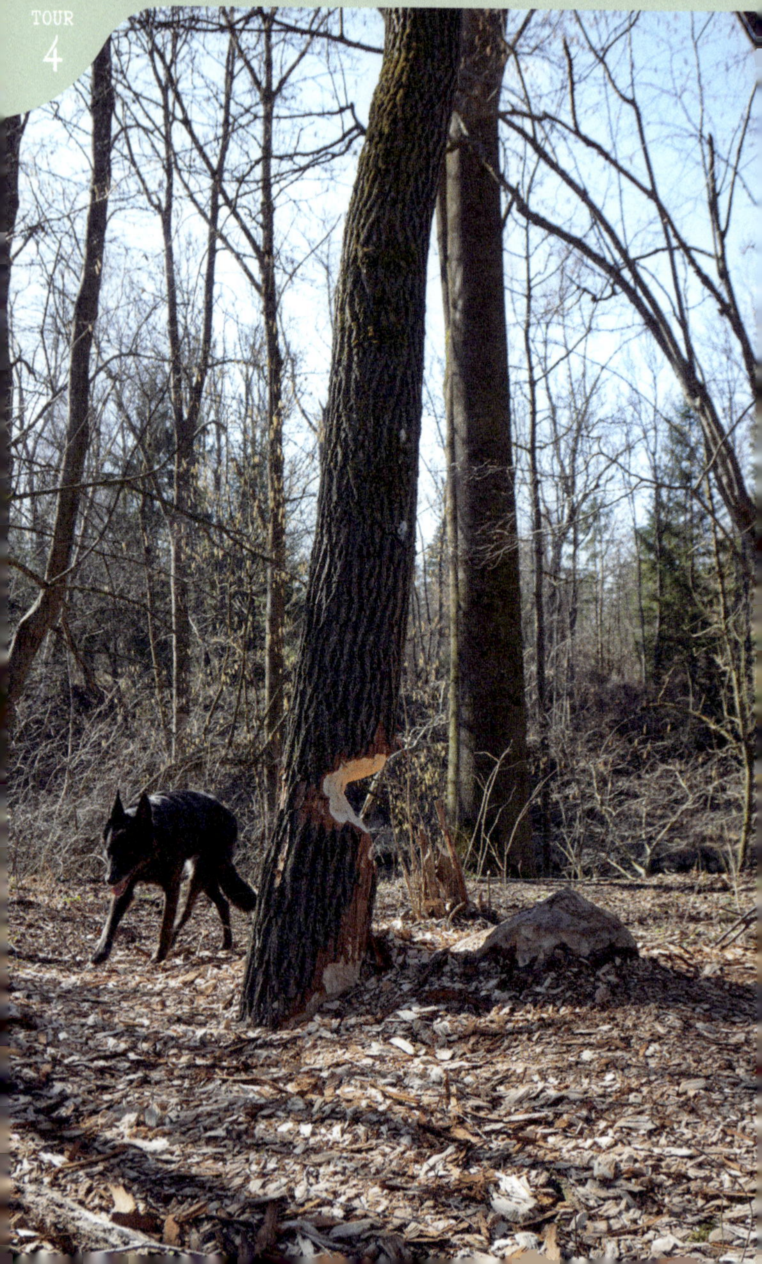

Immer am Ufer entlang – viele weiche Wege – variabel in der Länge

Auf Biberpfaden um die Wertach-Stauseen

Hundefreundlichkeit: **In der Nähe von Bad Wörishofen wird die Wertach gleich zu mehreren Seen aufgestaut und bietet dadurch vielen Wasservögeln und Erholungssuchenden eine Heimat. Die Wege führen meist direkt am Wasser entlang und sind daher auch im Sommer toll für Wanderungen mit Hund. Oft geht man direkt auf einem Wiesenweg oben auf dem Damm und wird dadurch von Fahrradfahrern selten behelligt. Und die Länge kann man ganz nach Lust und Laune variieren. Ganzjährig möglich.**

Tour-Info	↔ 6/11/16,5 km	1:30/3/4:30 Std.	mittel
Start-Ziel:	Parkplatz an der Wertachbrücke in Stockheim		
GPS:	48°0'12.4"N 10°38'58.1"E		
Markierung:	Terrainkurweg 5; graue Wanderschilder		
Wegecharakteristik:	80 % Weg – 15 % Wanderweg – 5 % Straße		

Vom Parkplatz am Ortsrand von Stockheim nehmen wir auf der gleichen Seite den weichen Weg direkt am Ufer entlang flussaufwärts.

Nach einer Weile treten wir aus dem Wald heraus auf einen von links kommenden Wanderweg. Wir wandern entlang einer Pferdeweide, hinter der wir bereits den **1** Bingstetter See sehen können. Der Wanderweg stößt kurz darauf auf eine kleine Nebenstraße, wir biegen hier nach rechts ab und folgen dem Terrainkurweg V. Bei der nächsten Gelegenheit halten wir uns wieder rechts und wandern auf einem Wiesenpfad am Ufer des Bingstetter Sees entlang, wo wir auch das erste Mal direkt ans Wasser können. Bald stoßen wir wieder auf eine Weggabelung. Wer die kurze Variante gehen möchte,

TOUR 4

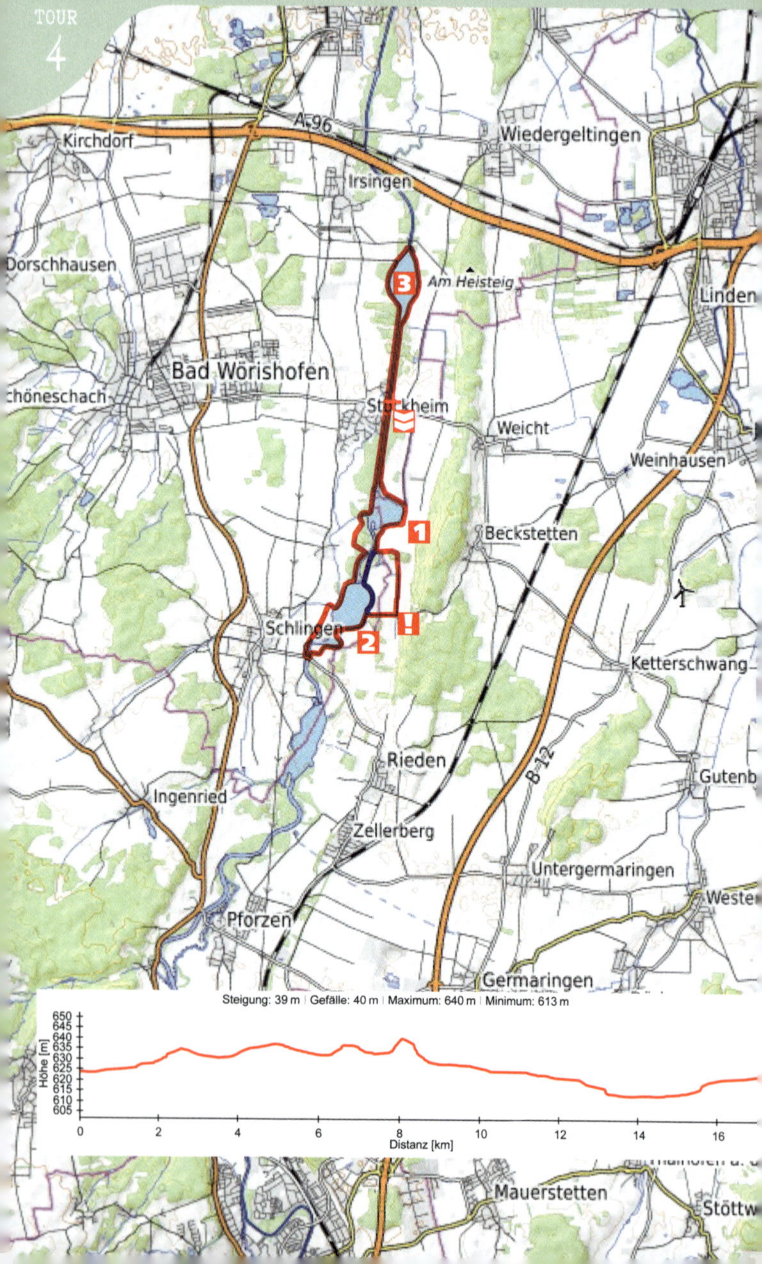
A 96
Kirchdorf
Wiedergeltingen
Irsingen
Dorschhausen
Am Heisteig
Linden
Bad Wörishofen
chöneschach
Stockheim
Weicht
Weinhausen
Beckstetten
Schlingen
Ketterschwang
Rieden
B 12
Gutenb
Ingenried
Zellerberg
Untergermaringen
Wester
Pforzen
Germaringen
Mauerstetten
Stöttw
Steigung: 39 m | Gefälle: 40 m | Maximum: 640 m | Minimum: 613 m
Höhe [m]
Distanz [km]

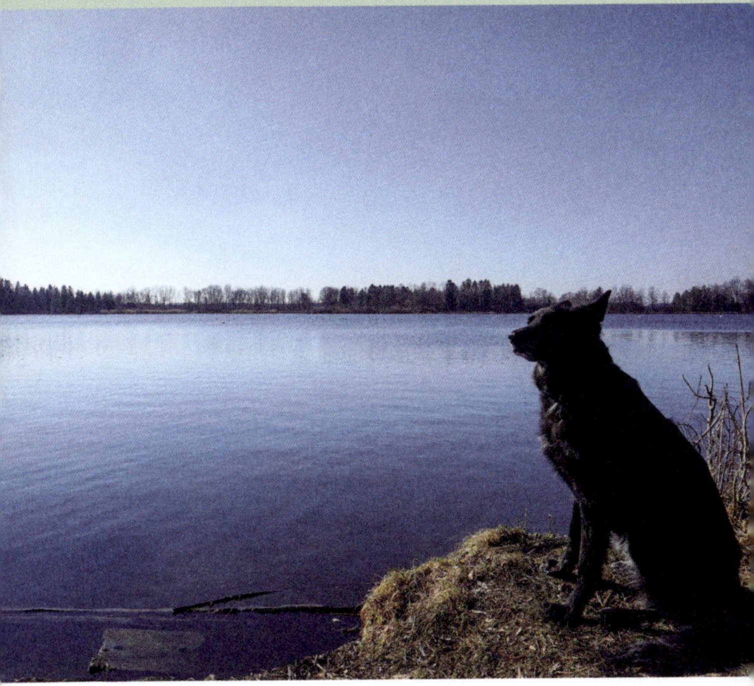

Die Stauseen laden zum Baden ein – Vorsicht ist im Bereich der Stauwehre geboten!

geht hier links, quert die Wertach und wandert auf der anderen Flussseite zurück zum Ausgangspunkt. Für den weiteren Weg zum Frankenhofner See gibt es die Möglichkeit, eine Abkürzung über eine Wiese zu nehmen. Dafür gehen wir Richtung Brücke, biegen aber vor ihr links ab und gehen schließlich am Waldrand über eine Wiese hinüber zum Damm. Da im Sommer Rinder auf der Wiese stehen könnten, sollten wir in den Sommermonaten lieber die Wiese umgehen und den Umweg auf dem Sträßchen Richtung 2 Frankenhofner See nehmen. ! Achtung aber mit dem Auto- und Fahrradverkehr. Am Damm des Frankenhofner Sees angekommen, wandern wir nun einfach den Wiesenweg am Ufer entlang. Mehrere Bänke laden zum Verweilen und im Idealfall zum Sonnenbaden ein, während die Hunde im Wasser toben können.

Am Südende angekommen, müssen wir die Wertach über eine Autobrücke queren, ehe wir uns auf

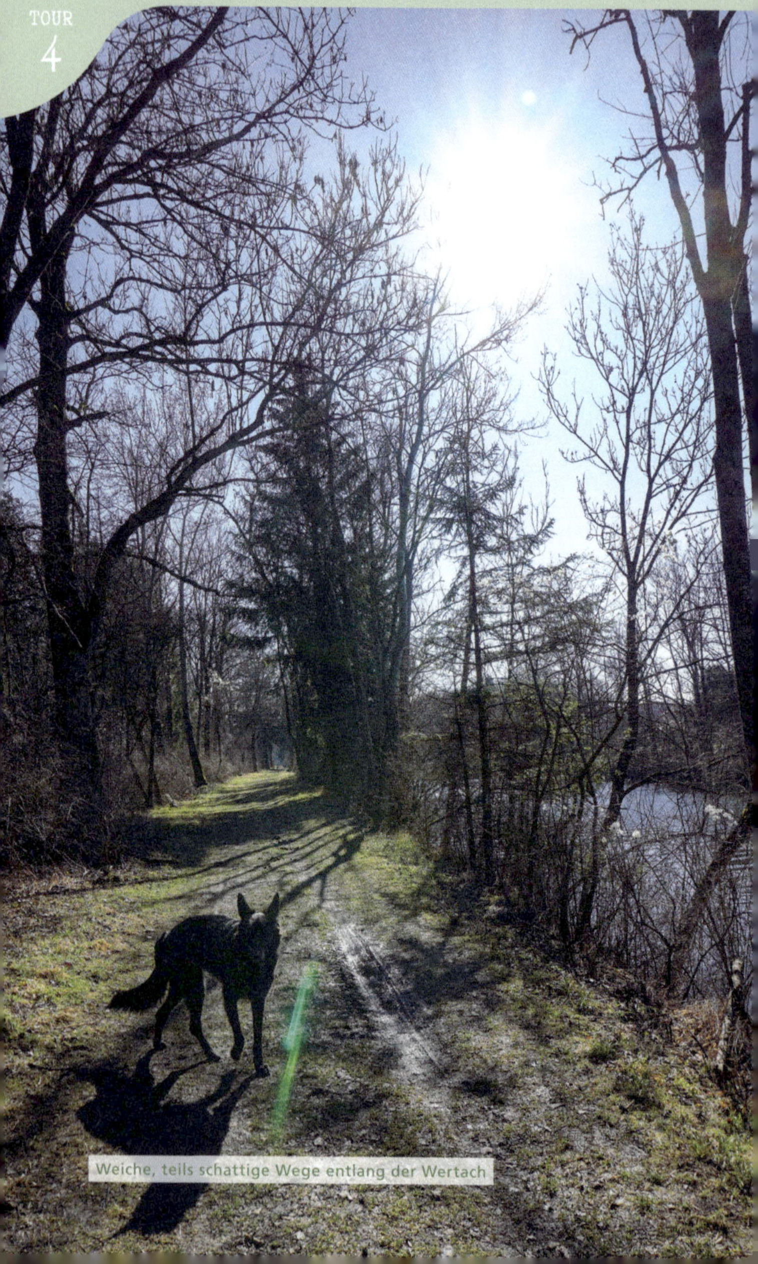

Weiche, teils schattige Wege entlang der Wertach

der anderen Seite auf den Rückweg nach Stockheim machen. Wir nehmen einfach immer den Weg entlang des Ufers, kommen an einer imposanten Fischtreppe vorbei und wandern weiter entlang der Wertach flussabwärts. Nach dem Bingstetter See könnten wir die nächste Möglichkeit links abbiegen und einen Abstecher zum Café Catrin machen. Ansonsten gehen wir weiter geradeaus bis zur Wertachbrücke in Stockheim. Hier können wir entweder die Wanderung beenden oder wir überqueren für die lange Variante die Straße und gehen weiter flussabwärts Richtung **3** Irisinger See, der auch Wörishofener See genannt wird. Im Wald Richtung Irsinger See kommen wir an einem Naturlehrpfad vorbei und am See selbst gibt es einen kleinen Yachthafen. Zurück geht es dann auf der anderen Uferseite wieder zum Parkplatz bei Stockheim.

Kneippkur für Hunde?

In Bad Wörishofen hat Pfarrer Sebastian Kneipp seine bekannte Wasserkur entwickelt. Kneippbecken sind in der Region allgegenwärtig. Hunde sind allerdings keine gerngesehenen Kneippgäste, mit Rücksicht auf unsere Mitmenschen sollten wir ihnen das Baden in den Kneippbecken nicht erlauben. Zum Glück bieten die Wertach und ihre Stauseen viele Gelegenheiten für hündische Wasserratten.

Info

- **H** Kurbus (grüne Linie) 4 x täglich (außer Mo) vom Bahnhof in Bad Wörishofen nach Stockheim
- **P** Parkplatz an der Wertachbrücke in Stockheim
- **Karte** Kompass Wanderkarte Landsberg am Lech/Ammersee (Nr. 189)
- **Gastronomie** Café Catrin (Kaffee & Kuchen)
Seeweg 2
86825 Bad Wörishofen
Di - So ab 13-18 Uhr
- **Unterkunft** Kurhotel Weber
Ahornweg 1
86825 Bad Wörishofen
Tel.: 08247 959940
Web: www.kurhotel-weber.de
Preise ab 50 Euro (einfacher Standard), Hunde auf Anfrage
- **i** Städtische Kurdirektion
Luitpold-Leusser-Platz 2
86825 Bad Wörishofen
Tel.: 08247 993355
Web: www.bad-woerishofen.de
- **Tierarzt** Dres. Matthias Hof und Thomas Wagner
Am Anwander 7
86825 Bad Wörishofen
Tel.: 08247 333057

Ostallgäu

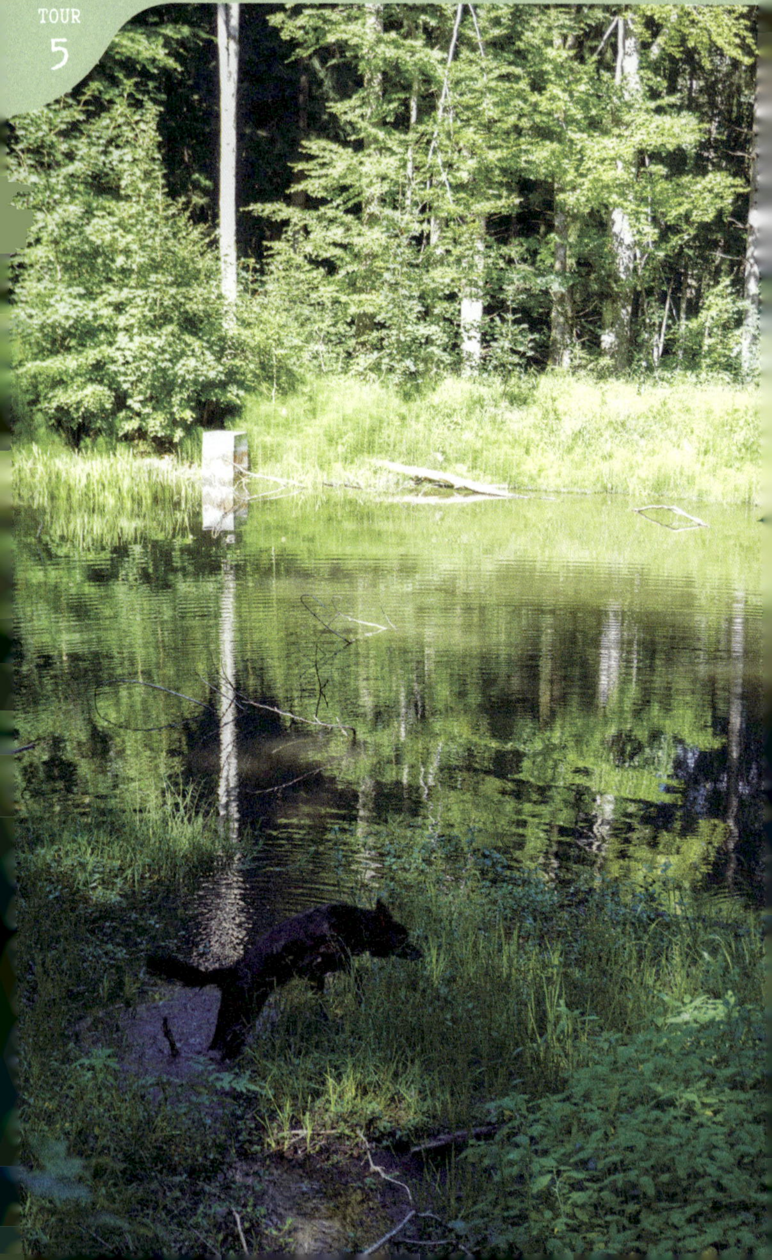

Wanderung über Waldpfade – Günztalweg als sonnenverwöhnte Alternative – verschiedene Geotope

Wilde Waldhänge im Günztal

Hundefreundlichkeit: **Das Günztal ist ein landschaftliches Kleinod und bietet verschiedene Routen für jedermanns Geschmack. Bei heißem Wetter kann man fast komplett im Wald gehen, es gibt ausreichend Wasserstellen entlang der Route. Nur zweimal muss eine größere Autostraße gequert werden. Der Günztalweg parallel zum Fluss ist wunderschön, aber hier können uns viele Fahrradfahrer begegnen. Ganzjährig möglich.**

Tour-Info	↔ 12 km	3:20 Std.	++ mittel
Start-Ziel:	Wanderparkplatz Teufelsküche und Schlossmühle Liebenthann		
GPS:	47°52'11.0"N 10°24'32.2"E		
Markierung:	graue Wanderschilder: Teufelsküche, Dillinger Weg, Reverdy Quelle, Schlossmühle Liebenthann		
Wegecharakteristik:	Bergwanderweg 21 % – Wanderweg 4 % – Weg 64 % – Nebenstraße 3 % – Straße 8%		

Die Günz ist das längste Bachsystem Bayerns, diese Tour führt entlang der noch ganz jungen östlichen Günz, welche in Günzach entspringt. Zwischen Obergünzburg und Ronsberg mäandert sie durch ein breites Tal, welches von sehr unterschiedlich bewaldeten Steilhängen eingerahmt ist. Die Tour startet am Parkplatz der Schlossmühle Liebenthann. Von hier geht es zunächst bergauf in den Wald bis rechterhand ein kleinerer Steig abzweigt. Hier weist ein kleines Schild den Weg in das spektakuläre Geotop 1 Teufelsküche. Die Teufelsküche ist ein Hangwald, in dem zahlreiche steil aufragende Nagelfluh-Felswände die Landschaft aufbrechen. Der Name ist Programm, denn die meisten Hunde toben wie

TOUR 5

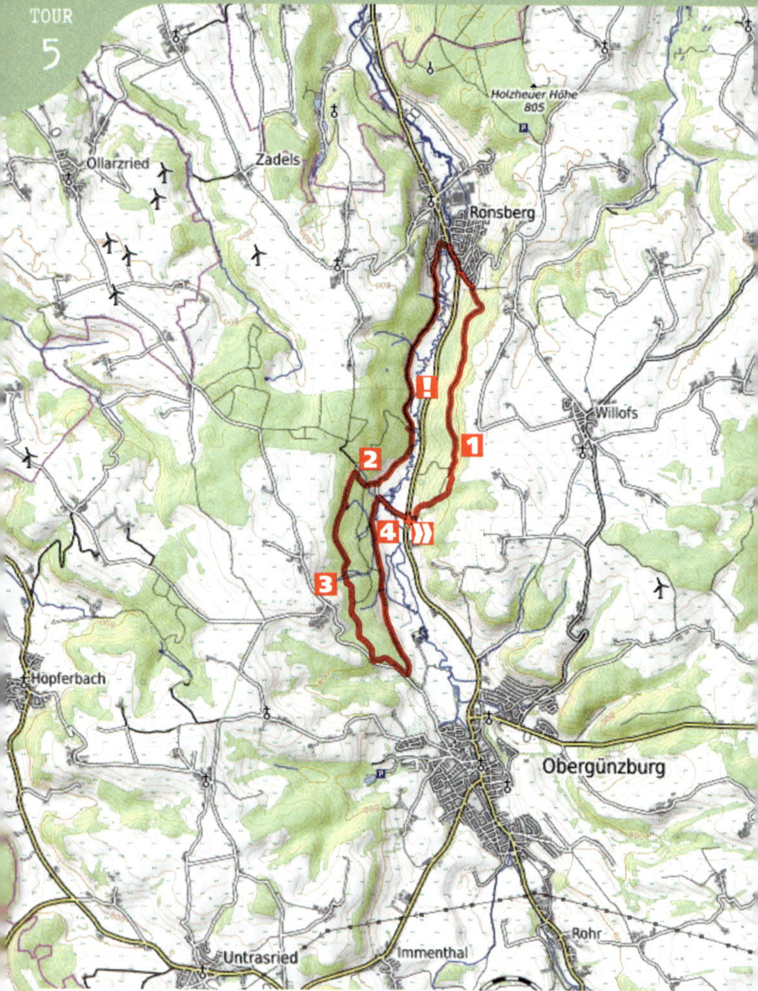
Holzheuer Höhe
805
Ollarzried
Zadels
Ronsberg
Willofs
Hopferbach
Obergünzburg
Rohr
Untrasried
Immenthal
1
2
3
4

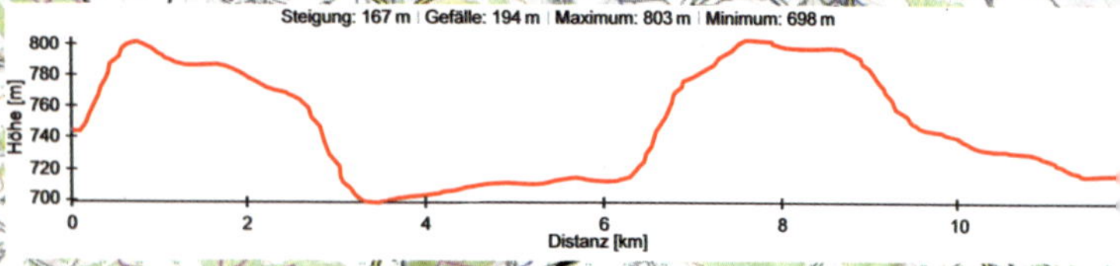
Steigung: 167 m | Gefälle: 194 m | Maximum: 803 m | Minimum: 698 m
Höhe [m]
800
780
760
740
720
700
0
2
4
6
8
10
Distanz [km]

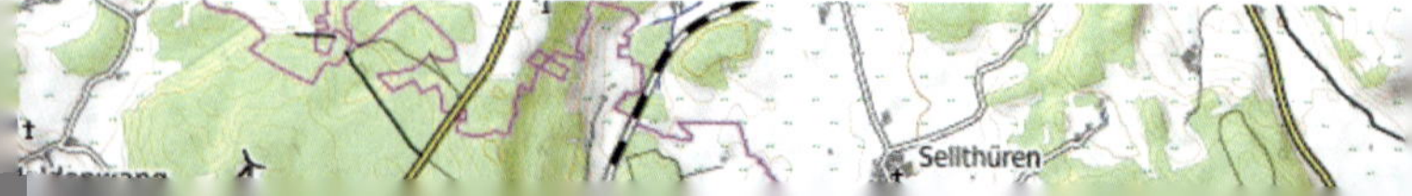
Sellthüren

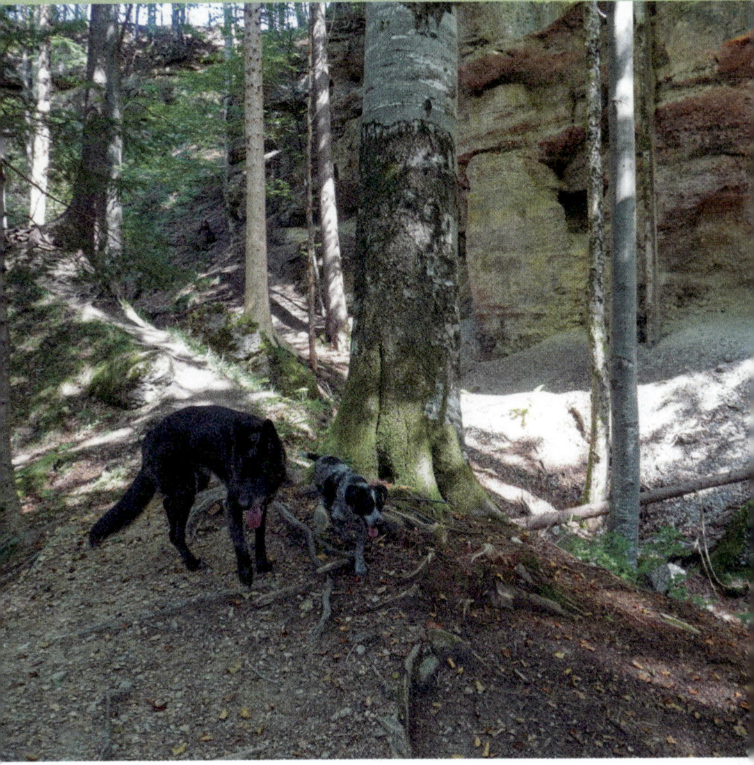

Die Teufelsküche: ein einzigartiges Geotop, welches schon als Filmkulisse gedient hat

verrückt durch dieses Gebiet. Welchen Duft sie wohl wittern? An einem der größten Felsen befindet sich eine Tafel mit der eigentlichen Geschichte der Teufelsküche.

Von hier gehen wir auf einem breiten Forstweg weiter bis nach Ronsberg. Beim Verlassen des Waldes bitte die Hunde anleinen. Der Weg in den Ort hinein führt ein Stück entlang der Hauptstraße, welche wir auf Höhe der Brücke überqueren. Kurz nach der Brücke geht linkerhand der Wanderweg weiter. Wir folgen den Schildern „Günztalweg“. Nun können wir uns entscheiden: Entweder folgen wir dem wunderschönen Günztalweg parallel zur Günz, welcher aber ! auch bei Fahrradfahrern sehr beliebt ist, oder wir wandern durch den Wald Richtung Schlosspfad Liebenthann.

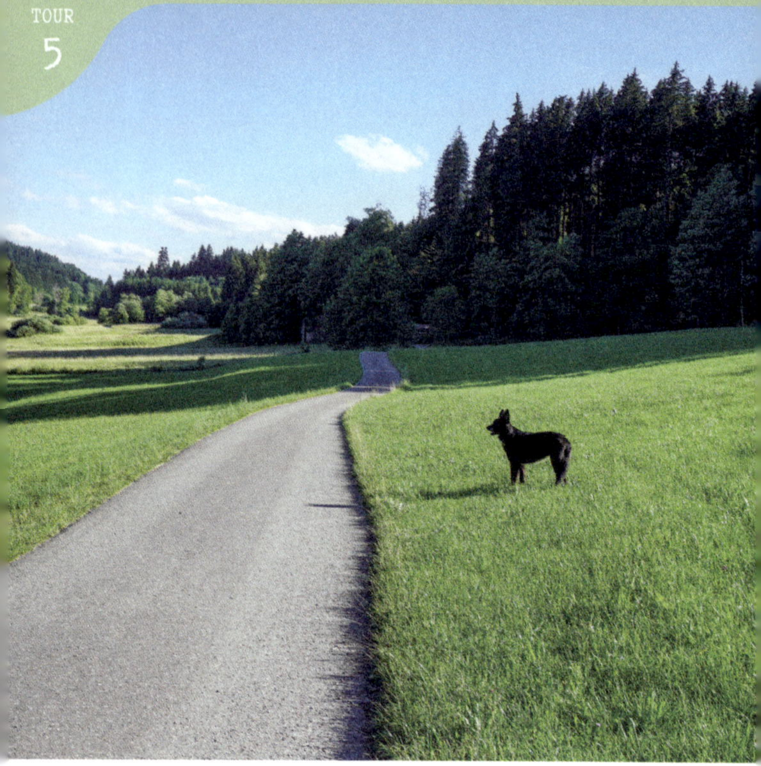

Ein Radwanderweg begleitet die zwischen bewaldeten Hängen mäandernde Günz

Stiftung KulturLandschaft Günztal

Seit dem Jahr 2000 arbeitet diese unabhängige Stiftung daran, die biologische Vielfalt im Günztal zu erhalten und zu fördern. Im Günztal kommen noch viele seltene Pflanzen- und Tierarten vor. Durch extensive Bewirtschaftung und Naturschutzprojekte wird der Lebensraum erhalten und durch Öffentlichkeitsarbeit und Bildungsprojekte das Bewusstsein geschult. (www.guenztal.de)

Entlang des Günztalwegs bieten sich uns immer wieder tolle Ausblicke auf die sehr naturnahe Günz, die von artenreichen Feucht- und Streuwiesen flankiert wird. Wenn wir zu einem Hof kommen, gehen wir nach rechts in den Wald hinein und folgen den Schildern zum **2** Schlosspfad Liebenthann. Auf dem Weg zur Anhöhe der ehemaligen Schlossanlage kommen wir an einem Weiher vorbei, wo sich unsere vierbeinigen Freunde ordentlich erfrischen können. Wer den Waldweg gewählt hat, kann einen kurzen Abstecher bergab Richtung Schlossmühle Liebenthann machen. Der Besuch des Schlosspfades ist informativ, aber leider ist außer einem alten Brunnenschacht nicht viel von der Anlage erhalten.

Wir setzen die Wanderung fort und folgen entweder sofort den Schildern „Obergünzburg über **3** Dillinger Weg" oder wir machen noch einen Abstecher zur Reverdy Quelle. Sie ist die größte der hier verorteten Kalktuffquellen und bietet dem seltenen Bayerischen Löffelkraut eine Heimat. Von nun an folgen wir aber ohne Abstecher dem tollen Dillinger Weg, welcher bereits vor über 100 Jahren angelegt wurde, nach Obergünzburg. Dieser führt als schmaler und abwechslungsreicher Pfad am Hang entlang. Am Ende des Waldpfads treffen wir auf einen breiten Schotterweg und stehen wieder auf dem Günztalweg. Diesem folgen wir nach links zurück zur **4** Schlossmühle Liebenthann, wo wir uns von der anstrengenden Wanderung erholen können. Von hier ist es nur ein kurzes Stück zurück zum Parkplatz auf der anderen Straßenseite.

Info

H	Bus 77 von Kempten über Obergünzburg nach Ronsberg (Einstieg in die Tour in Obergünzburg oder Ronsberg), mit dem Zug nach Günzach und von hier mit der Buslinie 51 nach Obergünzburg
P	Wanderparkplatz Teufelsküche und Schlossmühle Liebenthann
	Kompass Wanderkarte Ostallgäu, Kaufbeuren (Band 188)
	Schlossmühle Liebenthann Liebenthann 87634 Obergünzburg Tel.: 08372/980263 Web: www.schlossmuehle-liebenthann.de Geöffnet von April bis Oktober Fr & Sa 11-18:30 Uhr So und Feiertag 10-18:30 Uhr
	Hotel Garni „Zum Engel" Marktplatz 14 87634 Obergünzburg Tel.: 08372/922730 Web: www.engel-allgaeu.de Preis ab 49 Euro (einfacher Standard)
i	Kaufbeuren Tourismus- und Stadtmarketing e.V. Kaiser-Max-Straße 3a 87600 Kaufbeuren Tel.: 08341/437190 Web: www.kaufbeuren-tourismus.de
+	Tierarztpraxis Dr. B. Birk Hojen 2 ½ 87490 Haldenwang Tel.: 08374/6700 Web: www.tierarzt-birk-lachmann.de

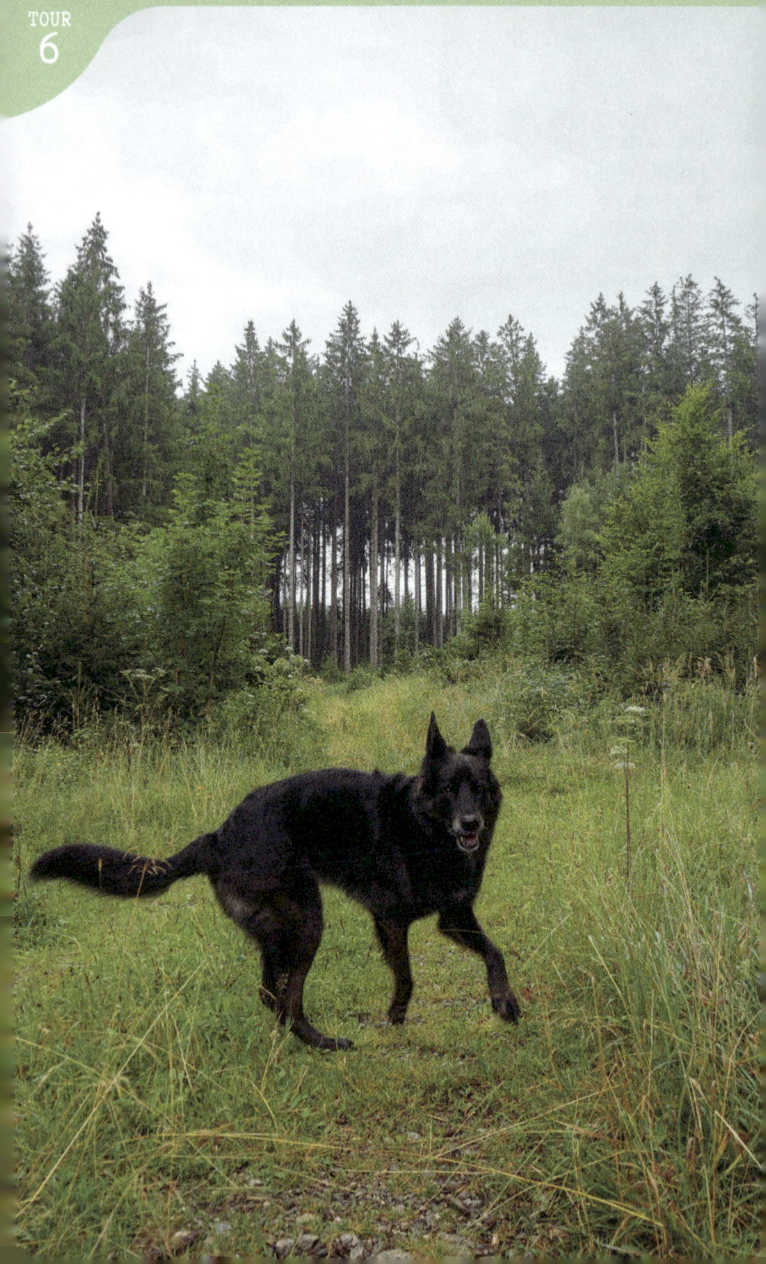

Breite und schmale Waldwege – variabel zu laufen – Brotzeit mit Bergblick

Durch den Wald zur Bergmang Alp'

Hundefreundlichkeit: **Die Waldwege bieten an sonnigen Tagen Schatten. Außer einem knackigen Anstieg, geht es die meiste Zeit gemütlich dahin. Rund um die Bergmang Alpe und Wenglingen wandert man über Wiesen und vorbei an Kuhweiden. Von der Bergmang Alpe hat man einen tollen Ausblick über das Ostallgäu und die Alpen, da schmeckt die Brotzeit gleich noch besser. Zum Schluss kann man dann der heimischen Vogelwelt auf dem LBV Vogellehrpfad näherkommen. Dieser kann aber auch einfach umgangen werden, um zu viel Trubel zu vermeiden. Ganzjährig möglich.**

Tour-Info	↔ 12,5 km	3:30 Std.	++ mittel
Start-Ziel:	Wanderparkplatz Vogellehrpfad Friesenried		
GPS:	47°51'50.9"N 10°33'37.5"E		
Markierung:	graue Wanderschilder		
Wegecharakteristik:	90 % Weg – 5 % Wanderweg – 5 % Straße		

Wir parken auf dem Wanderparkplatz am LBV Vogellehrpfad Friesenried und gehen von hier zunächst aus dem Wald heraus. An der Straße biegen wir nach rechts ab, gehen an der Kapelle abermals nach rechts und betreten den Königsberger Wald. Von hier folgen wir nun einfach den Wegweisern zur Bergmang Alpe. Der breite Forstweg steigt stetig, aber sanft an. An der ersten Abzweigung halten wir uns links, danach ignorieren wir zwei von links kommende Wege. An der nächsten Weggabelung folgen wir dem Schild zur Bergmang Alpe und steigen eine Gefällstrecke bergauf. Oben angekommen, zweigt linkerhand ein Pfad ab, welchem wir nun folgen. Der Waldpfad mündet auf einen Wiesenweg, auf diesem wandern wir bis zu einer ! Straße, die Hunde sollten wir vorsichtshalber anleinen. Hier halten wir uns rechts und gehen ein kurzes Stück an der

TOUR 6

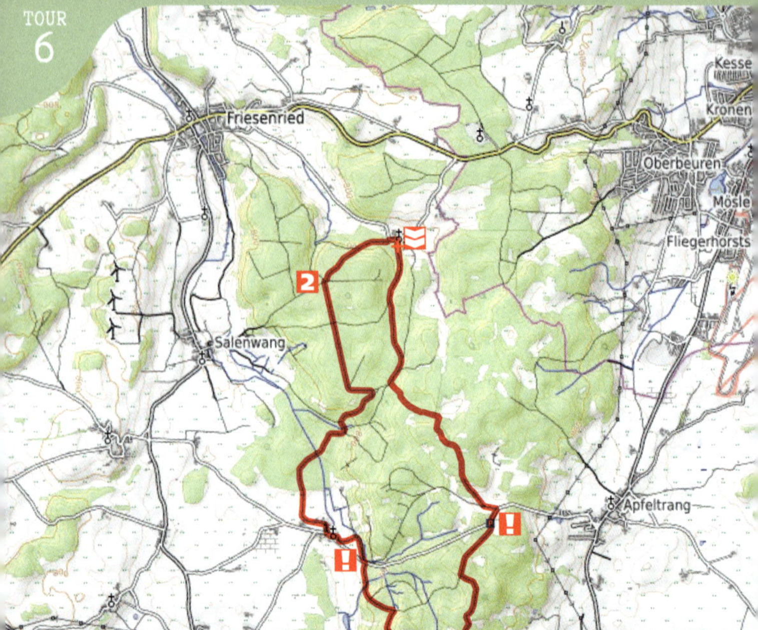

Friesenried
Kesse
Kronen
Oberbeuren
Mösle
Fliegerhorsts
Salenwang
Apfeltrang
Hiemenhofen
Aitrang
Ruderatshofen
Immenhofen
1
2

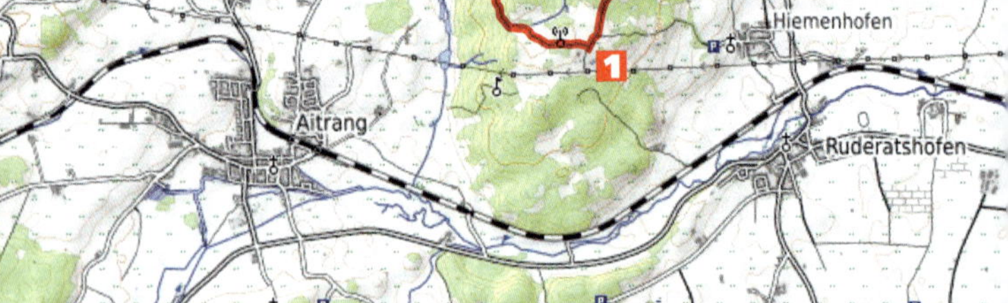

Steigung: 169 m | Gefälle: 177 m | Maximum: 866 m | Minimum: 761 m
Höhe [m]
860
840
820
800
780
0
2
4
6
8
10
12
Distanz [km]

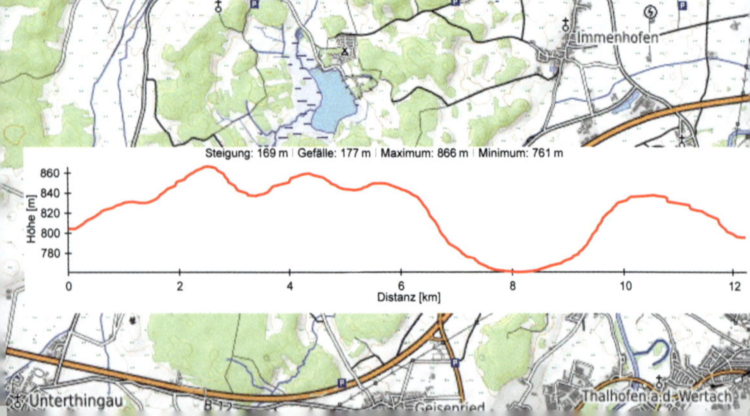

Unterthingau
Geisenried
Thalhofen a.d. Wertach

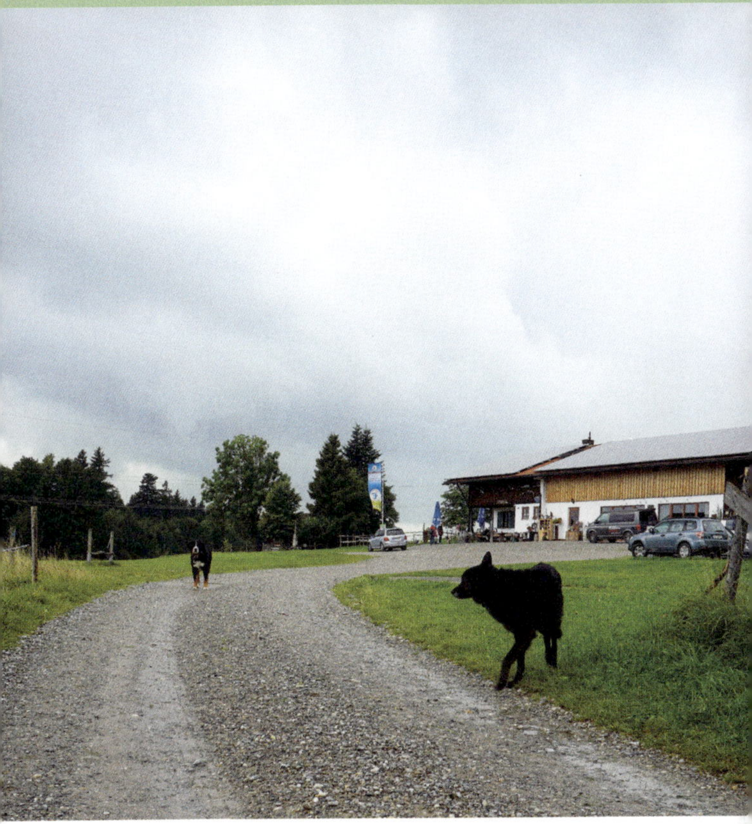

Die Bergmann Alpe mit ihrem wachsamen, aber freundlichen Hofhund

Straße entlang bis zum Wanderparkplatz auf der anderen Straßenseite. Hier geht es in den Salva Wald hinein, immer den Schildern zur Bergmang Alpe nach. Schon bald verlassen wir den Wald wieder und stehen auf den Wiesen, die die **1** Bergmang Alpe umgeben. Ein schöner Ort für eine wohlverdiente Rast!

Für den weiteren Weg gehen wir ein paar Schritte zurück zum letzten Wegweiser und biegen hier nach links Richtung Wenglingen ab. An der nächsten Gabelung gehen wir geradeaus, anstatt den Wegweisern nach links zu folgen. Der Kiesweg geht in einen Wiesenweg über, auf dem wir bis zu einem Wäldchen wandern. Vor

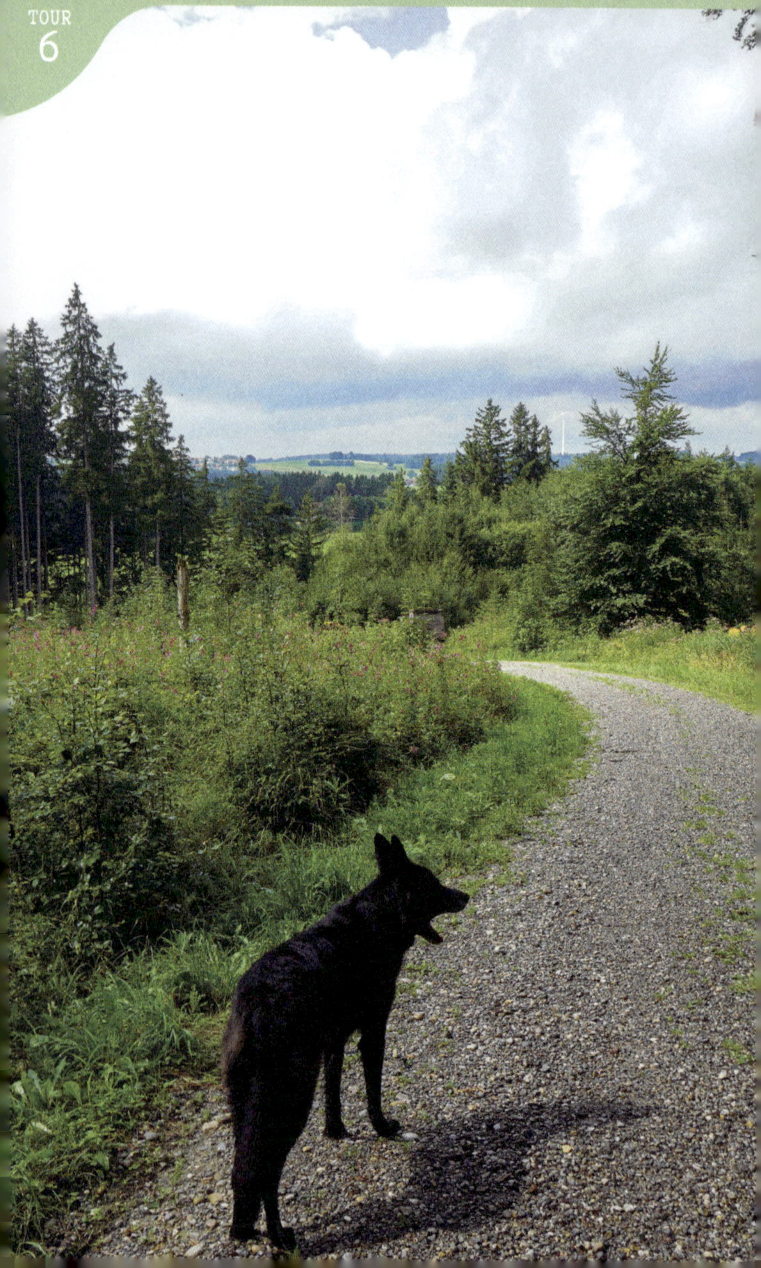

dem Wäldchen biegen wir nach links ab und gehen zunächst an den Bäumen entlang und schließlich weglos geradeaus über die Wiese bis zum Waldrand. Ein rot-orangener Stab markiert den schmalen Pfad, der uns bergab führt. Der Pfad mündet auf einen breiten Forstweg, wir gehen nach links und folgen dem Weg nach Wenglingen. Wir erreichen eine **1** Straße, die wir überqueren. Wir folgen dem Pfad geradeaus, halten uns an der nächsten Gabelung links und gehen nach Wenglingen hinein. Ein kurzes Stück müssen wir entlang der Straße gehen, bis der Wegweiser nach rechts Richtung Aschthal weist. Wir folgen den Schildern durch den Ort hindurch, über ein Feld und wieder in den Wald hinein. An der ersten Gabelung halten wir uns links, dann rechts, und nun können wir entscheiden, ob wir entweder rechterhand den gleichen Weg zurück nehmen oder nach links abbiegen und über den LBV Vogellehrpfad zurückgehen. Der Weg zum Vogellehrpfad führt eine ganze Weile schnurgeradeaus und mündet am sogenannten **2** Vogelnest. Das Vogelnest ist ein Holzpavillon, in dem man alles über Vogelnester lernen und mit etwas Glück Meisen und Kleibern beim Brüten und Füttern zusehen kann. Von hier geht es dann zurück nach Aschthal und zum Parkplatz.

Info

H	keine
P	Wanderparkplatz Vogellehrpfad Friesenried
Karte	Kompass Wanderkarte Ostallgäu, Kaufbeuren (Band 188)
Einkehr	Bergmang Alpe Bergmangstraße 26 87674 Ruderatshofen Web: www.bergmang-alpe.de Mo & Di Ruhetag Hunde nur im Außenbereich erwünscht
Übernachtung	Landgasthof Hubertus Wenglinger Str. 2 87674 Apfeltrang Tel.: 08341-81976 Web: www.hubertus-apfeltrang.de Preise ab 72 Euro, Hund 5 Euro pro Nacht
i	Tourist Information Kaufbeuren Kaiser-Max-Straße 3a 87600 Kaufbeuren/Allgäu Tel.: 08341-437190 Web: www.kaufbeuren-tourismus.de
+	Tierarztpraxis Oberbeuren Am Schlössle 4a 87600 Kaufbeuren Tel.: 08341-9954991

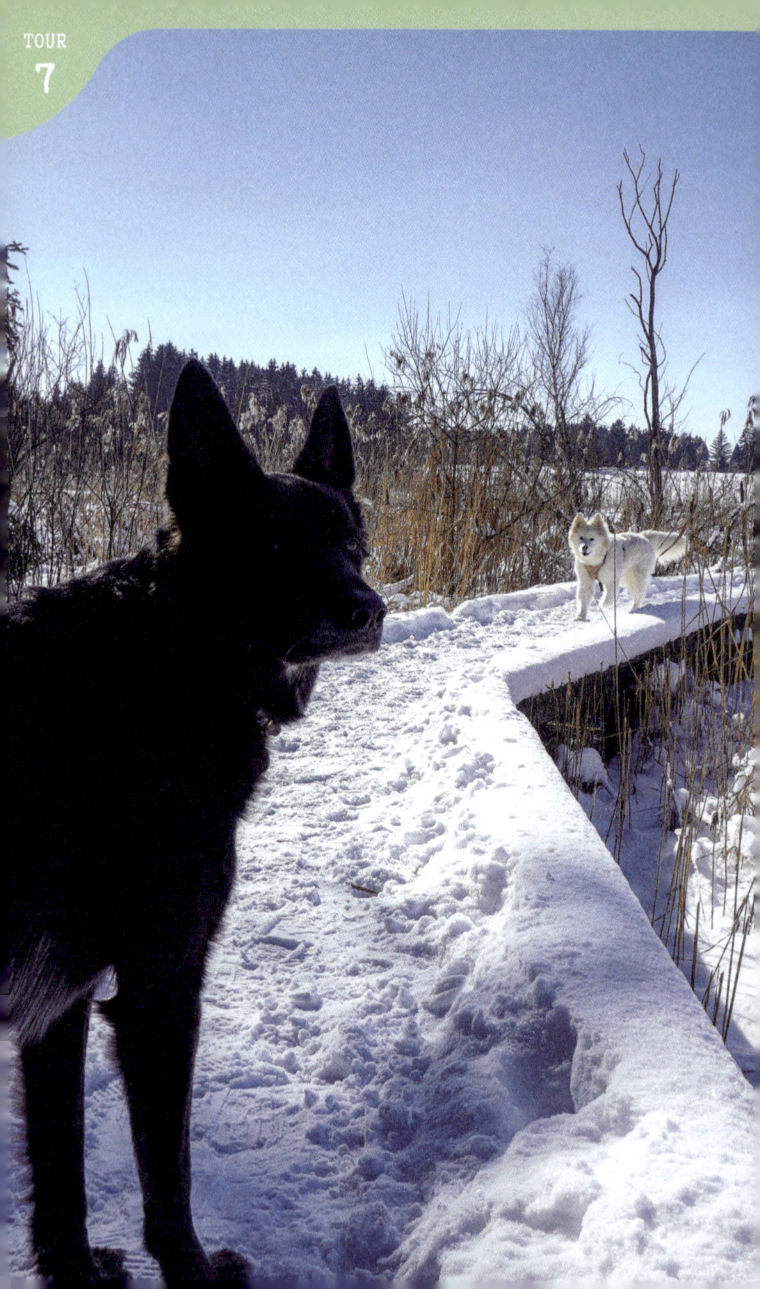

Auf Stegen und Wegen um den Elbsee

Hundefreundlichkeit: Die Umrundung des Elbsees bei Aitrang ist zu jeder Jahreszeit lohnenswert, am schönsten natürlich bei Sonnenschein. Da diese Wanderung sehr beliebt ist, ist man bei schönem Wetter nie allein. Dafür trifft man auf wenige Fahrradfahrer und noch weniger Autos. Der Weg ist abwechslungsreich und führt über Wiesen, durch Wälder und schließlich auf einem Holzsteg mitten durchs Moor. Genügend Wasser für die Hunde findet man auf der ganzen Runde, für die Zweibeiner gibt es unterwegs oder am Schluss Einkehrmöglichkeiten. Ganzjährig möglich.

Tour-Info	↔ 6 km	1:30 Min.	leicht
Start-Ziel:	Wanderparkplatz Elbsee		
GPS:	47°48'30.8"N 10°32'29.7"E		
Markierung:	graue Wanderschilder		
Wegecharakteristik:	40 % Wanderweg – 55 % Weg – 5 % Straße		

Der Elbsee bei Aitrang ist ein schön gelegener Moorsee, hinter dem bei guter Sicht in der Ferne die Alpen aufragen. Die Rundwanderung ist leicht und daher bei jeder Witterung machbar. Wir lassen den Wanderparkplatz hinter uns und folgen zunächst einem breiten Schotterweg entlang von Wiesen. An der ersten Weggabelung halten wir uns links und folgen dem Weg in den Wald hinein, den Elbsee lassen wir dabei weit neben uns liegen. Das Waldstück wird immer wieder von Weiden unterbrochen. Wir können aber entspannt bleiben, da stets ein Zaun zwischen uns, unseren Hunden und dem Weidevieh liegen wird. Der Schotterweg mündet schließlich in ein Teersträßchen und wir halten uns

TOUR
7

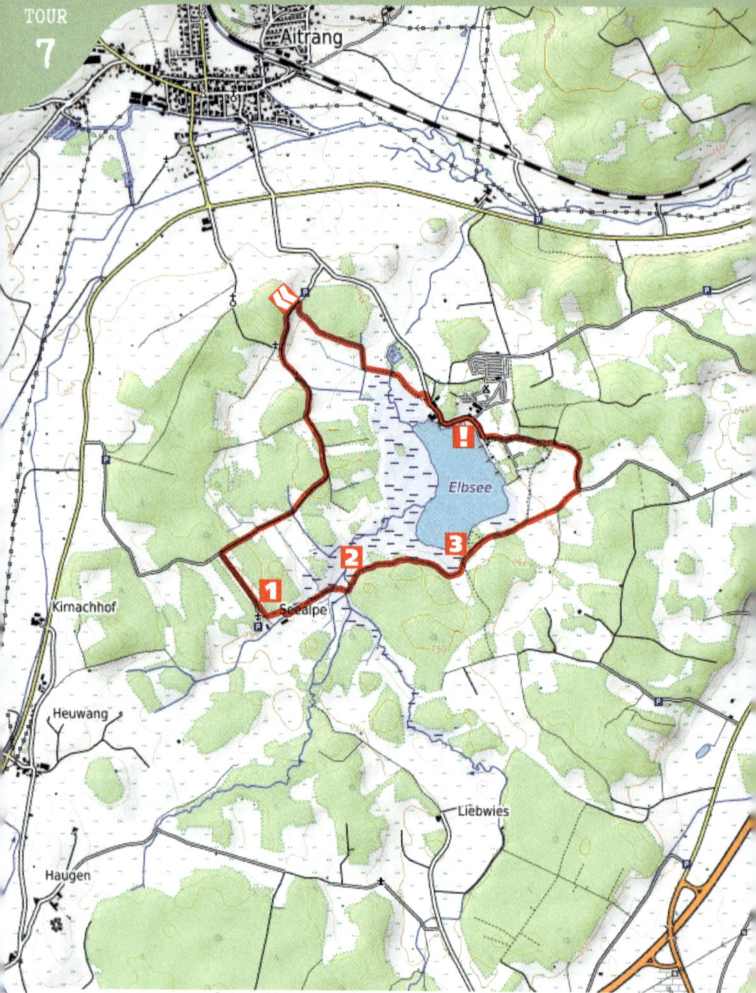

Steigung: 59 m | Gefälle: 49 m | Maximum: 810 m | Minimum: 784 m

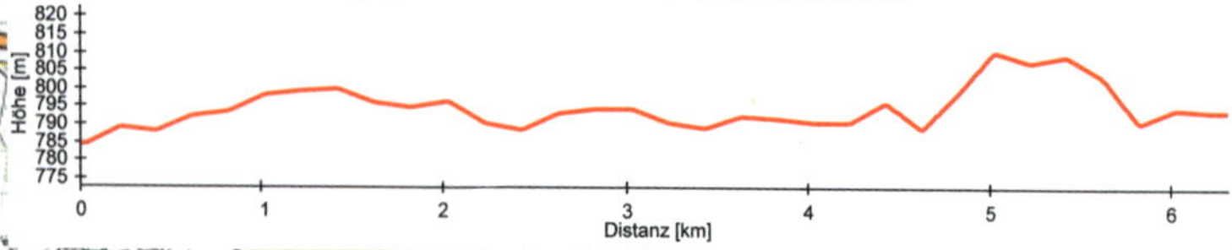

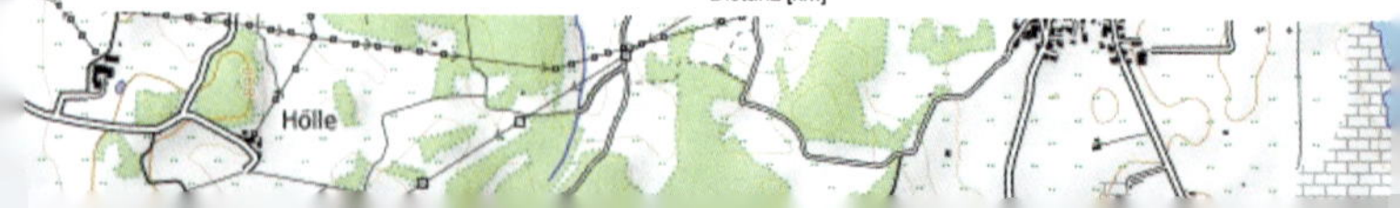

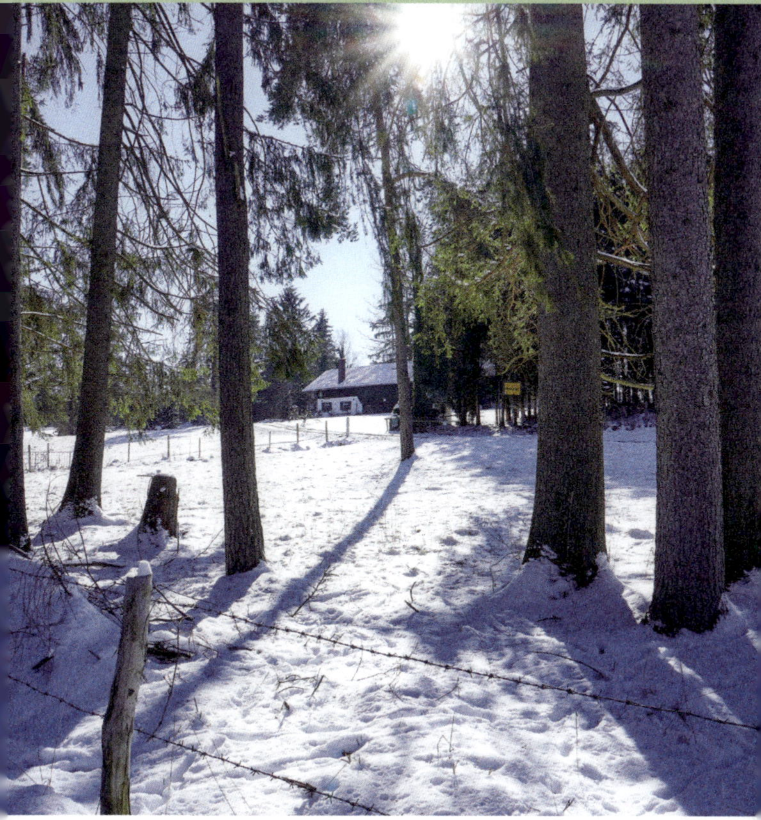

Die Seealpe, eine willkommene Einkehr

an der Gabelung links Richtung **1** Seealpe.
Die Seealpe ist eine nette kleine Wirtschaft mit einem gemütlichen Garten, leckerem Kuchen und deftigen Brotzeiten. Einen Wassernapf für die Hunde bekommt man auch.
Von der Seealpe folgen wir dem gelben Schild „Elbsee“ und wandern zunächst über einen kleinen Wiesenweg mitten durch die Feuchtwiesen, der Heimat von zahlreichen Insekten. Rechterhand verläuft schon bald ein kleines Bächlein, schließlich gelangen wir an den **2** Holzbohlenweg, der uns mitten durchs Schilf führt. Wir sollten auf jeden Fall darauf achten, dass

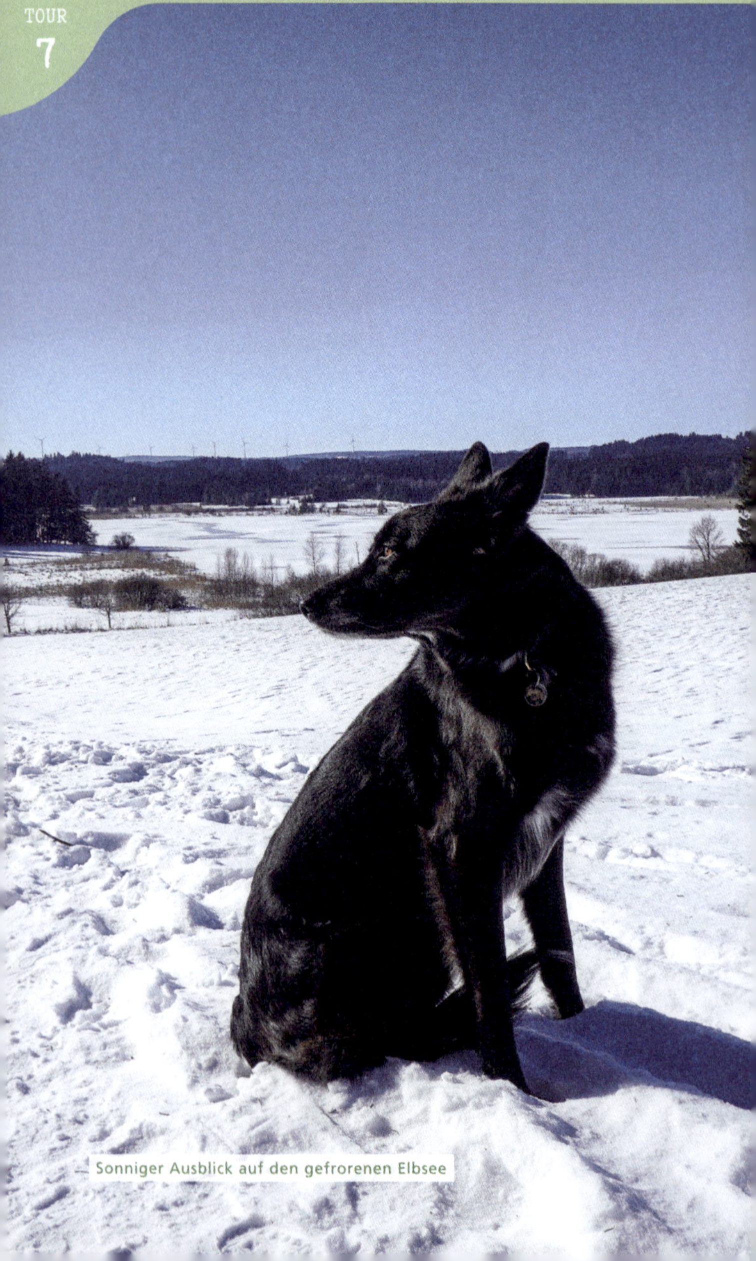

Sonniger Ausblick auf den gefrorenen Elbsee

! unsere Hunde auf dem Holzweg bleiben. Wenn wir den Holzbohlenweg verlassen haben, geht es wieder abwechselnd durch Wald und Wiesen, linkerhand können wir den Elbsee entdecken. Im Sommer lohnt es sich, den kleinen Trampelpfaden ans Wasser zu folgen. Man findet hier kleine 3 Badestellen, an denen man das herrlich erfrischende Wasser genießen kann. Im Freibad am Nordufer sind Hunde nämlich nicht willkommen. Dann geht die Runde weiter und wir entfernen uns wieder ein Stück vom See. An der nächsten Weggabelung können wir entweder links die Abkürzung über den Wiesenpfad nehmen oder wir gehen geradeaus weiter Richtung Waldrand. Hier finden wir bequeme Holzbänke mit einem tollen Blick über den Elbsee.
Beide Wege treffen sich am linken Waldstück wieder. Am Wegweiser können wir uns nun entscheiden, ob wir die Abkürzung über einen schmalen Waldweg nehmen und dafür direkt am Freibad und Campingplatz vorbeimüssen, (! Achtung mit den Hunden, die davon überfordert sein könnten) oder ob wir lieber den längeren Weg außenherum zurück zum Wanderparkplatz nehmen. Der schmale Waldweg jedenfalls endet direkt am Eingang vom Freibad, wo wir uns nach rechts wenden und der Straße folgen. ! Hunde besser

	Info
H	keine
P	Wanderparkplatz Elbsee
Karte	Kompass Wanderkarte Ostallgäu, Kaufbeuren (Band 188)
Einkehr	Seealpe am Elbsee 87648 Aitrang Web: www.seealpe.bayern Ganzjährig Mi, Fr und Sa 12-18 Uhr; So und Feiertage 10:30-18 Uhr
Übernachtung	Allgäu-Hotel-Elbsee Am Elbsee 3 87648 Aitrang Tel.: 08343-248 Web: www.allgaeu-hotel-elbsee.de Preise ab 85 Euro Hund zusätzlich 8 Euro
i	Kaufbeuren Tourismus- und Stadtmarketing e.V. Kaiser-Max-Straße 3a 87600 Kaufbeuren Tel.: 08341/437190 Web: www.kaufbeuren-tourismus.de
+	Tierklinik am Schillenberg Am Schillenberg 2 87616 Marktoberdorf Tel.: 08342-98286

anleinen. Wir gehen am Elbsee-Restaurant vorbei, halten uns nach dem Parkplatz links und wandern nun auf einem kleinen Pfad mitten durch die Feuchtwiesen zurück zum Wanderparkplatz.

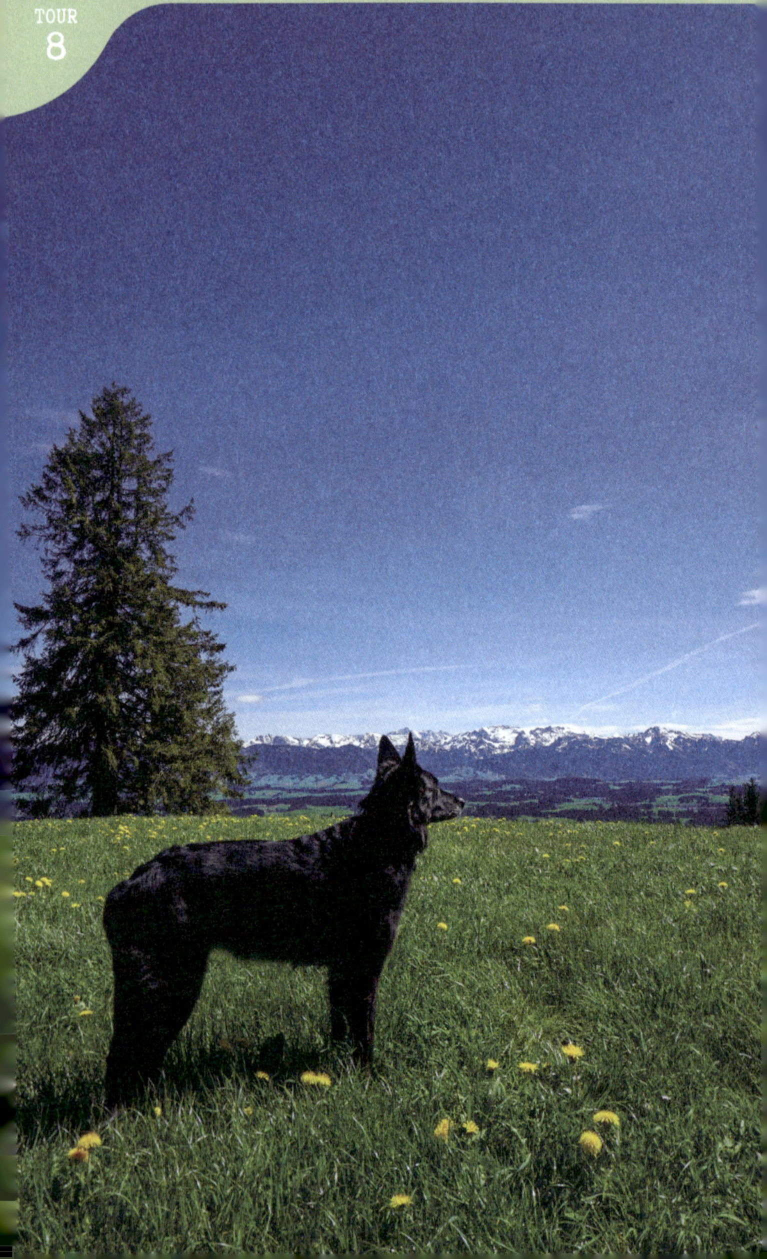

Voralpenidyll – schmale Pfade – Weitblick

Auf den Spuren der Römer auf den Auerberg

Hundefreundlichkeit: **Der Auerberg ist zwar nicht hoch, hat aber einiges auf dem Buckel. Die Römer siedelten hier, seit dem Mittelalter steht eine Kirche auf seinem Gipfel und ganz nebenbei bietet er einen herrlichen Blick über die Ammergauer und Allgäuer Alpen. Von Stötten kann man über den schattigen Römerweg den Auerberg besteigen, der in weiten Teilen den Fußgängern vorbehalten ist. Es muss keine Viehweide überquert werden und man kann am Buffernandl entspannt im Gras liegend das Panorama genießen. Ganzjährig möglich.**

Tour-Info	↔ 9,5 km	3:15 Std.	++ mittel
Start-Ziel:	Parkplatz an der Kirche in Stötten		
GPS:	47°44'18.2"N 10°41'25.1"E		
Markierung:	graue Wanderschilder, Holzschilder Römerweg		
Wegecharakteristik:	55 % Wanderweg – 30 % Weg – 15 % Nebenstraße		

Vom Parkplatz an der Kirche in Stötten gehen wir am Gasthof zur Sonne vorbei und folgen dem Römerweg aus dem Dorf heraus. Über ein Wiese geht es hinauf nach Bachtal, wo wir rechterhand dem Wegweiser „Römerweg" folgen und einen Bach überqueren. An der nächsten Gabelung halten wir uns links und betreten an einem Stadel einen schönen Waldweg, **1** den Römerweg. Diesem folgen wir nun gemächlich im Schatten bergauf. Mehrere Bänke am Wegesrand laden zum Verschnaufen und Staunen ein. Nach einer guten halben Stunde geht es leicht bergab und wir kommen an eine Kreuzung. Wir biegen zunächst rechts ab und gehen dann linkerhand auf einem Teersträßchen durch blühende Wiesen bergan. Dabei kommen wir an zwei Wasserstellen vorbei. **!** Achtung, das Teersträßchen wird auch von Fahrrädern genutzt.

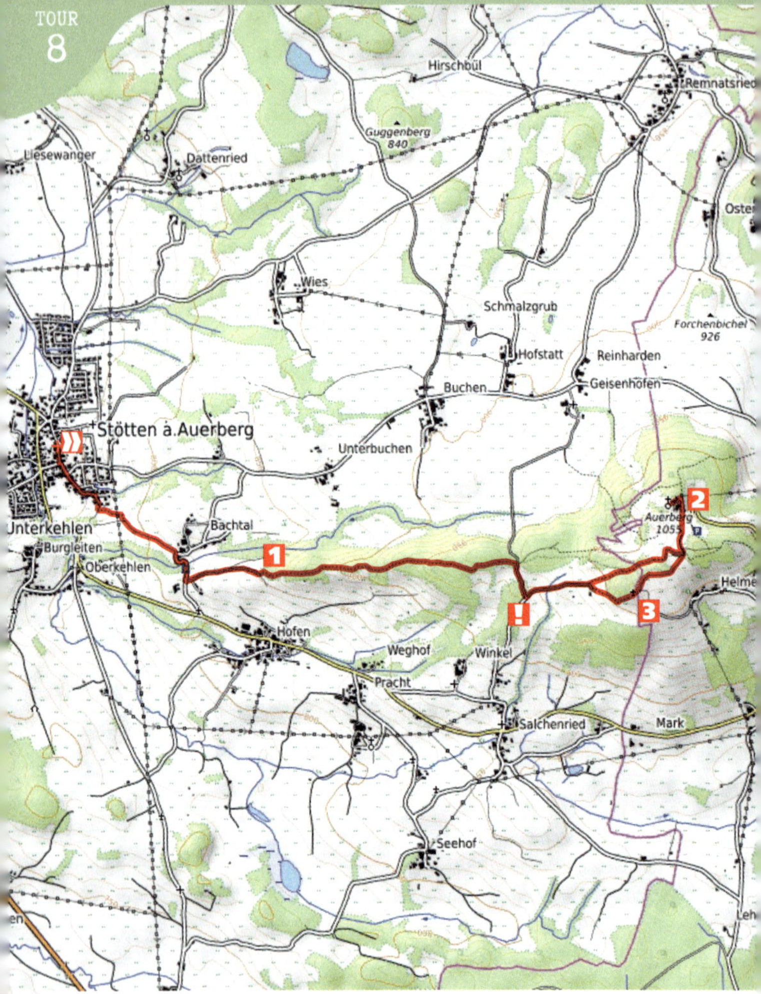

Steigung: 305 m | Gefälle: 303 m | Maximum: 1.035 m | Minimum: 742 m

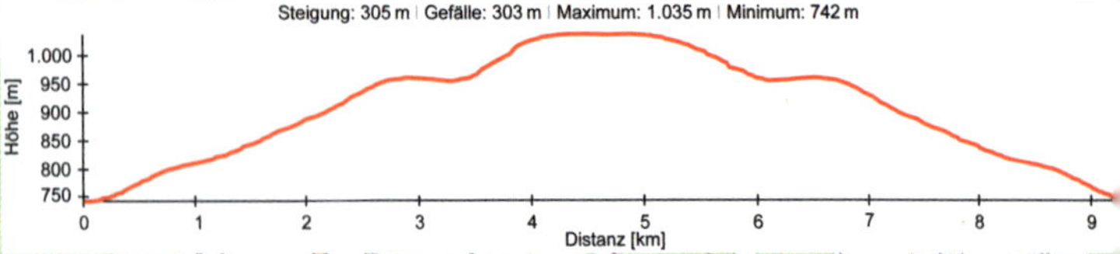

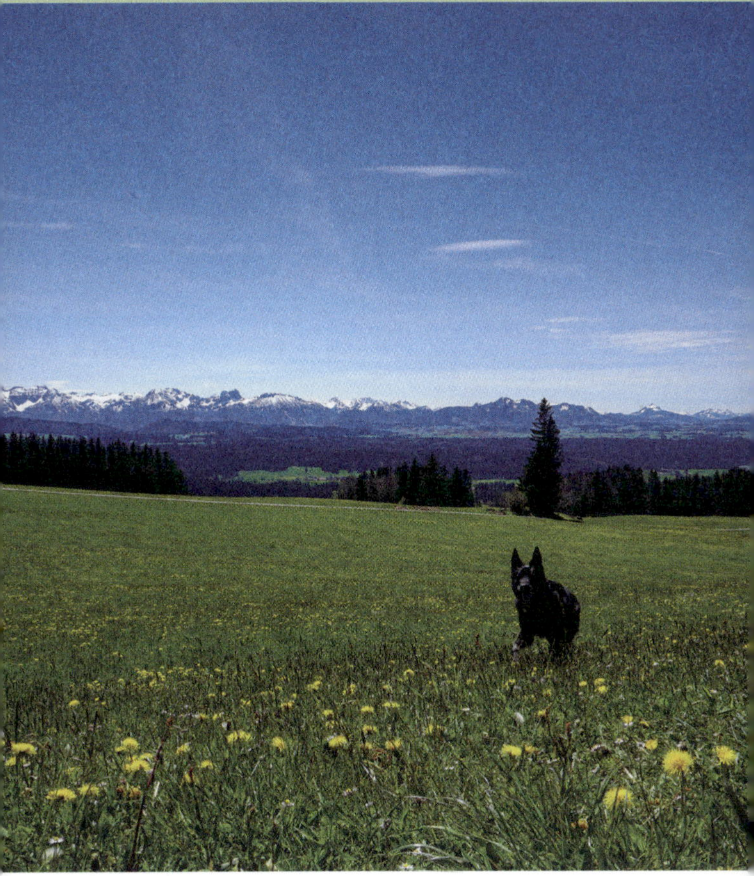

Ein Voralpenidyll wie aus dem Bilderbuch

Wir folgen weiter den Wegweisern „Römerweg" und gehen linkerhand wieder in den Wald hinein. Nach einem letzten Anstieg gelangen wir bald an einen Weidezaun, an dem entlang wir der Kirche auf dem Auerberg entgegengehen. ! Achtung, auf den Auerberg führt auch eine Straße, es herrscht also Autoverkehr. Auf dem 2 Auerberg (1055 m) angekommen, können wir entweder im Panoramagasthof einkehren oder den Kirchturm der St.-Georgs-Kirche besteigen.

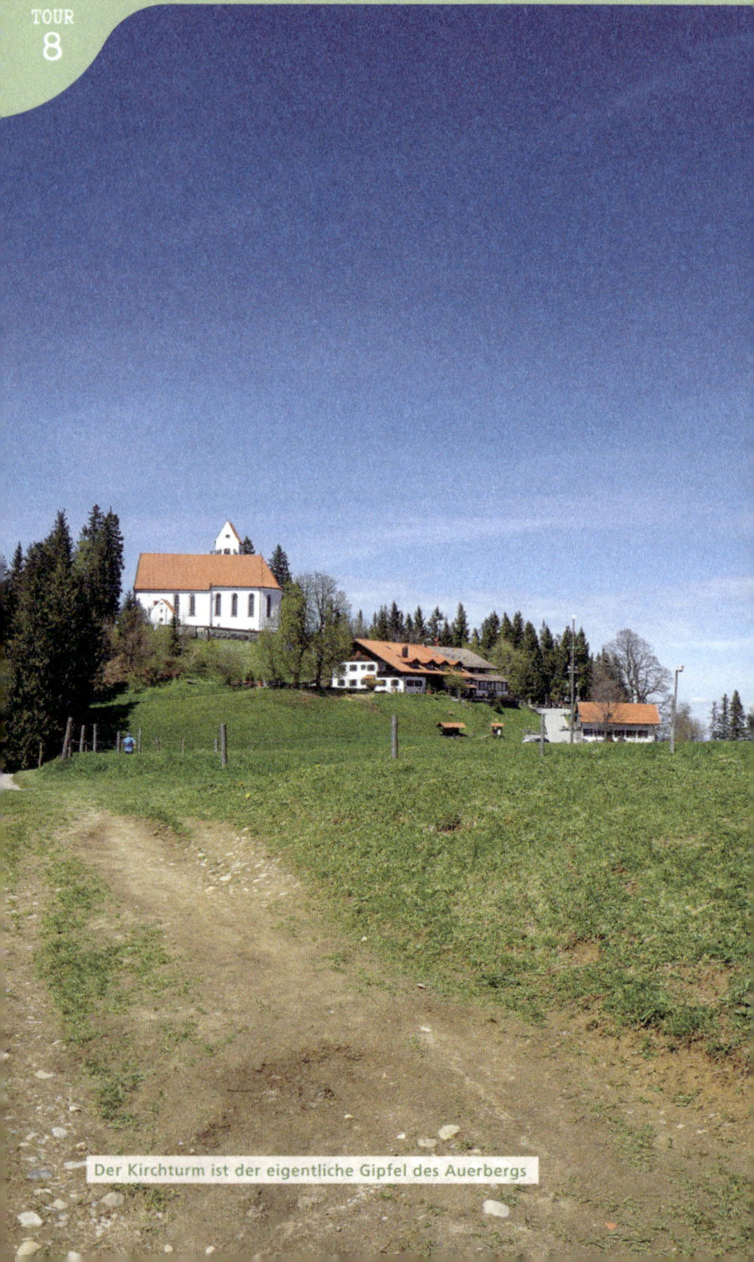

Der Kirchturm ist der eigentliche Gipfel des Auerbergs

Die meisten Hunde werden an dem engen Stiegenhaus aber keine Freude haben, sodass wir für den Fernblick lieber zum nahegelegenen Aussichtspunkt wandern. Hierfür gehen wir ein paar Meter zurück, den Bergen entgegen, durchschreiten die alte römische Wallanlage und betreten geradeaus eine weitläufige Wiese. Ein Schild weist uns den Weg zum „Buffernandl". Viele Leute tummeln sich hier auf der Wiese und genießen das tolle Panorama über die Ammergauer und Allgäuer Alpen. Man kann sich gut verteilen und aus dem Weg gehen. Der eigentliche Aussichtspunkt liegt noch ein Stück bergab, wir folgen also dem Pfad, bis wir zum Kreuz und den Bänken am 3 Buffernandl gelangen. Wenn wir uns sattgesehen haben und den Rückweg antreten wollen, folgen wir dem Trampelpfad am Waldrand hinter dem Kreuz bergab und stoßen bald auf das Teersträßchen vom Anstieg. Der restliche Weg verläuft wie im Anstieg.

Info

H	keine
P	Parkplatz an der Kirche in Stötten
Karte	Kompass Wanderkarte Ostallgäu, Kaufbeuren (Band 188)
Gastronomie	Landgasthof Sonne Dorfstraße 7 87675 Stötten am Auerberg www.landgasthofsonne.de
Übernachtung	Panorama-Gasthof auf dem Auerberg GmbH & Co. KG Auerberg 2 86975 Bernbeuren Web: www.auerberghotel.de
i	Tourist-Info bei der VG Stötten a.A. Füssener Straße 11 87675 Stötten a.Auerberg Tel.: 08349/92040 www.stoetten.de
+	Tierklinik am Schillenberg Am Schillenberg 2 87616 Marktoberdorf Tel.: 08342-98286

TOUR
9

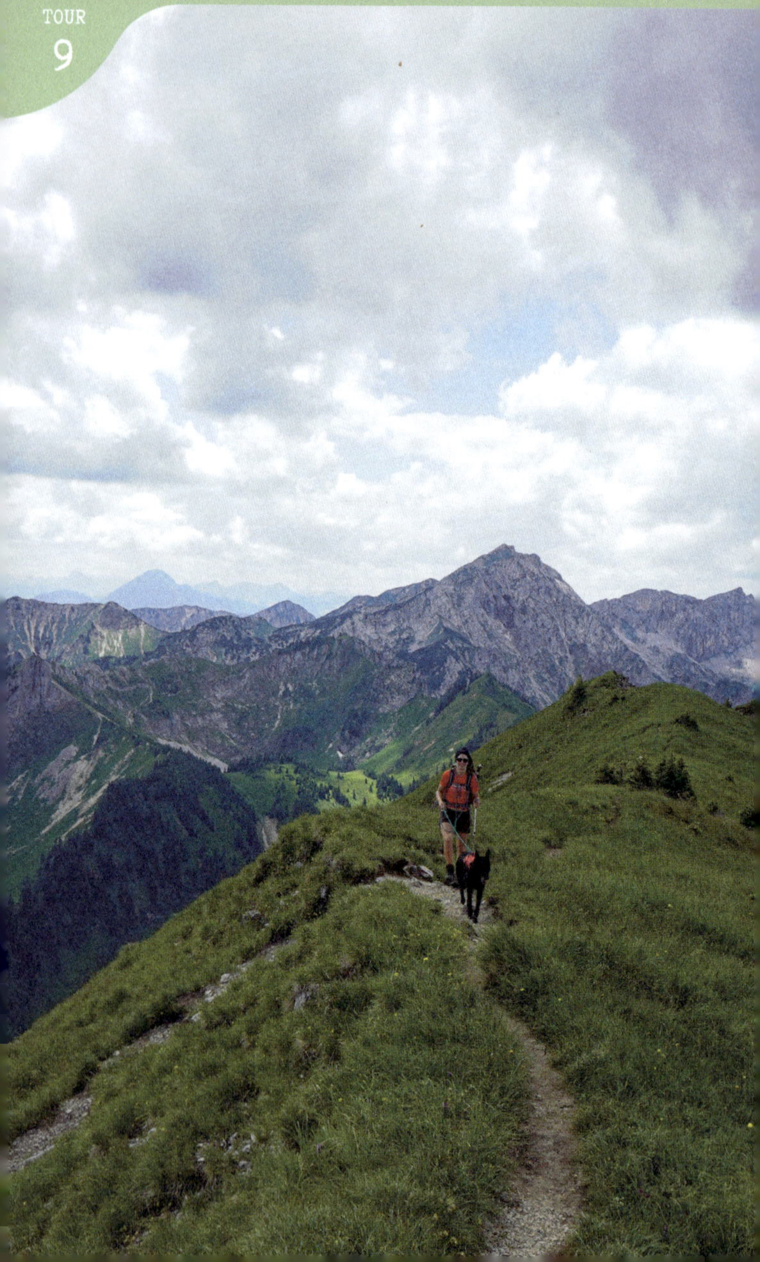

Spektakuläre Gratwanderung zwischen Feigenkopf und Grubenkopf

Hundefreundlichkeit: **Stille Pfade ohne aufregende Begegnungen mit Fahrrädern oder Almvieh sind definitiv ein Aushängeschild für diese tolle Tour. Das abwechslungsreiche, teilweise anstrengende Gelände und einige Quellen auf der Hochebene lassen nicht nur die Hundeherzen höherschlagen. Am gut begehbaren Gratweg ist Vorsicht geboten, Schwindelfreiheit und alpine Erfahrung wichtig. Mai bis Oktober.**

Tour-Info	↔ 9,5 km	4 Std.	+++ schwer
Start-Ziel:	Kenzenhütte		
GPS:	47°37'39.6"N 10°49'22.9"E		
Markierung:	Wanderschilder: Bäckenalmsattel, Grubenkopf, Kenzenhütte		
Wegecharakteristik:	90 % Bergwanderweg – 10 % Wanderweg		

Mit dem Pendelbus geht es zunächst gut 11 km bergan zur Kenzenhütte (1294 m), welche von einem beeindruckenden Felsmassiv überragt wird. Etwas unterhalb der Hütte beginnt der Wanderweg Richtung Bäckenalmsattel, der zunächst durch einen Wald führt. Hier gibt es die ersten und vor dem steilen Anstieg letzten Wasserstellen. Der Wald lichtet sich und wir wandern durch einen wildbewachsenen Talschnitt steil bergauf bis zum Bäckenalmsattel (1536 m). Hier können wir kurz durchschnaufen und den weiten Blick über das Lindertal genießen. Dann halten wir uns links und steigen in Serpentinen den steilen, meist sonnigen Hang durch ein Meer von Alpenblumen Richtung Grubenkopf hinauf. Der Steig ist gut begehbar, aber an manchen Stellen müssen wir unseren Hunden über die teils hohen Felsstufen helfen. Diese sind, für den Menschen, mit Drahtseilen versehen. Bei warmem und

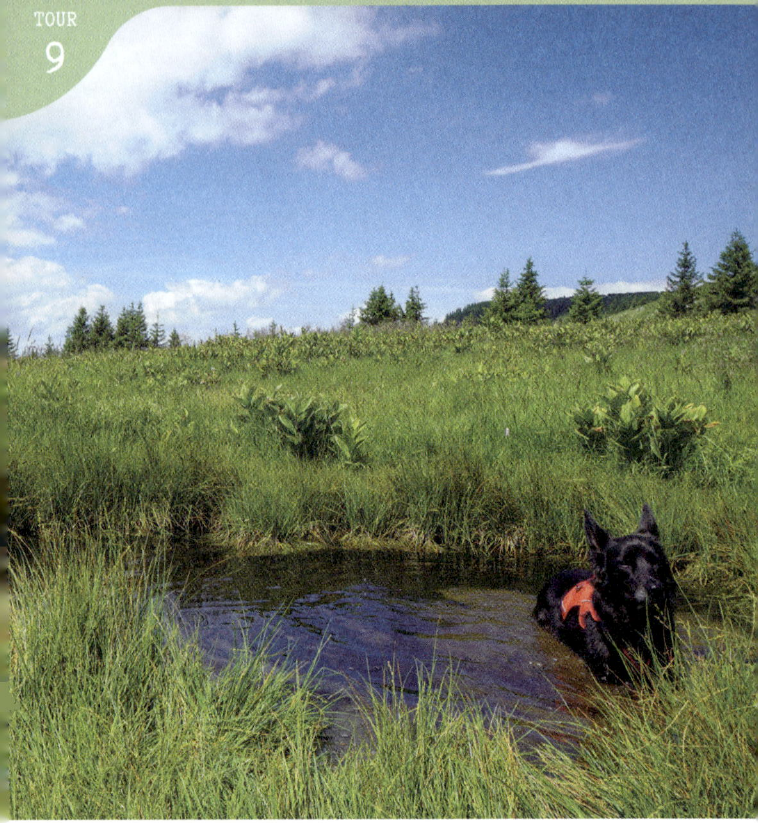

Wohlverdientes kühles Nass auf der Hochebene

sonnigem Wetter müssen wir unbedingt genügend Pausen einlegen, da der Anstieg für unsere Hunde sehr anstrengend ist. Dann erreichen wir eine wunderschöne, wiesenbedeckte Hochebene, wo es mehrere Wasserstellen und Quellen zur Abkühlung müder Pfoten gibt.

Schon hier bietet sich uns ein toller Blick über die Ammergauer und Allgäuer Alpen, wir gehen ohne nennenswerte Steigung an der unbewirtschafteten Hirschwanghütte (1710 m) vorbei. Links können wir schon das Gipfelkreuz vom Grubenkopf sehen, wir halten uns an der Weggabelung aber geradeaus und wandern weiter hinauf zum

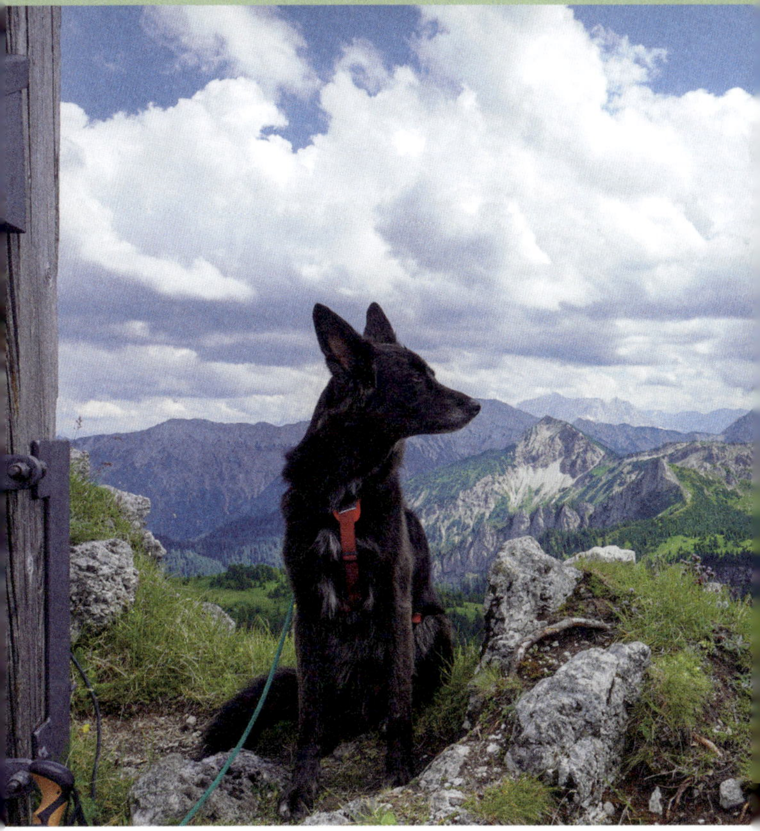

Der Blick vom Grubenkopf hinüber zum Zugspitzmassiv

Grat. Hier müssen wir jetzt unbedingt die Hunde anleinen, weil der Grat recht exponiert verläuft und es rechts und links tief runtergeht; es besteht ! Absturzgefahr. Daher sind Schwindelfreiheit, Trittsicherheit und alpine Erfahrung von Hund und Mensch zwingend erforderlich. Wem es zu mulmig wird, dreht sicherheitshalber um und geht gleich hinüber zum Grubenkopf.

Auf dem von Alpenblumen gesäumten Wiesengrat wandern wir in luftiger Höhe zum Aussichtspunkt 1 Feigenkopf (1866 m). Hier wartet kein Gipfelkreuz, dafür aber bei gutem Wetter ein atemberaubendes Panorama über das Allgäu bis hinüber

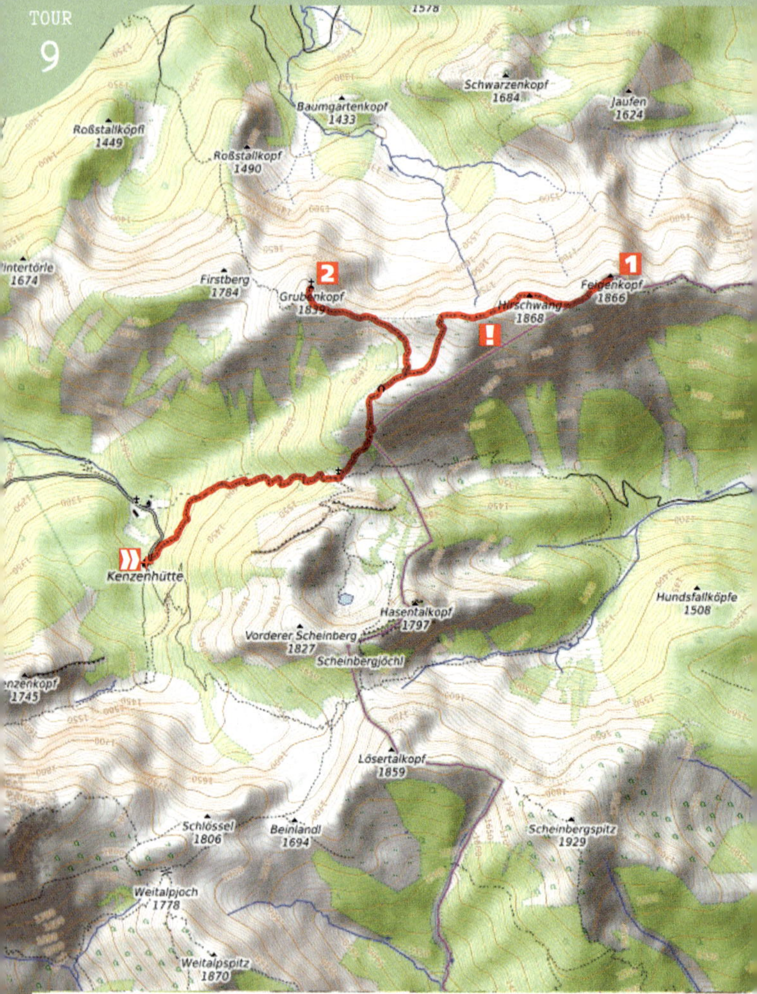
Schwarzenkopf
1684
Jaufen
1624
Baumgartenkopf
1433
Roßstallköpfl
1449
Roßstallkopf
1490
Feilenkopf
1866
Hirschwang
1868
Grubenkopf
1839
Firstberg
1784
intertörle
1674
Kenzenhütte
Hundsfallköpfe
1508
Hasentalkopf
1797
Vorderer Scheinberg
1827
Scheinbergjöchl
enzenkopf
1745
Lösertalkopf
1859
Schlössel
1806
Beinlandl
1694
Scheinbergspitz
1929
Weitalpjoch
1778
Weitalpspitz
1870

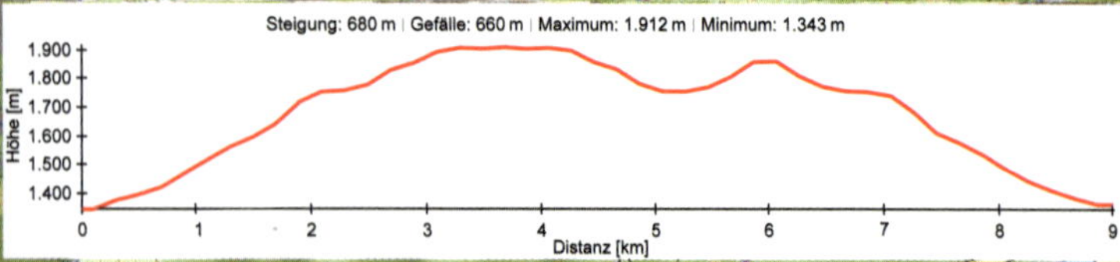
Steigung: 680 m | Gefälle: 660 m | Maximum: 1.912 m | Minimum: 1.343 m
Höhe [m]
1.900
1.800
1.700
1.600
1.500
1.400
0 1 2 3 4 5 6 7 8 9
Distanz [km]

zum Starnberger See und weiter zur Zugspitze. Richtung Norden fällt das Gelände steil ab, auch der weitere Steig nach Osten hinüber zur Klammspitz ist sehr schroff und ausgesetzt - und daher nichts für uns und unsere Vierbeiner. Nach einer ausführlichen Rast gehen wir den gleichen Weg etwa zwanzig Minuten zurück, bis wir zur Abzweigung zum Grubenkopf gelangen. Hier wandern wir zunächst den von Heidelbeeren bewachsenen, schattigen Hang hinauf und passieren noch die ein oder andere Quelle, ehe das Gelände wieder steiler, felsiger und sonniger wird. Der Steig geht nun teilweise direkt an der Abbruchkante entlang, im Gelände unterhalb können wir manchmal Gämsen entdecken. Bald haben wir das Gipfelkreuz vom **2** Grubenkopf (1847 m) erreicht.

Unsere Hunde können unterhalb des Gipfels im hohen Gras und unter kleinen Nadelbäumen ein schattiges Plätzchen zum Verschnaufen finden, während wir das Panorama genießen. Der Weg zurück entspricht dem Hinweg, vorbei an der Hirschwanghütte und dem Bäckenalmsattel. Schneller als gedacht erreichen wir die Kenzenhütte. Hier können wir uns bis zur Abfahrt des Busses stärken und die schöne und abwechslungsreiche Tour Revue passieren lassen. Hunde sind auf der Terrasse willkommen.

Info

H	Buslinie 73 von Füssen nach Halblech Alle Infos zum Pendlerbus unter www.halblech.de/kenzenhuette.html
P	Kenzenparkplatz in Halblech
Karte	Kompass Wanderkarte Füssen, Außerfern (Band 4)
Einkehr	Kenzenhütte Tel. 08368/390 Web: www.kenzenhuette.de Anfang Mai bis Mitte Oktober (je nach Schneelage)
Übernachtung	Hotel Bannwaldsee Sesselbahnstraße 10 87642 Halblech Tel.: 08368/9000 Web: www.bannwaldseehotel.de Preise ab 65 Euro (einfacher Standard), Haustierpauschale 8 Euro
i	Gästeinformation Halblech Dorfstraße 18 87642 Halblech Tel.: 08368/9122222 Web: www.halblech.de
+	Tierärztliche Gemeinschaftspraxis Hubert Nau & Dr. Bernhard Bayrhof Bahnhofstraße 12 86983 Lechbruck Tel.: 08862/98980

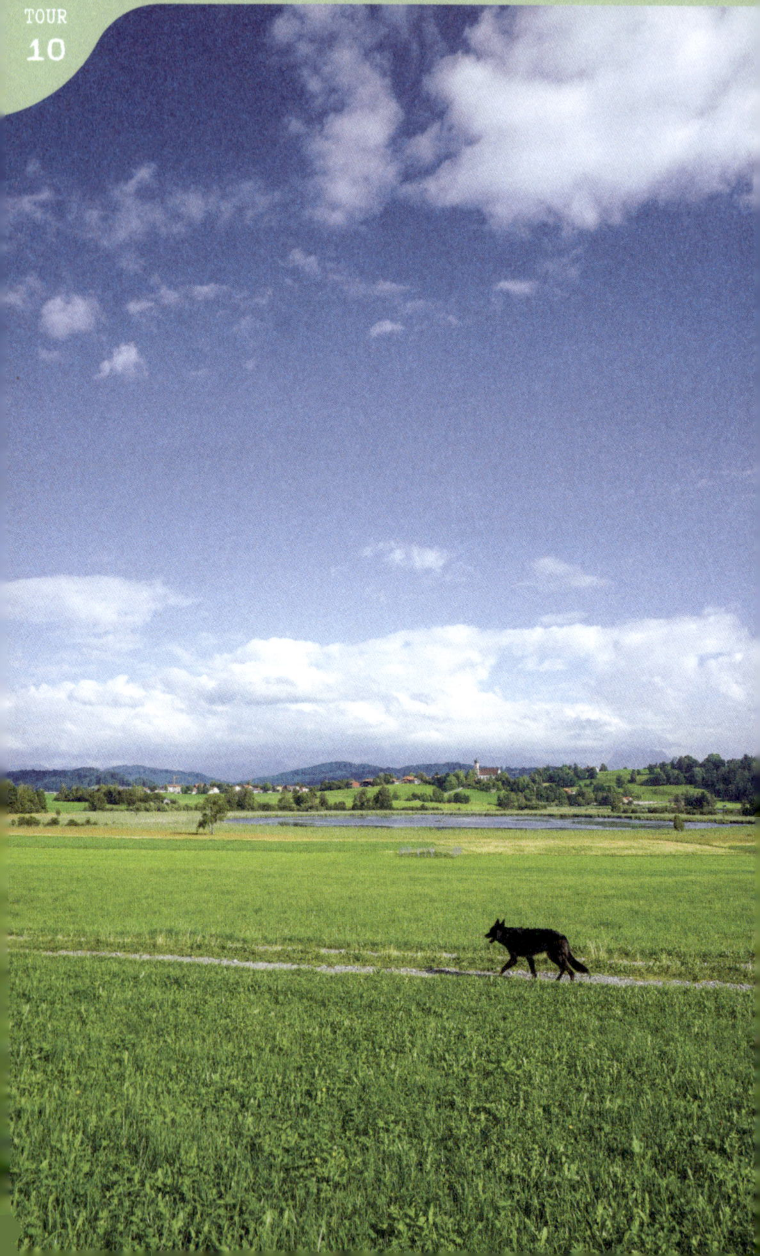

Weiher, Seen und Bäche zum Erfrischen – typische Voralpenlandschaft – Hofläden

Seen-Hopping bei Seeg

Hundefreundlichkeit: **Die Landschaft rund um Seeg ist durchzogen von Weihern, Seen und Moorbächen und bietet daher auf der ganzen Wanderung viel kühles Nass zur Erfrischung. In einem sanften Auf und Ab wandert man durch die idyllische Allgäuer Voralpenlandschaft mit Wäldern, Weiden und Höfen. Aber alle Kuhbegegnungen sind von einem schützenden Zaun getrennt. Gegen Ende der Tour muss eine Gitterrostbrücke überquert werden. Diese Rundwanderung ist bei Wanderern und Radlern gleichermaßen beliebt. Bei schönem Wetter ziehen die Weiher zudem einige Badegäste an. An bewölkten Tagen läuft man aber auch mal alleine durch die schöne Landschaft. Leichte, aber lange Wanderung. Ganzjährig möglich.**

Tour-Info	↔ 13 km	3:30 Std.	++ mittel
Start-Ziel:	Parkplatz hinter der Pfarrkirche St. Ulrich in Seeg		
GPS:	47°39'14.9"N 10°36'13.4"E		
Markierung:	graue Wanderschilder		
Wegecharakteristik:	40 % Weg – 40 % Nebenstraße – 20 % Wanderweg		

Zunächst gehen wir ein paar Schritte durch das Örtchen Seeg. Es geht vorbei an der Pfarrkirche St. Ulrich, an der Hauptstraße angekommen halten wir uns rechts und wandern hinüber zum Heimatmuseum. Neben dem Eingang der Erlebnisimkerei biegen wir auf einen Feldweg ein und wandern nun auf die Anhöhe hinauf. Der Weg wird schmäler, führt an einer Pferdeweide vorbei und schon gelangen wir an die Weggabelung, die uns zur 1 Ferdinandshöhe führt. Das Bergpanorama vom Aussichtspavillon aus ist schön, begleitet uns aber auch später auf der Wanderung noch. Auf der Ferdinandshöhe gibt es einen Mülleimer, wo wir Hundetüten entsorgen können. Wir gehen die paar

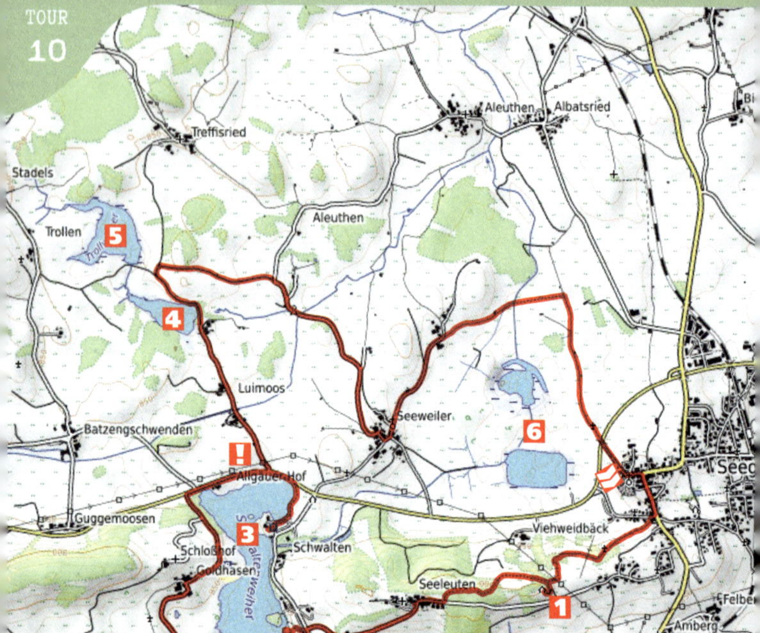
Treffisried
Aleuthen
Albatsried
Stadels
Trollen
5
Aleuthen
4
Luimoos
Seeweiler
6
Batzengschwenden
!
Allgäuer Hof
Guggemoosen
3
Schwalten
Schloßhof
Goldhasen
Viehweidbäck
Seeleuten
1
2
Amberg
Dederles
Anwanden
Straß
Enzenstetten
Rennbothen
Unterreuten

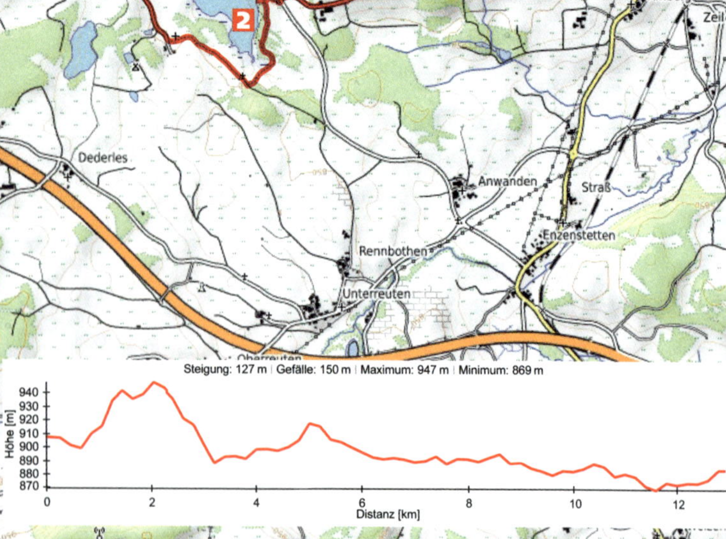
Steigung: 127 m | Gefälle: 150 m | Maximum: 947 m | Minimum: 869 m
Höhe [m]
940
930
920
910
900
890
880
870
0
2
4
6
8
10
12
Distanz [km]

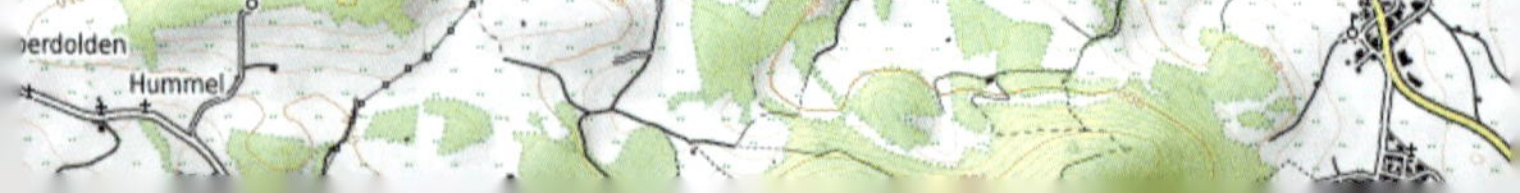
Hummel

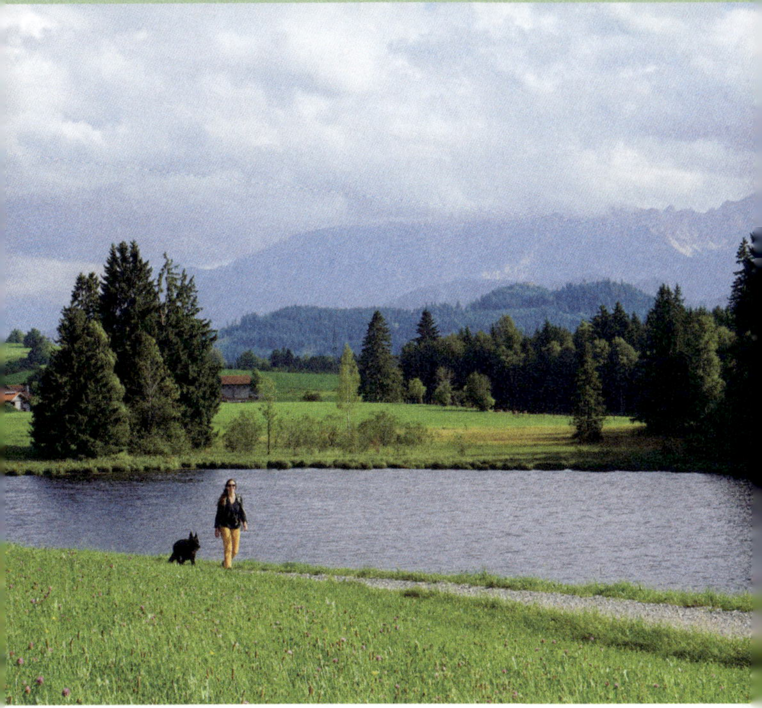

Die Wanderung führt durch das Allgäuer Voralpenland, hier entlang des Luimooser Weihers

Meter zurück und auf dem vorherigen Pfad Richtung Seeleuten weiter. Dabei queren wir eine freie Wiese und gehen dann wieder durch den Wald. Wir erreichen eine Teerstraße und stehen vor dem Panorama Land- und Wellnesshotel. ! Achtung, hier herrscht etwas Autoverkehr. Wir wandern nun durch das Örtchen Seeleuten (am Ferienhof Schmid lädt ein Hofladen zum Schmankerlkaufen ein), an einem Reiterhof vorbei bergab und kommen schließlich an eine Straße. Diese queren wir und folgen den Wegweisern. Nach kurzem Links-Rechts-Links stehen wir am Ufer des 2 Schwaltenweihers. Nach einer Erfrischung setzen wir unseren Weg auf dem Schwaltenweiher-Rundweg fort. Wir durchqueren das Schwaltenmoor und biegen, am Kiesweg angekommen, nach rechts Richtung Goldhasen ab. In Goldhasen biegen wir abermals rechts ab und wandern hinunter zur Kreisstraße OAL1. Wir folgen dem Fußweg nach rechts, wandern am Campingplatz Allgäuer Hof vorbei und ignorieren

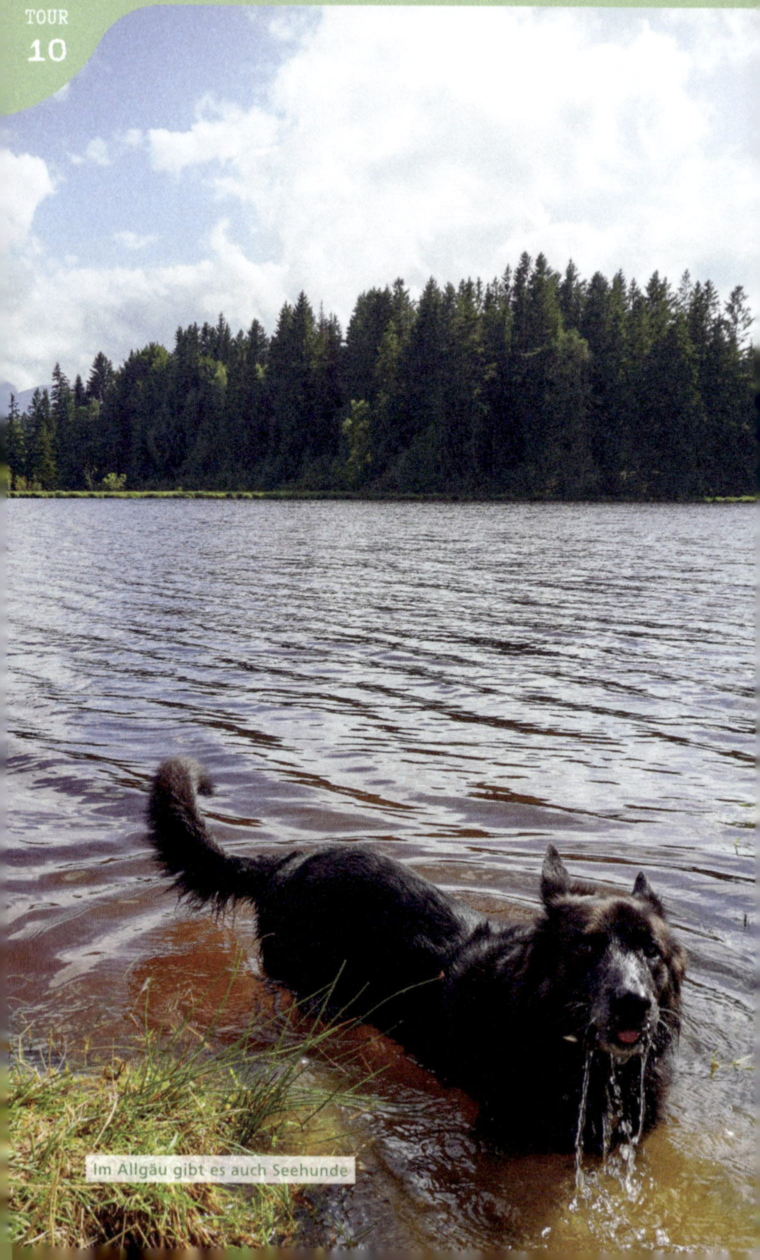

Im Allgäu gibt es auch Seehunde

zunächst die Abzweigung linkerhand nach Luimoos. Ein kleines Stück weiter und wir können auf einen Trampelpfad abbiegen, der uns zum **3** Seepark Restaurant Schwaltenweiher führt. Diese Pause haben wir uns allemal verdient, die Flammkuchen sind sehr zu empfehlen. Hunde sind auf dem Gelände gerngesehen, müssen aber an der Leine geführt werden.

Dann setzen wir die Wanderung fort, gehen zurück zur Abzweigung nach Luimoos und queren die Kreisstraße. Wir folgen der Asphaltstraße einfach geradeaus. **!** Achtung, hier herrscht etwas Autoverkehr. Bald kommt der **4** Luimooser Weiher in Sicht. Wir umrunden ihn halb und gelangen an eine kleine Liegewiese mit tollen Badestellen für Zwei- und Vierbeiner.

Nach einer Erfrischung setzen wir den Weg auf dem Schotterweg fort und gelangen schon bald an eine Kreuzung oberhalb des **5** Trollweihers. Hier biegen wir rechts ab und wandern weiter Richtung Seeweiler. In Seeweiler halten wir uns links und gehen den längeren Weg nach Seeg. Der kürzere würde entlang der Kreisstraße verlaufen. Kurz bevor wir Seeweiler verlassen, lädt linkerhand eine Imkerei zum Honig kaufen ein und rechterhand bietet sich uns ein toller Blick über die **6** Seeger Seen. Wir biegen auf den Feldweg ein, der uns in einem weiten Bogen um die Seeger Seen führt. Der Feldweg verjüngt sich zu einem Wiesenpfad, wir queren zwei Bachläufe. **!** Achtung, über den zweiten Bach führt eine Gitterrostbrücke, die aber keine scharfen Kanten hat. Wir folgen dem Wiesenpfad auf eine Kuppe und halten uns, am Querweg angekommen, rechts. Diesem Weg folgen wir nun zurück zum Ausgangspunkt.

Man kann die Tour auch andersherum laufen und dann einfach den Wegweisern „5-Seen-Runde" folgen.

Info

Bus	Bus 60 zwischen Nesselwang (Bahnhof) und Roßhaupten
Parken	Parkplatz hinter der Pfarrkirche St. Ulrich in Seeg
Karte	Kompass Wanderkarte Ostallgäu, Kaufbeuren (Band 188)
Einkehr	Seepark Restaurant Schwaltenweiher Schwalten 2 87637 Seeg Web: www.schwaltenweiher.de bei schönem Wetter 12-19 Uhr
Unterkunft	Landhotel Seeg Wiesleutener Straße 9 87637 Seeg Tel.: 08364-1782 Web: www.landhotel-seeg.de Preise ab 86 Euro (einfacher Standard), Hunde bei Buchung angeben
Information	Touristinformation Seeg Hauptstraße 33 87637 Seeg Tel.: 08364-983033 Web: www.seeg.de
Tierarzt	Tierarztpraxis Mair Ried 1a 87637 Seeg Tel.: 08364-1212 Sprechstunde nach tel. Vereinbarung

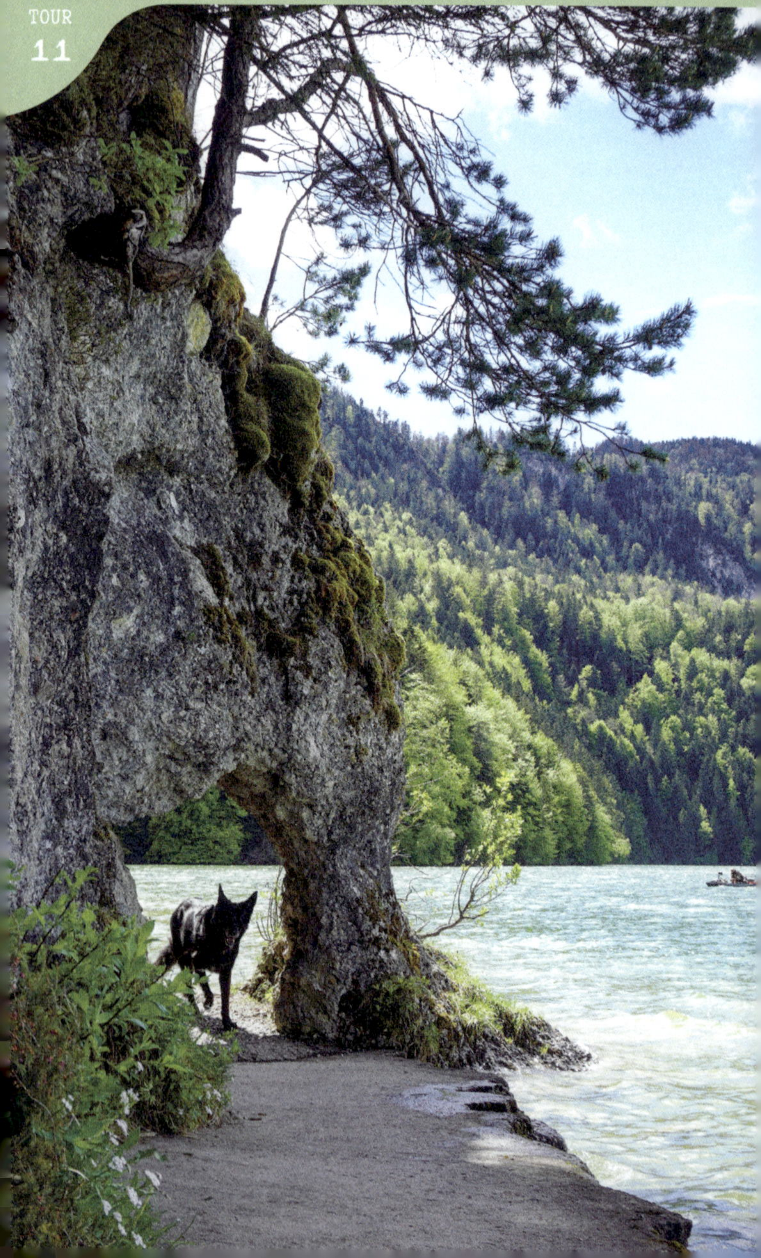

Durchs Felsentor am Weißensee

Hundefreundlichkeit: **Die Wanderung vom Weißensee zum Alatsee ist besonders für die Wasserratten unter den Hunden toll, weil man den Großteil der Zeit direkt am Wasser entlanggeht. Der Alatsee lädt dann auch die Zweibeiner zu einem erfrischenden Bad ein, auf keinen Fall die Badesachen vergessen! Fahrradfahren ist auf dem Weißensee-Rundweg verboten, auf dem Hahnenkopfweg und am Alatsee müssen wir aber mit Radlern rechnen. Man geht die meiste Zeit auf schmalen Wegen durch den Wald, sodass es eine grandiose Tour für heiße Sommertage ist! Ganzjährig möglich.**

Tour-Info	↔ 10/15 km	◷ 3/4:30 Std.	++✣ mittel
Start-Ziel:	Parkplatz am Freibad Weißensee		
GPS:	47°34'37.5"N 10°37'35.1"E		
Markierung:	graue Wanderschilder, rot-weiß-rote Markierungen		
Wegecharakteristik:	45 % Wanderweg – 35 % Weg – 15 % Bergwanderweg – 5 % Nebenstraße		

Der Ausgangspunkt der heutigen „Spritztour" liegt direkt am Ufer des **1** Weißensees. Für die nächsten paar hundert Meter müssen wir die Hunde noch an die Leine nehmen, weil wir das Freibadgelände des Weißensees und einen Spielplatz passieren. Danach steht einem Freilauf aber nichts im Wege, denn der erste Wegabschnitt ist Fußgängern vorbehalten. Wir gehen am Seeufer entlang und folgen den Wegweisern „Weißensee Rundweg". Wir ignorieren ersteinmal alle einmündenden Wege und gehen stets geradeaus über Stock und Stein an imposanten Felswänden entlang. Da die Felswände direkt ans Ufer herangehen, wurde in den 1950er Jahren der

TOUR 11

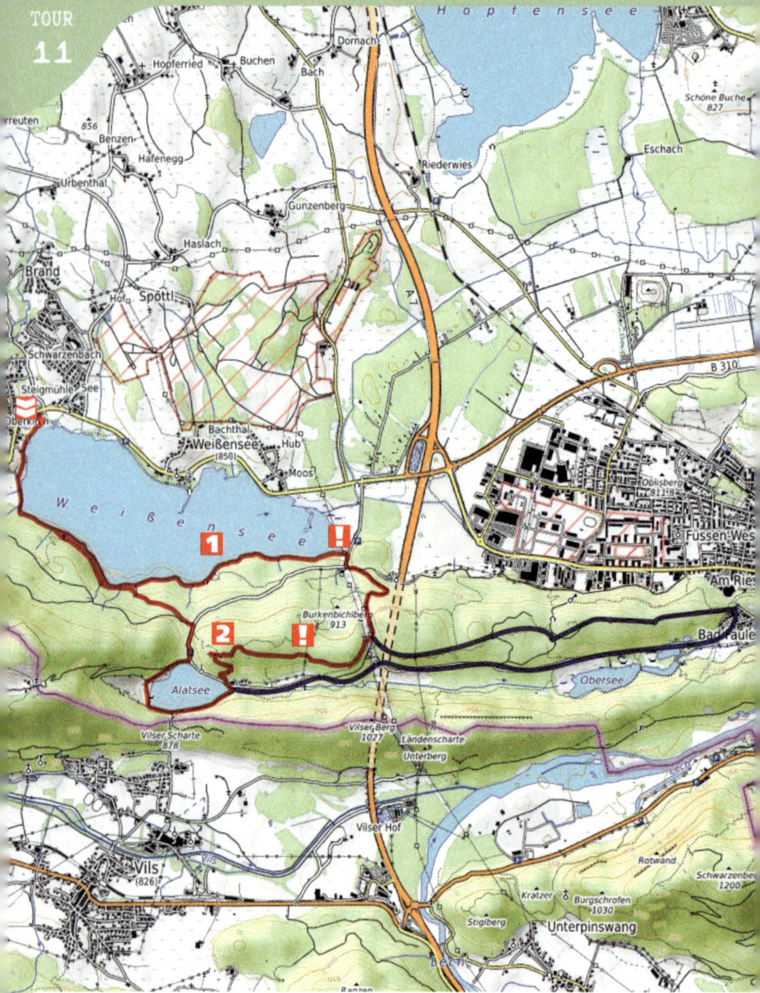
Hopfensee
Dornach
Hopferried
Buchen
Bach
Schöne Buche
827
Benzen
Hafenegg
Urbenthal
Riederwies
Eschach
Gunzenberg
Haslach
Brand
Spottl
Schwarzenbach
Steigmühle
See
B 310
Bachthal
Weißensee
(850)
Hub
Moos
Weißensee
Oblisberg
811.8
Füssen-West
Am Ries
Burkenbichiberg
913
Bad Faulenbach
Alatsee
Obersee
Vilser Scharte
878
Vilser Berg
1027
Ländenscharte
Unterberg
Vilser Hof
Vils
(826)
Rotwand
Kratzer
Burgschrofen
1030
Stigiberg
Unterpinswang
Leite
Saba
B179
1
2

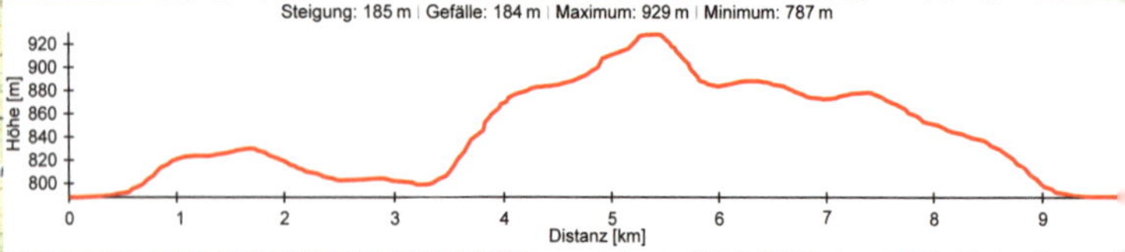
Steigung: 185 m | Gefälle: 184 m | Maximum: 929 m | Minimum: 787 m
Höhe [m]
920
900
880
860
840
820
800
0
1
2
3
4
5
6
7
8
9
Distanz [km]

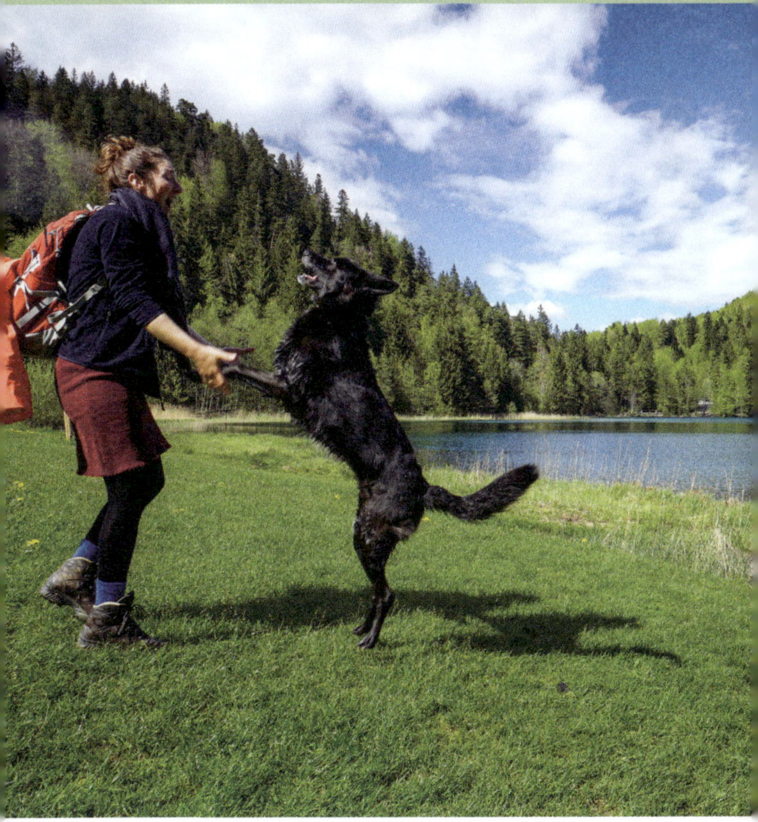

Spiel & Spaß bietet der Alatsee

Hugo-Ludwig-Steg angelegt, der uns nun teilweise über das Wasser gehen lässt. Netterweise ist der Weg mit Beton ausgegossen und die Hunde müssen nicht über Gitterroste laufen. Wir nähern uns dem Ostufer, passieren ein natürliches Felsentor (Achtung, Kopfeinziehen nicht vergessen) und gelangen unvermittelt an eine Straße. **!** Vorsicht, vereinzelt fahren hier Autos. Wir biegen nach rechts ab (Alatsee, Füssen, Salober Alpe) und folgen der Straße bis zu einem Elektrizitätswerk. Hier biegen wir links und alsbald rechts ab Richtung Hahnenkopfweg. Nach einem knackigen Anstieg auf einer breiten Forststraße erreichen wir die nächste Weggabelung. Wer

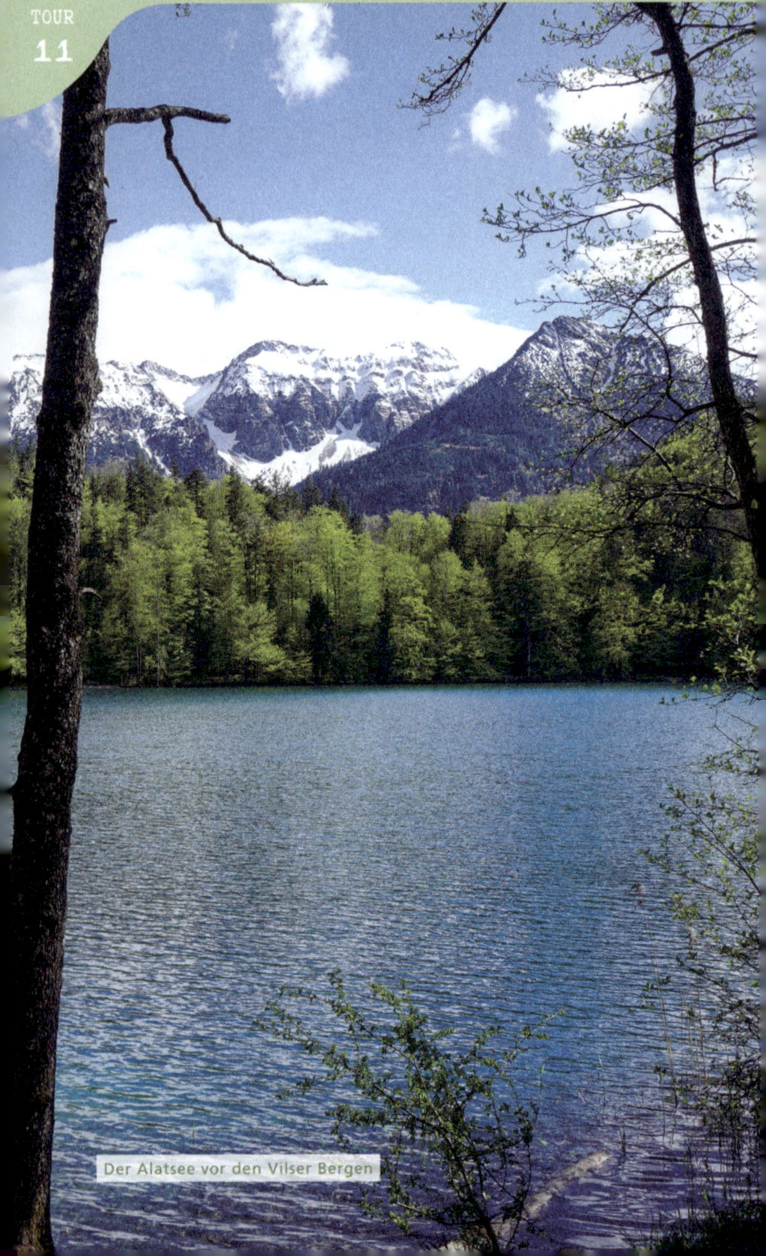

Der Alatsee vor den Vilser Bergen

die längere Variante über den Mitter- und Obersee nehmen möchte, folgt linkerhand dem Alten Kobelweg. Alle anderen nehmen rechterhand den mit rot-weiß-roten Fahnen (auf Bäume gemalt) markierten Hahnenkopfweg Richtung Zwei-Seen-Blick. Der schmale Pfad steigt weiter durch den Wald bergan, Vorsicht ! Mountainbiker bevölkern mitunter den Pfad. Nach einer Weile und auf dem Kamm angekommen, erreichen wir den Aussichtspunkt 2 Zwei-Seen-Blick. Die Seen liegen uns zu Füßen, jeder auf seine Art. Jetzt lockt uns das türkis schimmernde Wasser des Alatsees, sodass wir nun zum Hotel & Restaurant Alatsee absteigen, wo wir eine wohlverdiente Stärkung einnehmen können. Hunde müssen hier allerdings angeleint werden.
Weiter geht es dann einmal um den 3 Alatsee herum, der sich in das enge Tal einschmiegt. Nur am Westufer weitet sich die Landschaft etwas, es gibt eine Liegewiese, oberhalb davon weiden (eingezäunt) Rinder. Hier lohnt es

Legendärer Alatsee

Um den Alatsee ragen sich etliche Sagen und Mythen, zum Beispiel sollen die Nazis einen Schatz in ihm versenkt haben. Herausfinden wird man das wohl nie, denn Tauchen ist im Alatsee aufgrund vieler tödlicher Unfälle verboten. Das liegt an den Purpur-Schwefelbakterien und Burgunderblutalgen, die im See vorkommen und ihm den Beinamen „Blutender See" eingebracht haben.

Info

H	Buslinie 71 Füssen – Pfronten bis Weißensee, Kirche
P	Parkplatz am Freibad Weißensee
Karte	Kompass Wanderkarte Füssen Außerfern (Band 4)
Restaurant	ALATSEE Hotel & Restaurant Am Alatsee 1 87629 Füssen / Allgäu Web: www.hotel-alatsee.de Mo - So 11-18 bzw. 20 Uhr
Hotel	Hotel Bergruh Alte Steige 16 87629 Füssen-Weißensee Tel.: 083623-9020 Web: www.welnesshotel-bergruh.de Preise ab 75 Euro (einfacher Standard), Hund gegen Aufpreis von 15 Euro
i	Tourist Info Punkt Weißensee Seeweg 4 87629 Füssen Tel.: 08362-6500 Web: www.fuessen.de
+	Smartvet Tierarztpraxis Füssen Abt-Hafner-Str. 5 87629 Füssen Tel.: 08362/925827

sich zu rasten, ein erfrischendes Bad zu nehmen und die Landschaft zu genießen. Dann geht es weiter um den See herum, bis wir zum Parkplatz gelangen. Wir überqueren den Parkplatz, gehen noch ein Stück an der Straße entlang, bis wir an einen Schlagbaum gelangen. Hier gehen wir links und folgen dem Steig hinunter zum Weißensee-Rundweg und von dort zurück zum Parkplatz.

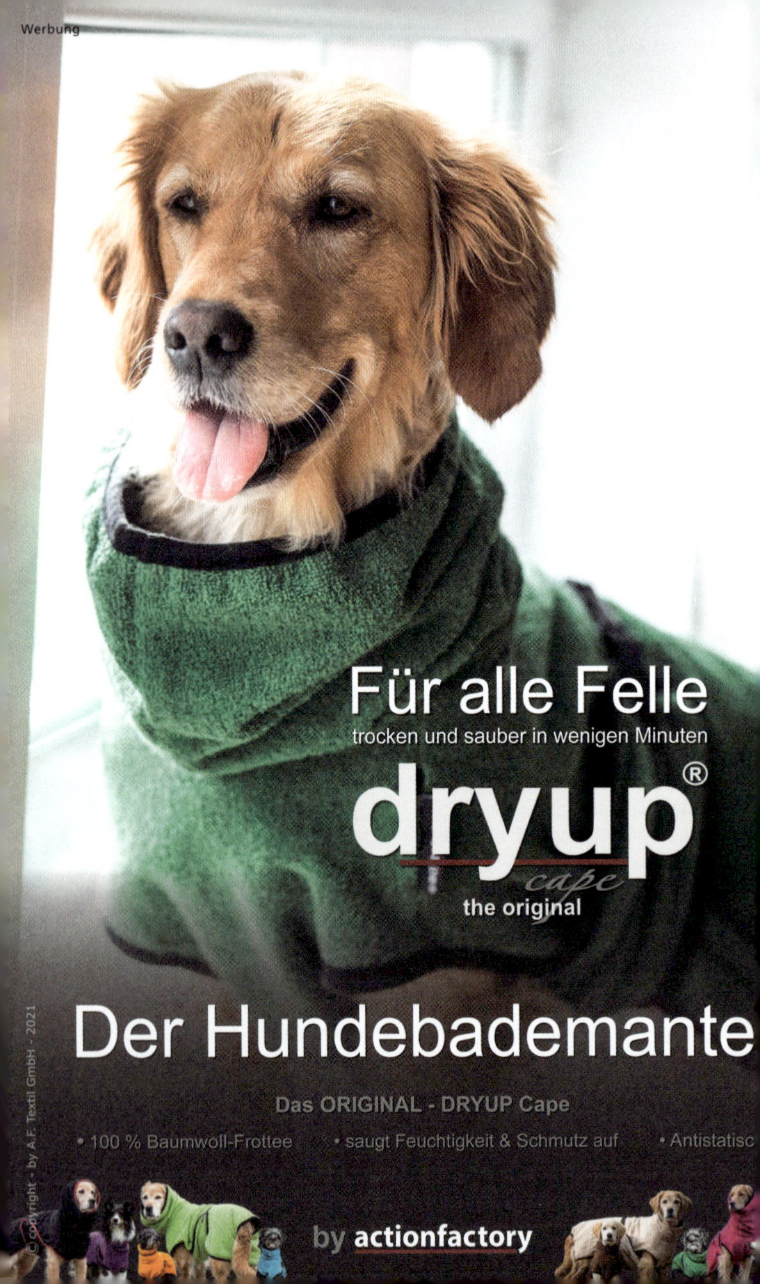
Werbung
Für alle Felle
trocken und sauber in wenigen Minuten
dryup®
cape
the original
Der Hundebademante
Das ORIGINAL - DRYUP Cape
• 100 % Baumwoll-Frottee
• saugt Feuchtigkeit & Schmutz auf
• Antistatisc
by actionfactory
© copyright - by A.F. Textil GmbH - 2021

Tannheimer

Berge

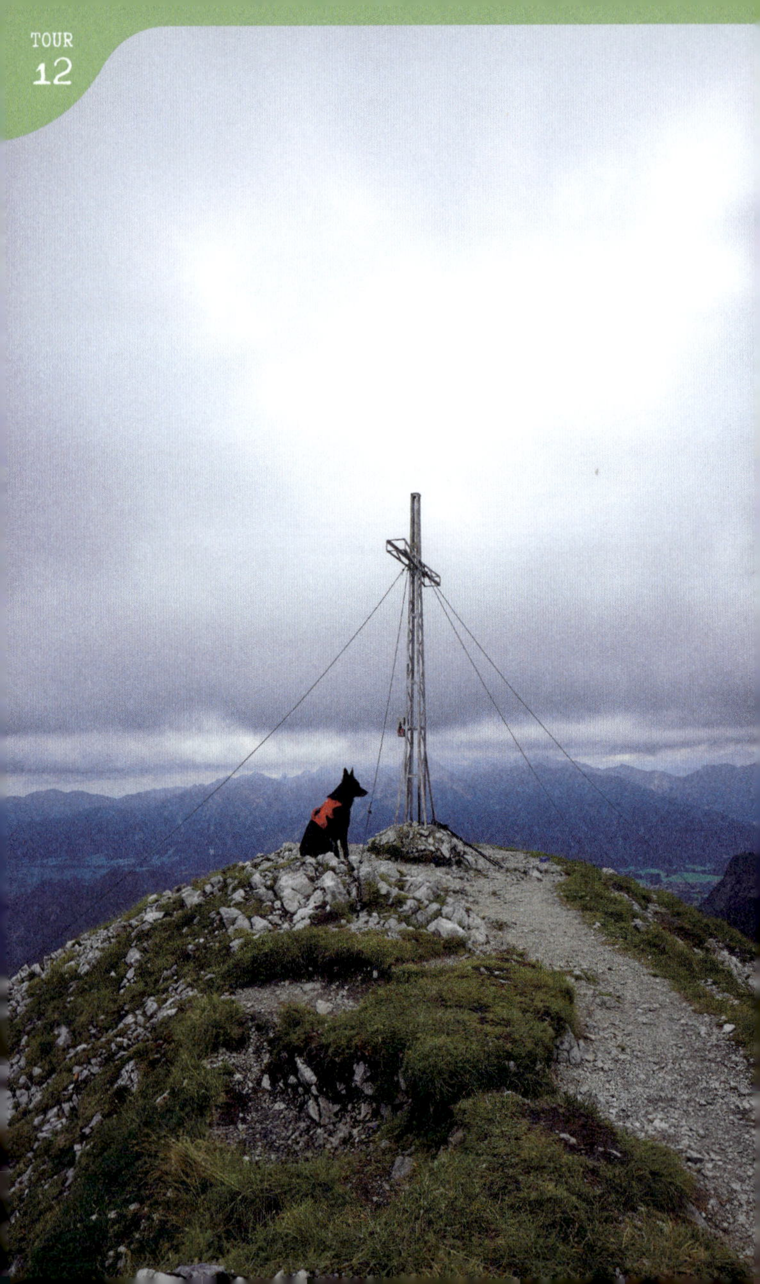

Wenig begangene Tour – Wiesen, Wald und Wasser – vom Gipfel Rundblick über die Ostallgäuer Seenlandschaft

Über das Hundsarschjoch auf den Vilser Kegel

Hundefreundlichkeit: **Die Wege um den Vilser Kegel sind sehr abwechslungsreich und eiskalte Gebirgsbäche bieten müden Hundepfoten sowie unerschrockenen Menschen eine wohlverdiente Erfrischung. Auf dieser stillen Tour begegnet man frühestens ab der Vilser Alm Fahrradfahrern. Die hundefreundliche Vilser Alm, auf der man sogar mit Hund übernachten kann, liegt in einem malerischen Tal und bietet nicht nur köstlichen Kaiserschmarrn zur Stärkung an. Frühjahr bis Herbst (je nach Schneelage).**

Tour-Info	↔ 10,6/11,8 km	4:30/5:30 Std.	+++ schwer
Start-Ziel:	Wanderparkplatz am Eisplatz, Vils (Österreich)		
GPS:	47°32'33.2"N 10°38'14.6"E		
Markierung:	gelbe Wanderschilder		
Wegecharakteristik:	10 % Alpinwanderweg – 20 % Wanderweg – 50 % Weg – 20 % Nebenstraße (ohne Gipfel) 20 % Alpinwanderweg – 20 % Wanderweg – 45 % Weg – 15 % Nebenstraße (mit Gipfel)		

Diese schöne und knackige Rundtour beginnt und endet am Wanderparkplatz am Eisplatz unterhalb der Konradshütte bei Vils. Vom Parkplatz wenden wir uns Richtung Viehgatter, welches wir durchqueren. Vorher nehmen wir uns kurz Zeit, das Schild mit den wichtigsten Verhaltensregeln für eine Begegnung mit ! Almvieh zu studieren. Dann geht es auf einem Fahrweg bergan Richtung Skipiste. Da der Wanderweg durch den Wald wegen Steinschlaggefahr gesperrt ist, steigen wir zunächst auf der Skipiste auf, bis diese wieder auf den Weg Richtung Vilser Kegel mündet. Dann beginnt linkerhand mit einer Bachüberquerung ein wunderschöner, jedoch steiler Waldweg hinauf zum Vilser Kegel.

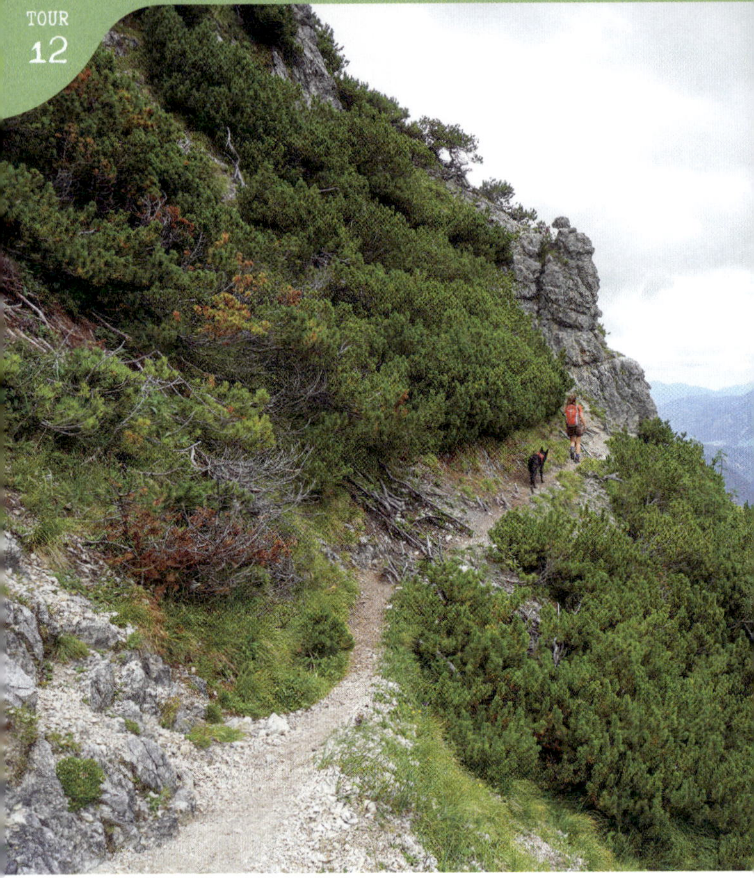

Der Steig auf den Vilser Kegel ist schmal und ausgesetzt

Zunächst erreichen wir aber über eine malerische Almwiese das **1** Hundsarschjoch (1647 m). Über den Namen dürfen nicht nur wir Hundehalter getrost schmunzeln und erstmal den tollen Blick genießen.
Nur bergerfahrene Gespanne sollten den Abstecher (+ 1 Std.) auf den Gipfel des **2** Vilser Kegel (1810 m) machen, da der Steig steil und stellenweise sehr anspruchsvoll ist. Dafür wird man aber für diese Zusatzanstrengung mit einem herrlichen Blick über die Ostallgäuer

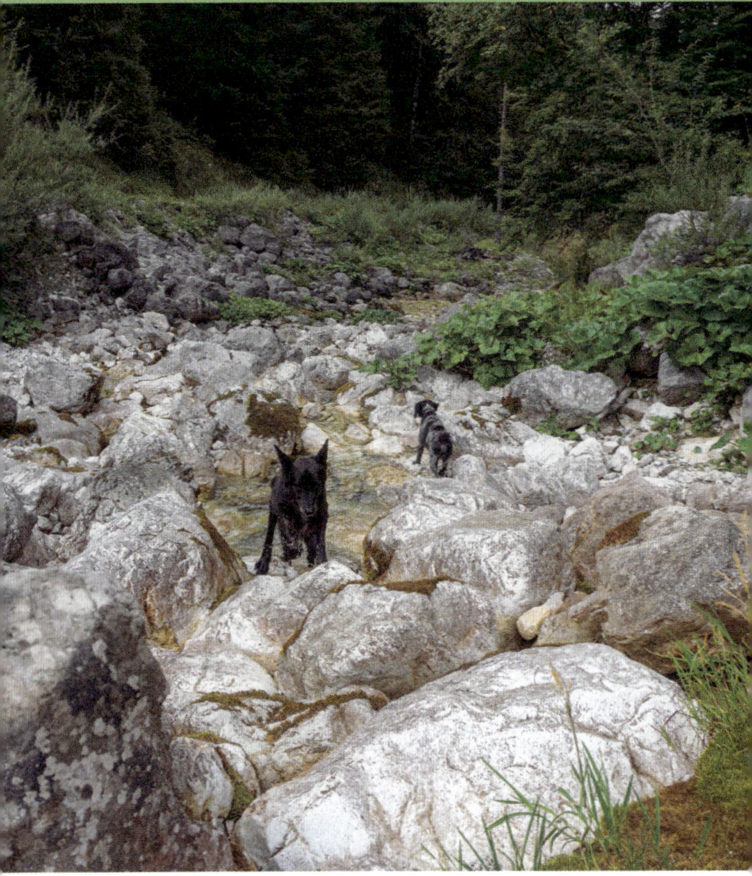

Erfrischung im Kühbach

Seenlandschaft belohnt. Aber ! Vorsicht, der Gipfel ist ausgesetzt und es besteht Absturzgefahr.

Vom Hundsarschjoch geht der Weg nun bergab Richtung 3 Vilser Alm, zunächst noch durch Latschenkiefern und später durch einen verwunschen anmutenden Wald, bevor wir wieder freie Wiesenflächen (Vorsicht ! Almvieh) betreten. Nun ist der anstrengende Teil der Tour vorbei und darauf sollten wir bei einer Stärkung auf der Terrasse der Vilser Alm anstoßen. Richtung Vils geht es nun

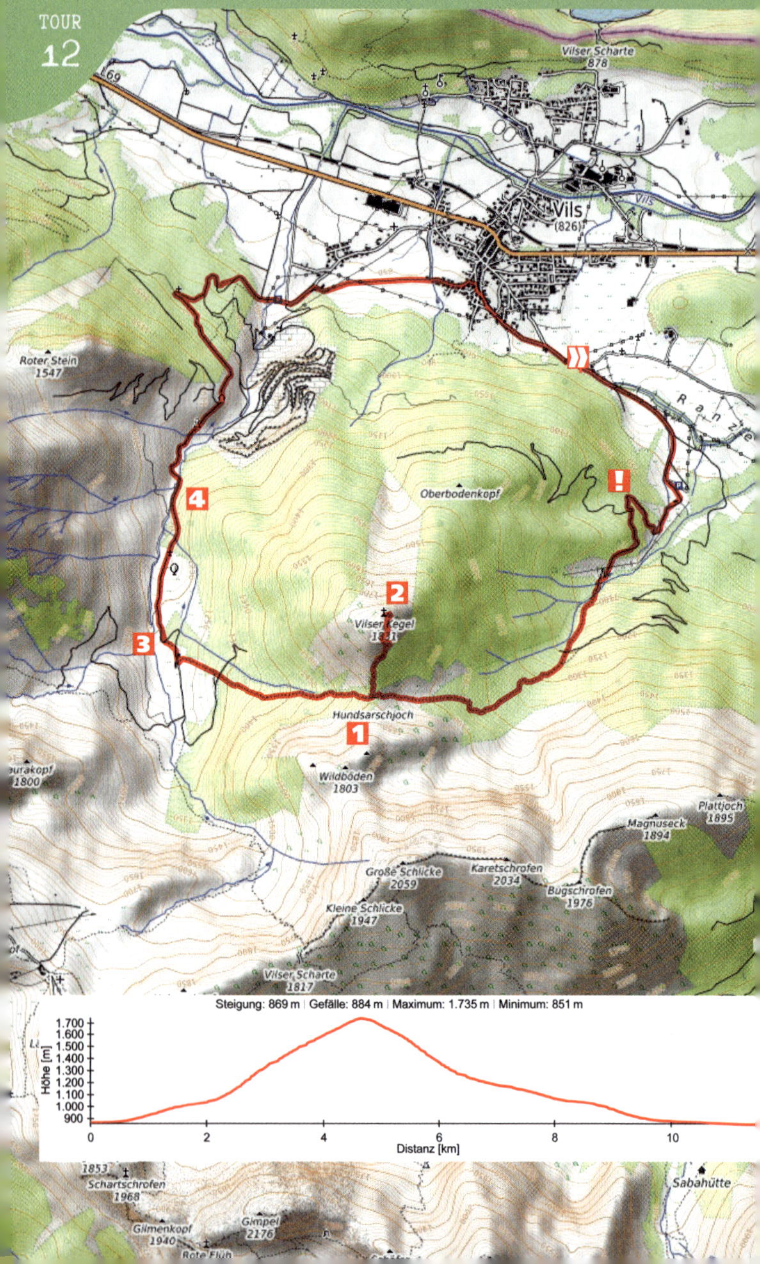
Vilser Scharte
878
Vils
(826)
Vils
Roter Stein
1547
Oberbodenkopf
Vilser Kegel
1831
Hundsarschjoch
Wildböden
1803
1800
Plattjoch
1895
Magnuseck
1894
Große Schlicke
2059
Karetschrofen
2034
Bugschrofen
1976
Kleine Schlicke
1947
Vilser Scharte
1817
1
2
3
4
!
Steigung: 869 m | Gefälle: 884 m | Maximum: 1.735 m | Minimum: 851 m
Höhe [m]
Distanz [km]
1853
Schartschrofen
1968
Gilmenkopf
1940
Gimpel
2176
Sabahütte

Anrüchige Bergnamen

Viele Tannheimer Berge hatten früher anrüchige Namen, wie zum Beispiel „Metzenarsch" (Hinterteil einer Prostituierten). Als Königin Marie von Preußen 1854 in die Gegend kam, sollen einige Berge kurzerhand umgetauft worden sein. So auch der Vilser Kegel, der einmal Hundsarsch geheißen hat.

auf einem breiten Fahrweg bergab. Gleich unterhalb der Vilser Alm gelangen wir an den eiskalten und kristallklaren Kühbach, der müde Pfoten und Füße wieder munter werden lässt.

Von der Brücke über den **4** Alpstrudelfall bekommen wir einen kleinen Einblick, wie eine Allgäuer Klamm aussieht. Weiter bergab kann es vorübergehend laut werden, weil wir rechterhand an einem aktiven Steinbruch vorbeikommen. Am Parkplatz der Vilser Alpe halten wir uns rechts und gehen dann immer geradeaus durch den Wald, zwischen Viehweiden und schließlich durch die Ortschaft zurück zum Ausgangspunkt.

Info

H	Regionalbus 100 (Füssen-Reutte) oder Regionalbus 101 (Reutte-Vils)
P	Parkplatz an der Eisbahn bei Vils
Karte	Ändern zu: Kompass Wanderkarte Tannheimer Tal (Band 4)
Gastronomie	Vilser Alm Vilser Alpe 68, 6682 Vils (Österreich) Web: www.vilseralm.at Mo & Di Ruhetag
Unterkunft	Ferienwohnung von Neuer, Erika Obertor 29 6682 Vils (Österreich) Tel.: +49 8342/897822 www.tirol.de/unterkunft/vils/26909_neuer-erika
i	Tourismusinformation Reutte Untermarkt 34 6600 Reutte (Tirol), Österreich Tel.: +43 5672/62336 Web: www.reutte.com
+	Smartvet Tierarztpraxis Füssen Abt-Hafner-Str. 5 87629 Füssen Tel.: 08362/925827

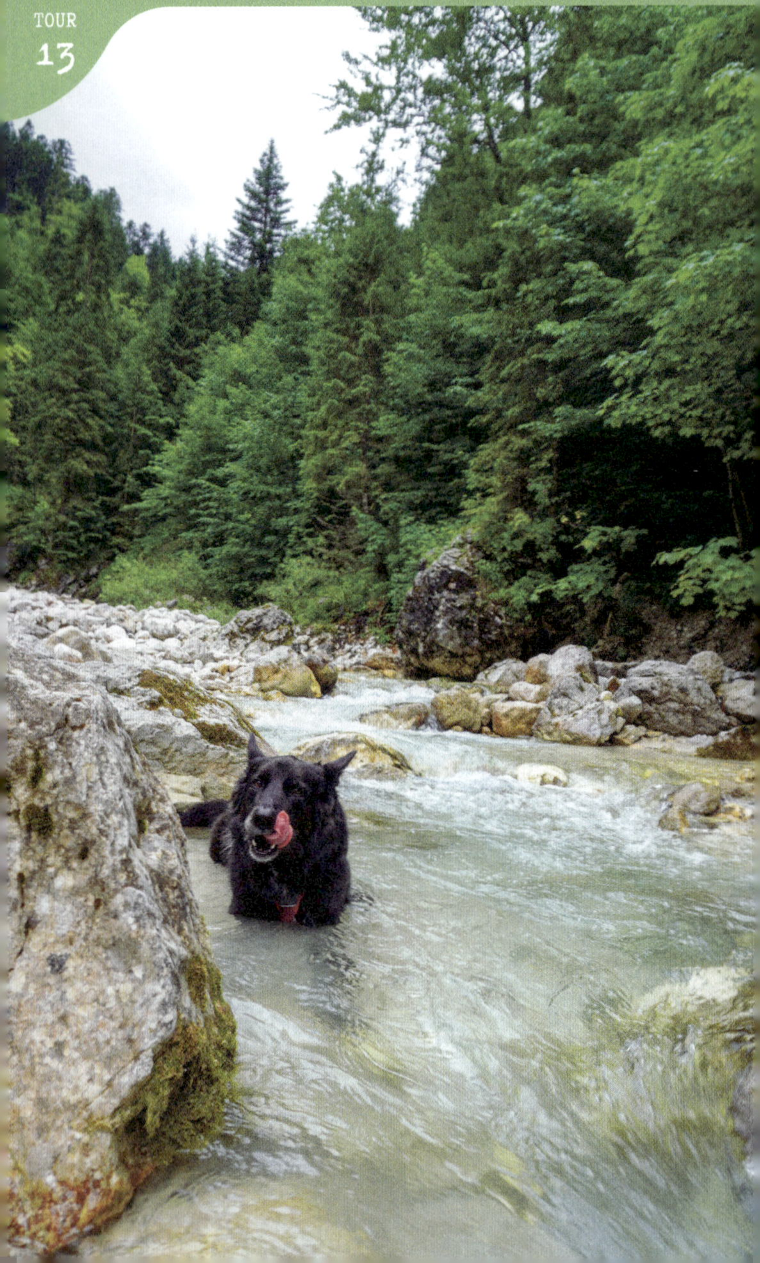

Hüttenübernachtung mit Hund - variabel zu laufen – Aufstieg entlang des Sababachs

Eine Nacht in den Bergen zu Füßen der Großen Schlicke

Hundefreundlichkeit: **Der Weg durch das lange Reintal hinauf zur Otto-Mayr-Hütte verläuft zum Großteil direkt am Sababach, für Erfrischung ist also gesorgt. Die Otto-Mayr-Hütte bietet ein extra Hundezimmer. Der nicht sehr anspruchsvolle, wenn auch steile Anstieg auf die Große Schlicke rundet die Mehrtagestour mit einem grandiosen Blick über die Tannheimer Berge ab. Man kann sogar noch eine Hüttenübernachtung auf der Vilser Alm dranhängen. Rücksicht muss man bei der Besteigung auf die oft neugierigen Schafe nehmen, die an den Hängen rund um die Große Schlicke weiden. Frühjahr bis Herbst (je nach Schneelage).**

Tour-Info	↔ 16 km	7 Std.	++ mittel
Start-Ziel:	Parkplatz Roßschläg		
GPS:	47°30'49.6"N 10°41'17.4"E		
Markierung:	gelbe Wanderschilder		
Wegecharakteristik:	65 % Weg – 25 % Bergwanderweg – 10 % Wanderweg		

Bereits am Wanderparkplatz ist unser heutiges Ziel, die Otto-Mayr-Hütte, ausgeschildert, sodass wir einfach den Wegweisern folgen. Anfangs führt der Forstweg recht steil durch den Wald hinauf und flacht sich nach gut 1 km ab. Zur Belohnung können wir uns im eiskalten und glasklaren Sababach erfrischen. Diesem folgen wir bis zur Musauer Alm. Wir bleiben auf dem Forstweg und freuen uns darüber, dass die Mountainbiker eine andere Route wählen. Mehrmals queren wir den Bach und wandern ohne große Steigung zur **1** Sennalpe Musauer Alm auf 1290 m Höhe. Hier können wir uns, eingebettet zwischen den Tannheimer Bergen, stärken, ehe wir zu unserem Tagesziel weiterziehen. Nach ca. 1 km zweigt rechterhand ein kleiner,

TOUR 13

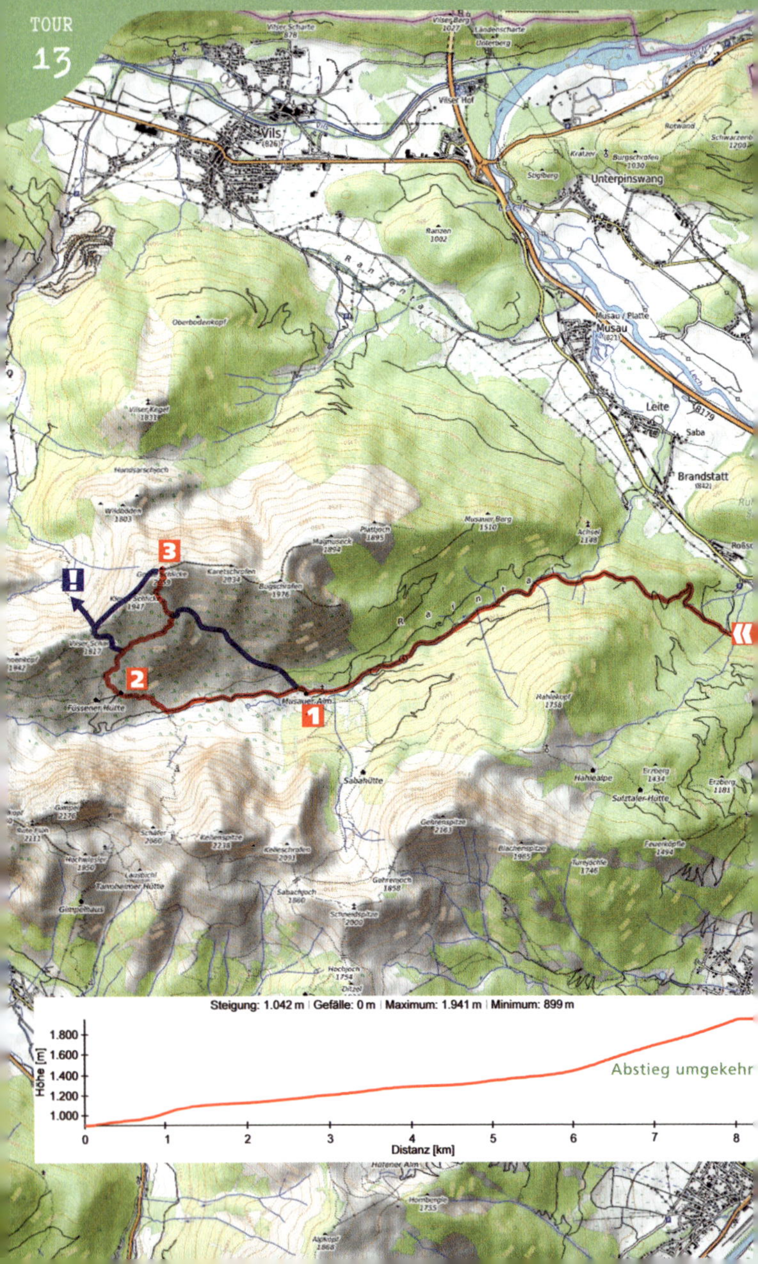

Vilser Scharte 878
Vilser Berg 1027
Ländenscharte
Vilser Hof
Vils (826)
Unterpinswang
Rotwand
Schwarzenb 1200
Kratzer
Burgschrofen 1030
Stigberg
Ranzen 1002
Oberbodenkopf
Musau / Platte
Musau (821)
Leite
Saba
Brandstatt (842)
B179
Vilser Kegel 1831
Hundsarschjoch
Wildböden 1803
Musauer Berg 1510
Achsel 1148
Plattjoch 1895
Karetschrofen 2034
Brentenjoch 1976
Musauer Alm
Füssener Hütte
Hahlekopf 1758
Sabahütte
Hahlealpe
Sulztaler-Hütte
Erzberg 1434
Gehrenspitze 2163
Blachenspitze 1965
Tarrenjoch 1746
Feuerköpfle 1494
Gimpel 2176
Schäfer 2060
Kellenspitze 2238
Kelleschrofen 2093
Hochwiesler 1950
Tannheimer Hütte
Gimpelhaus
Gehrenjoch 1858
Sabachjoch 1860
Schneidspitze 2009
Hochjoch 1754
1
2
3
!
Steigung: 1.042 m | Gefälle: 0 m | Maximum: 1.941 m | Minimum: 899 m
Höhe [m]
1.800
1.600
1.400
1.200
1.000
0
1
2
3
4
5
6
7
8
Distanz [km]
Abstieg umgekehr

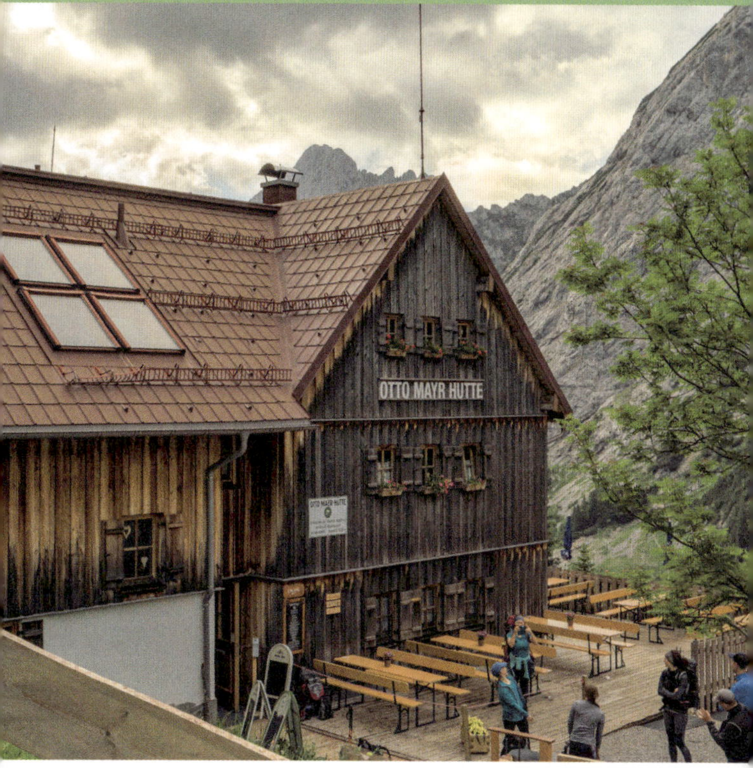

Die hundefreundliche Otto-Mayr-Hütte hat eine eigene Hundesuite

steil ansteigender Wanderweg zur **2** Otto-Mayr-Hütte (1530 m) ab. Gut 600 Höhenmeter später haben wir unser Tagesziel erreicht und können einen Abend in den Bergen genießen. Und das gemeinsam mit unseren Vierbeinern. Herrlich!

Am zweiten Tag der Wanderung erwartet uns ein knackiger, aber unkomplizierter Gipfelanstieg (500 Höhenmeter). Los geht es zunächst zur Willi-Merkl-Hütte. Auf dem Weg dorthin kommen wir am liebevoll gepflegten Alpengarten vorbei. Wer sich für die alpine Flora interessiert, sollte einen Abstecher unbedingt einplanen. Dann ziehen wir weiter, hinein in einen kleinen Wald. An der nächsten Weggabelung können wir entweder den Weg über die Vilser Scharte oder aber direkt hinauf zur Großen Schlicke wählen. Wir verlassen das

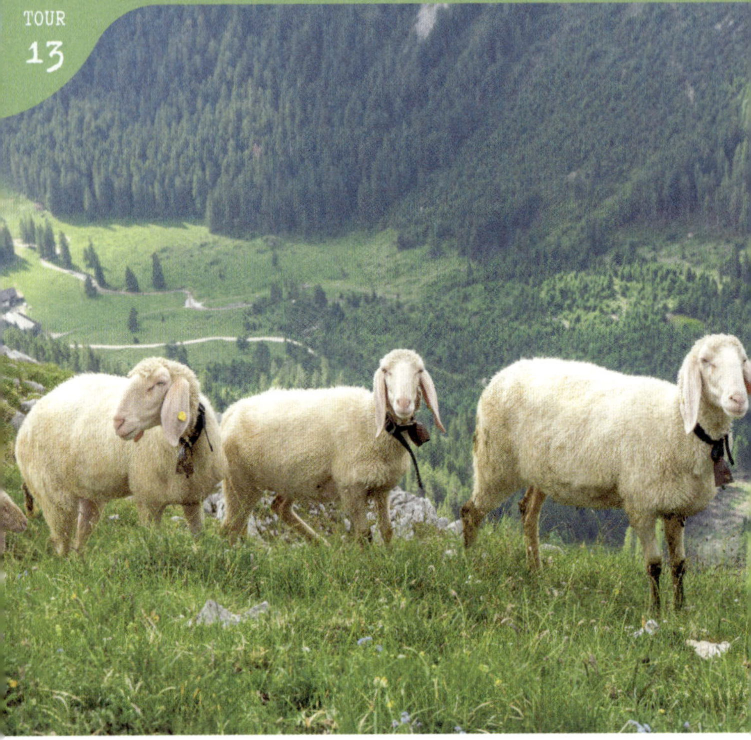

Neugierige Schafe erwarten uns auf dem Gipfel

Mit Hund auf Hütten übernachten

Leider gestatten es immer weniger HüttenwirtInnen, dass man mit seinem Vierbeiner gemeinsam auf ihrer Hütte übernachten darf. Viele haben schlechte Erfahrung gemacht, umso wichtiger ist es also, ein gutes Beispiel abzugeben! Nehmt also bitte besonders Rücksicht auf eure Mitmenschen, beseitigt die Hinterlassenschaften zuverlässig und kehrt vor Abreise nochmal das Zimmer aus.

Latschenbuschwerk und gehen über Almwiesen weiter steil bergauf. ! Achtung, hier grasen zur Almsaison zahlreiche Schafe. Hunde bitte anleinen.

Die letzten 100 Meter zum Gipfel steigen wir über Felsen hinauf zum Gipfelkreuz der 3 Großen Schlicke (2059 m). Geschafft! Es bietet sich ein grandioser Blick über die schroffen Gipfel der Tannheimer Berge und hinüber ins Ostallgäu.

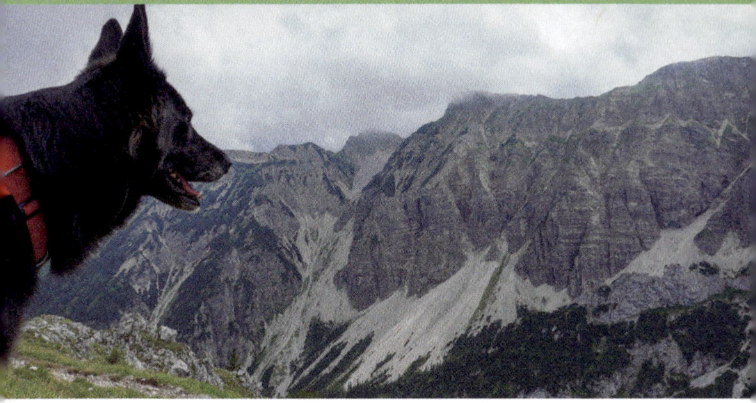

Die Große Schlicke vom Vilser Kegel aus

Info

- RB 60 oder RB 5511 nach Musau Bahnhof (Halt bei Bedarf: Beim Einsteigen muss man dem Zugführer den Haltewunsch mitteilen)
- Parkplatz Roßschläg
- Kompass Wanderkarte Tannheimer Tal (Band 4)
- Sennalpe Musauer Alm
  Tel.: 0043 6502100226
  Web: www.musaueralm.at
  Di Ruhetag
- Otto-Mayr-Hütte
  6600 Musau (Österreich)
  Web:
  www.ottomayrhuette.com
  Preise ab 14 Euro (Alpenvereinsmitglieder) bzw. 24 Euro (Nichtmitglieder), 6 Euro für den Hund (unbedingt das Hundezimmer reservieren!)
- Tourismusinformation Reutte
  Untermarkt 34
  6600 Reutte (Tirol), Österreich
  Tel.: +43 5672/62336
  Web: www.reutte.com
- Smartvet Tierarztpraxis Füssen
  Abt-Hafner-Str. 5
  87629 Füssen
  Tel.: 08362/925827

Der Rückweg kann variabel gestaltet werden. Entweder man wählt die gleiche Route zurück ins Tal oder man folgt kurz unterhalb des Gipfels dem Steig zur Musauer Alm und von dort zurück zum Parkplatz. Man kann aber auch über die Vilser Scharte nach Vils absteigen oder sogar eine Nacht auf der Vilser Alm dranhängen und noch den Vilser Kegel (Tour 12) besteigen.

Grundsätzlich kann man die Große Schlicke auch als Tagestour besteigen, aber 1200 Höhenmeter sind nicht ohne – und definitiv nichts für untrainierte Mensch-Hunde-Teams. Außerdem gibt es nichts Schöneres, als eine Nacht in den Bergen zu verbringen.

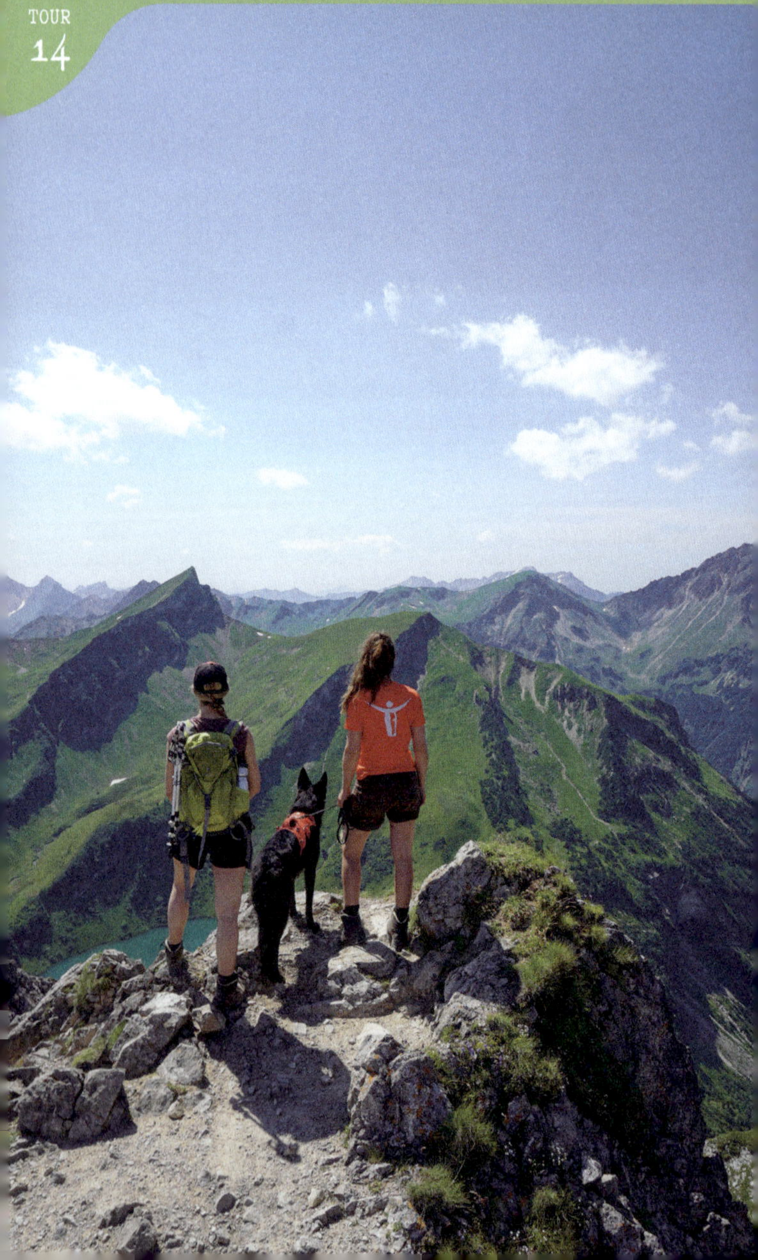

Panorama-Seenrunde durch die Tannheimer Berge

Hundefreundlichkeit: **Die Wanderung vom Neunerköpfle zu den wunderschönen Bergseen Lache, Traualpsee und Vilsalpsee besticht durch den leicht begehbaren, aussichtsreichen Höhenweg und die tollen Bademöglichkeiten. Die Überquerungen der Scharten sind einfach, die Schochenspitze ist ohne große Mühe erklommen und sie entlohnt mit einem grandiosen Rundumblick. Der Abstieg ist allerdings steinig und steil, erfordert also etwas Trittsicherheit. Man kann aber die Tour problemlos andersherum gehen, muss dann allerdings einige Höhenmeter Aufstieg in Kauf nehmen. An zwei Stellen können wir auf Weidevieh treffen, das allerdings durch die große Beliebtheit der Wanderung an Wanderer und Hunde gewöhnt ist. Frühjahr bis Herbst (je nach Schneelage).**

Tour-Info	↔ 11 km	4 Std.	+++ schwer
Start-Ziel:	Parkplatz Gondelbahn Neunerköpfle		
GPS:	47°29'58.2"N 10°31'30.3"E		
Markierung:	gelbe Wanderschilder		
Wegecharakteristik:	50 % Bergwanderweg – 35 % Wanderweg – 15 % Weg		

Mit der Gondel überwinden wir die Höhenmeter bis zur Neunerköpfle-Bergstation. Die Hunde bekommen als Ticket ein vierblättriges Kleeblatt angehängt, welches uns auf der Wanderung Glück bringen soll. Die ersten Meter hinauf zum Neunerköpfle sind stark frequentiert, auch weil hier ein Paragliding-Startplatz ist. ! Achtung, Hunde bitte angeleint lassen. Entweder wir überschreiten den Gipfel oder umgehen ihn an seiner Westseite. Beide Wege führen zusammen und gehen in einen gut ausgebauten Höhenweg über. Diesem folgen wir die nächsten Stunden zur

TOUR 14

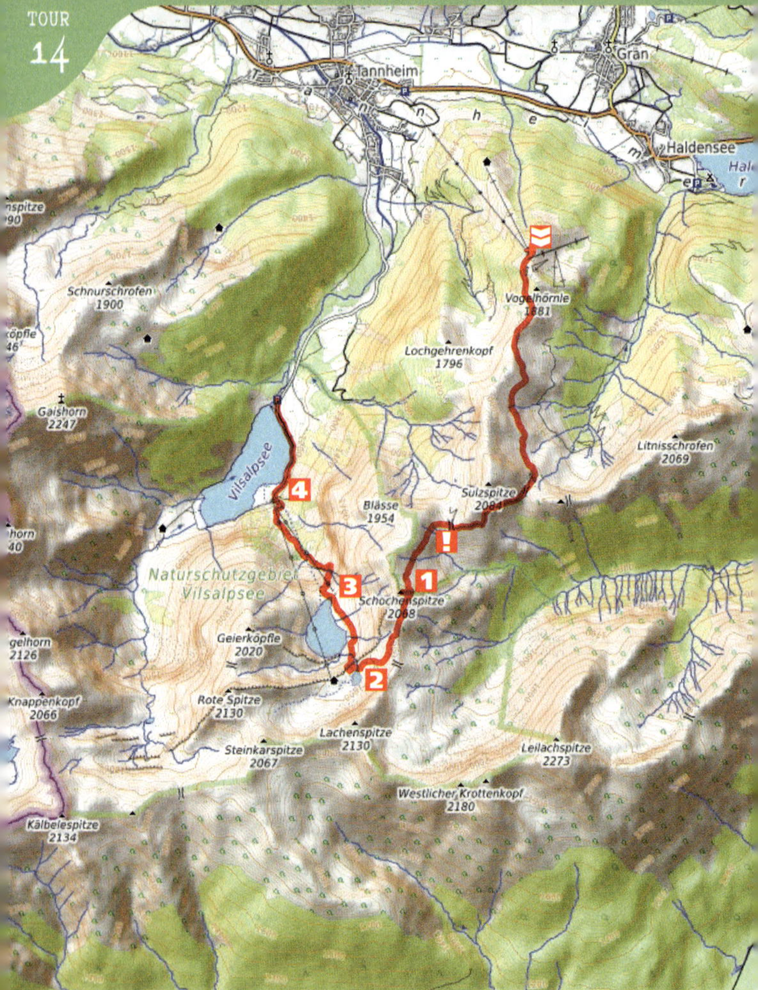

Tannheim
Grän
Haldensee
Schnurschrofen 1900
Vogelhörnle 1881
Lochgehrenkopf 1796
Gaishorn 2247
Vilsalpsee
Litnisschrofen 2069
Sulzspitze 2084
Blässe 1954
Naturschutzgebiet Vilsalpsee
Schochenspitze 2068
Geierköpfle 2020
Knappenkopf 2066
Rote Spitze 2130
Lachenspitze 2130
Steinkarspitze 2067
Leilachspitze 2273
Westlicher Krottenkopf 2180
Kälbelespitze 2134
Saldeiner Spitze 2036
Schnatterbachkopf
1
2
3
4
!

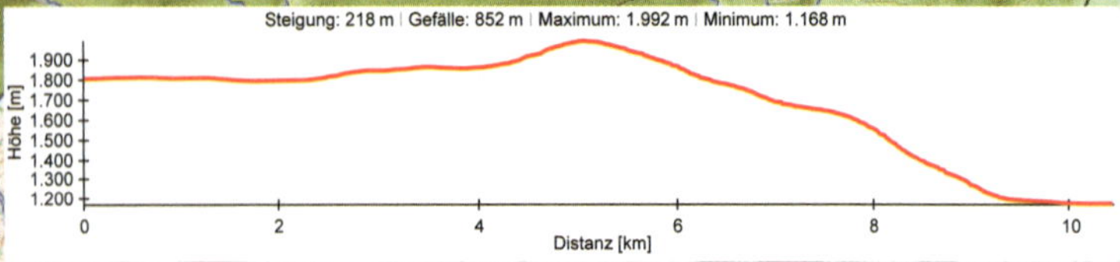

Steigung: 218 m | Gefälle: 852 m | Maximum: 1.992 m | Minimum: 1.168 m
Höhe [m]
1.900
1.800
1.700
1.600
1.500
1.400
1.300
1.200
0
2
4
6
8
10
Distanz [km]

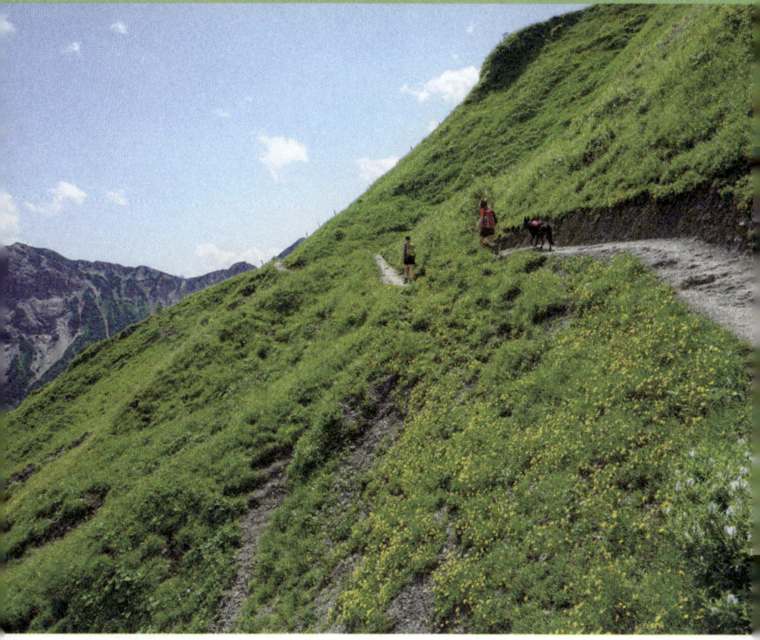

Ein traumhafter Höhenweg führt uns durch die Tannheimer Berge

Landsberger Hütte (Wegmarkierung). Der Höhenweg führt uns sanft an- und absteigend durch eine vielfältige Alpenflora.
Nach einiger Zeit kommt von rechts ein breiter Forstweg, der auch von Mountainbikern ❗ genutzt wird, herauf. Diesem folgen wir auf die Strindenscharte (1870 m). ❗ Achtung, nach einem Viehgatter beginnt Weideviehgebiet. Am Eingang erklärt ein Schild den richtigen Umgang mit Rindern, wir leinen unsere Hunde also an. Auf einem breiten Weg wandern wir durch das Birkental, an dem Abzweig zur Sulzspitze (2087 m, +1 Std.) vorbei, halten uns an der Gabelung auf der Gappenfeldscharte (1860 m) links und verlassen auch schon bald wieder das Weidegebiet durch ein Viehgatter. Der Weg wird nun allmählich schmäler und felsiger, durch ein kurzes drahtseilgesichertes Stück, welches aber unkompliziert zu durchqueren ist, steigen wir auf zur Schochenscharte (1970 m). Von hier ist es nur eine Viertelstunde hinauf zur 1 Schochenspitze (2069 m), der Rundumblick entlohnt die zusätzliche Kraftanstrengung schlagartig. Ein toller, aber ❗ ausgesetzter Gipfel – Hunde unbedingt

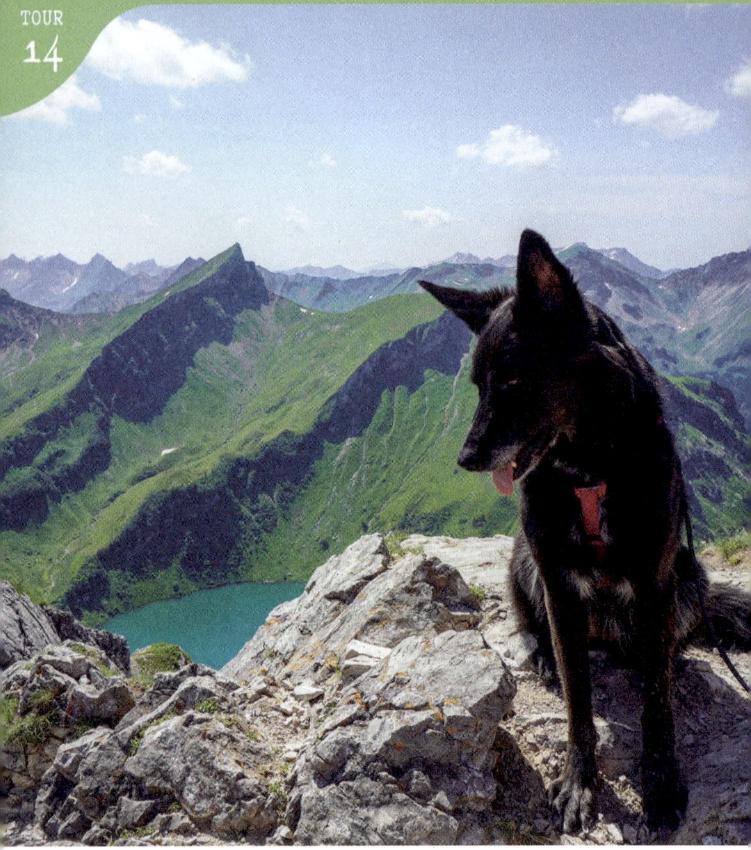

Gipfelstürmerin auf der Schochenspitze

anleinen. Besonders diejenigen, die gerne Vögel jagen - hier tummeln sich einige aberwitzige Dohlen. Der Blick schweift über unsere nächsten Etappenziele, der Lache und dem Traualpsee. Die Hunde müssen wir nun bis zur Ende der Wanderung angeleint lassen, da wir uns ab jetzt im Naturschutzgebiet Vilsalpsee befinden.

Wir steigen wieder hinunter zum Wegweiser und setzen unseren Weg Richtung Landsberger Hütte fort. Ab hier geht es nun bergab und schon bald stehen wir am Ufer der **2** Lache, die dunkelgrün zwischen hohen

Gipfeln ruht. Ein herrlicher Ort für ein erfrischendes Bad! Nun können wir entweder um die Lache herumgehen und uns in der Landsberger Hütte stärken oder wir steigen direkt zum Traualpsee hinab und kehren dort in der Oberen Traualpe (persönlicher Tipp) bei hausgemachten Köstlichkeiten ein. Der Abstieg geht eine steile Felsstufe hinunter, der Weg ist aber breit und stellenweise gut mit Drahtseilen gesichert.

Auf der Hochebene angekommen, passieren wir wieder ein Weidegatter und laufen durch eine von Lamas, Rindern, Ziegen, Schweinen und Pferden bevölkerte Bergwiese entlang des Traualpsees zur **3** Oberen Traualpe. Ein uriger Ort für eine Rast. Die Traualpe liegt unweit der Staumauer des Traualpsees, von hier geht es nun in Serpentinen einen steilen und steinigen Hang hinunter ins Tal. Das letzte Stück steigen wir durch einen Wald hinab und stehen schließlich oberhalb des Ufers des glasklaren **4** Vilsalpsees. Wir folgen dem Vilsalpsee-Uferweg nach rechts zur Liegewiese, wo wir noch einmal kühles Nass genießen und die Wanderung Revue passieren lassen können. Am großen Parkplatz ist die Haltestelle des „Alpenexpress", eine Bummelbahn, die uns zurück nach Tannheim bringt. Alternativ kann man auch die gut 5 km nach Tannheim laufen, der Weg verläuft abseits der Fahrstraße.

Info

Diverse Busse fahren nach Tannheim, Ausgangspunkte sind z.B. Reutte, Füssen oder Oberjoch. www.tannheimertal.at/service-info/anreise-busfahrplaene/busfahrplaene

Parkplatz Gondelbahn Neunerköpfle

Kompass Wanderkarte Tannheimer Tal (Band 4)

Obere Traualpe
Juli - September 11-19 Uhr, Juni & Oktober bei schönem Wetter am Wochenende

Landsberger Hütte
+43 5675 6282
www.tannheimertal.at/landsberg
Ende Mai bis Mitte Oktober

Hotel Goldenes Kreuz
Unterhöfen 43
A-6675 Tannheim (Tirol)
Tel.: +43 5675 6205
Web: www.hotel-goldenes-kreuz.at
Preise ab 65 Euro (Halbpension), Hunde auf Anfrage

Touristeninfo Tannheimer Tal
Oberhöfen 110a
A-6675 Tannheim
Tel.: +43 5675/62200
Web: www.tannheimertal.com

Dipl. Tierarzt Robert Schatzlmair
Oberlüss 11a
A-6600 Reutte
Tel.: +43 5672 62206
www.tierarzt-reutte.at

Oberallgäu

TOUR
15

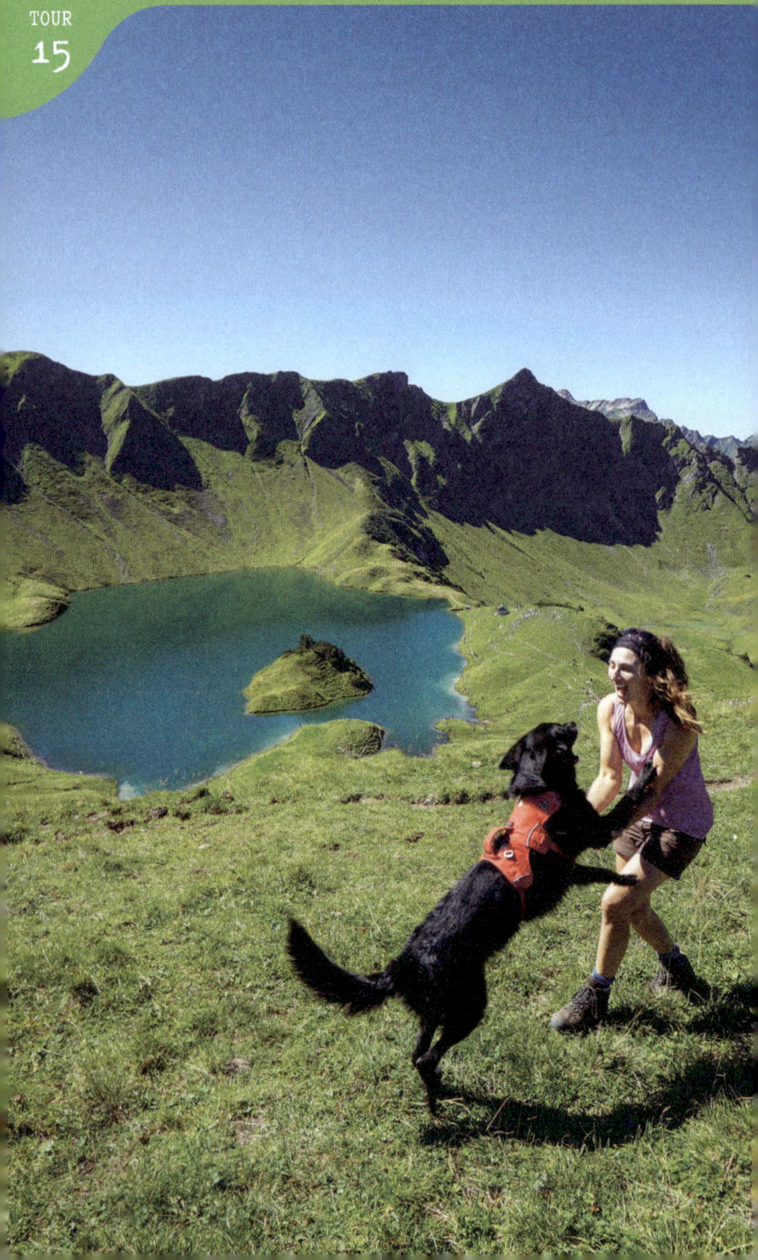

Abseits von Straßen und Radwegen – wunderschöner Bergsee zum Erfrischen und Rasten – Reise in eine andere Welt

Schottische Luft am Schrecksee

Hundefreundlichkeit: **Der Weg zum Schrecksee ist streckenweise steil und nur bei trockenem Wetter zu empfehlen, dafür begegnet man aber auch keinen Fahrradfahrern. Entlang des Weges treffen wir immer wieder auf Wasserstellen zum Erfrischen und Pfotenkühlen. Da das Hintersteiner Tal autofrei ist, lässt man schnell jeden Verkehrslärm hinter sich, rund um den Schrecksee hört man das Pfeifen zahlreicher Murmeltiere. Weidevieh begegnet man keinem, bzw. dieses ist eingezäunt. Der einen schottischen Bergsee anmutende Schrecksee ist wunderschön und zieht viele Wanderer magisch an – man sollte sich auf viele Mitwandernde einstellen. Frühjahr bis Herbst (je nach Schneelage).**

Tour-Info	↔ 10 km	5:30 Std.	+++ schwer
Start-Ziel:	Bushaltestelle Kraftwerk Auele im Hintersteiner Tal. Hierhin mit dem Giebelhausbus der Firma Wechs, Abfahrt in Hinterstein vor dem Bergsteiger-Hotel „Grüner Hut“, 47°28'33.2"N 10°24'49.7"E (Hunde zahlen den ½ Preis) Abfahrtszeiten unter www.wechs.net/busverkehr		
GPS:	47°27'21.3"N 10°26'19.9"E		
Markierung:	graue Wanderschilder „Schrecksee“		
Wegecharakteristik:	98 % Bergwanderweg – 2 % Wanderweg		

Der Schrecksee zählt zu den größten Bergseen im Allgäu, der in den 1950er Jahren zur Energiegewinnung um acht Meter aufgestaut wurde. Der leichteste, wenn auch nicht ganz unanstrengende Anstieg startet im Hintersteiner Tal. Eine schöne Alternative ist auch der Anstieg über die Willers Alpe und den Jubiläumsweg. Einkehrmöglichkeiten gibt es auf der Strecke keine, es sollte also genügend Proviant eingepackt werden. Mit dem Wanderbus zum Giebelhaus geht es von Hinterstein bis zur Haltestelle Kraftwerk

TOUR 15

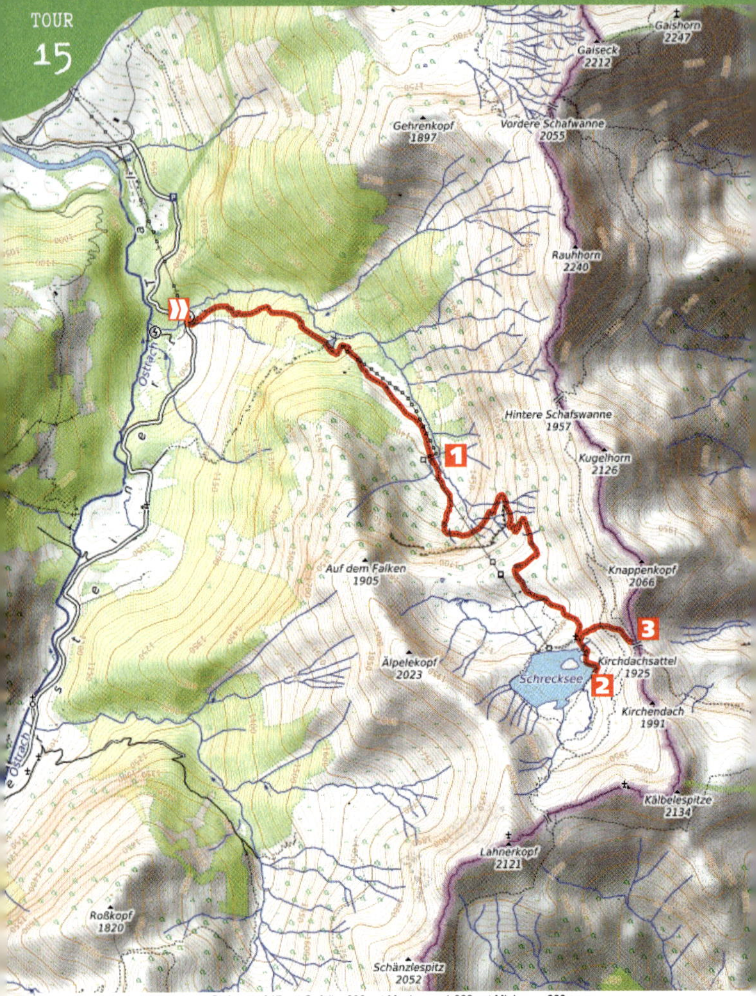
Gaishorn 2247
Gaiseck 2212
Gehrenkopf 1897
Vordere Schafwanne 2055
Rauhhorn 2240
Ostrach
Hintere Schafswanne 1957
Kugelhorn 2126
1
Auf dem Falken 1905
Knappenkopf 2066
3
Kirchdachsattel 1925
Älpelekopf 2023
Schrecksee
2
Kirchendach 1991
Kälbelespitze 2134
Lahnerkopf 2121
Roßkopf 1820
Schänzlespitz 2052
Sattelkopf 2097

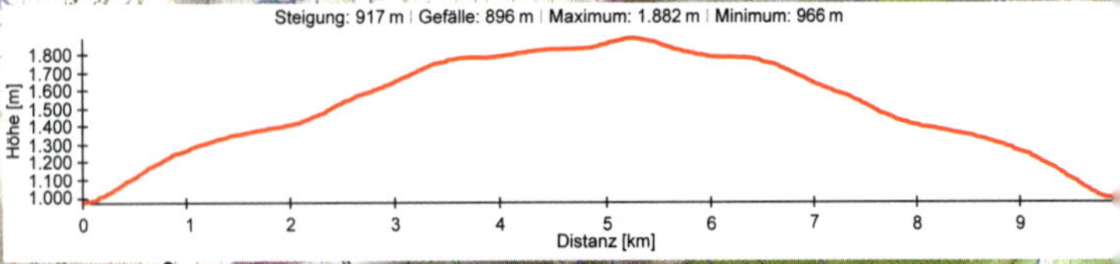
Steigung: 917 m | Gefälle: 896 m | Maximum: 1.882 m | Minimum: 966 m
Höhe [m]
1.800
1.700
1.600
1.500
1.400
1.300
1.200
1.100
1.000
0 1 2 3 4 5 6 7 8 9
Distanz [km]

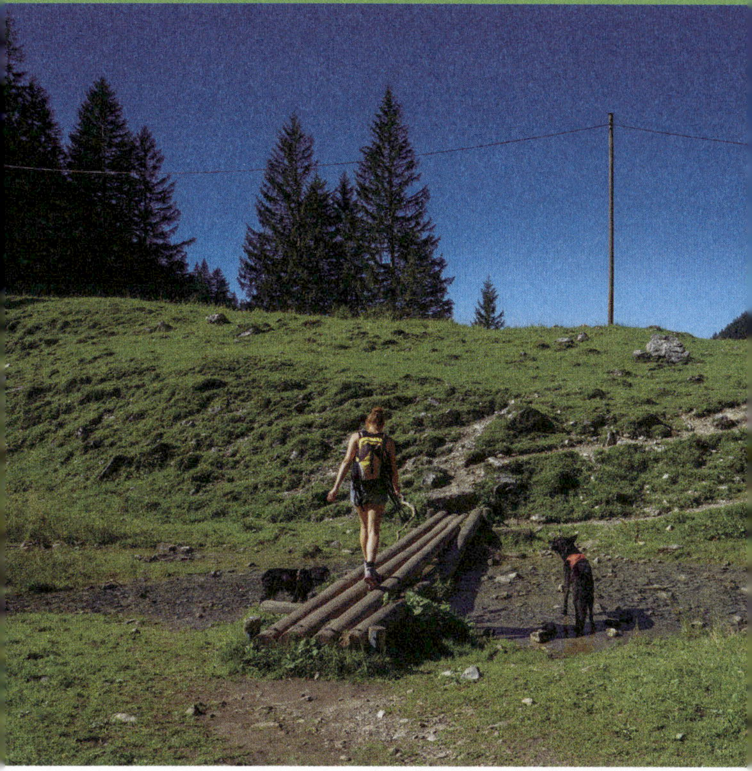

Die Brücke aus Baumstämmen, eine kleine Balanceübung am Wegesrand

Auele/E-Werk. Wir überqueren die Straße und gehen rechterhand durch einen Durchlass. Hier beginnt der Steig zum Schrecksee, und da es nur einen Weg gibt, müssen wir nicht weiter auf Schilder achten. Zunächst geht es steil bergauf, bald durch schattenspendenden Wald, bis wir zu einem kleinen Stausee gelangen. Hier dürfen die Hunde sich erfrischen und wir dürfen durchschnaufen, der erste Anstieg ist fast geschafft. Nach ein paar Minuten erreichen wir ein von Berghängen eingerahmtes Hochtal, welches wir längs durchqueren. Wir wandern an den Ruinen der verfallenen Taufersalpe vorbei und gelangen bald an einen 1 Bach, den wir mit Hilfe von Baumstämmen trockenen Fußes überqueren können. Nach dem Bach beginnt der Steig, wieder steiler und bald auch felsiger zu werden. Wir wandern nach links

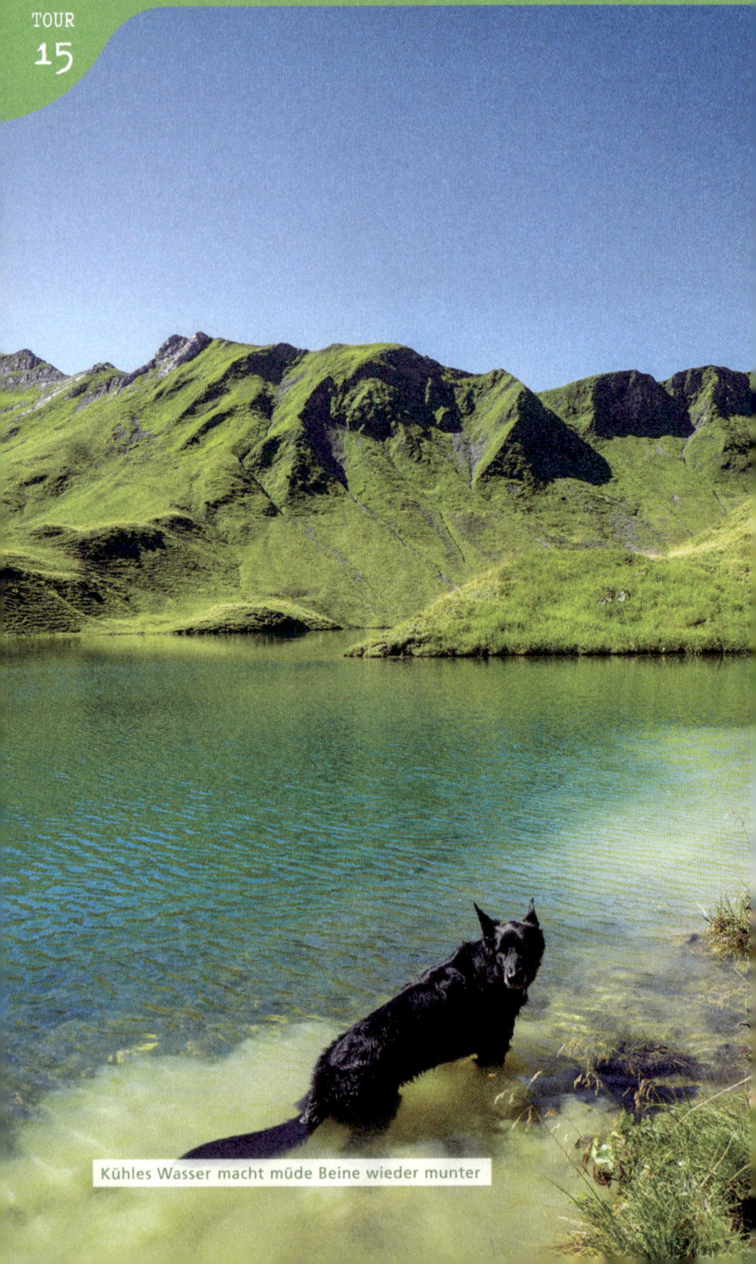

Kühles Wasser macht müde Beine wieder munter

entlang der Felswand, die das Tal abschließt. Durch Latschen windet sich der gut gepflegte Steig bergauf über Schotter und kleinere Felsstufen. Dann ist der zweite Anstieg geschafft und wir betreten einen moorigen Bergkessel, doch den Schrecksee können wir noch nicht erblicken. Weiter geht es über einen Wiesenpfad an einer Alphütte vorbei. Wir können die Kuhglocken hören und die Rinder sehen, aber diese sind durch einen Zaun vom Wanderweg abgetrennt. Nach den letzten Höhenmetern, hoch zu einem Rücken, können wir nun endlich unser Ziel erblicken: Geschafft, der Schrecksee (1813 m) liegt schimmernd und einladend vor uns. Wir suchen uns entlang des Ufers ein schönes Plätzchen zum Verweilen. Schattenspendende Bäume gibt es hier leider keine, aber der **2** Schrecksee bietet ausreichend Abkühlung, die Hund und Mensch guttut. Kälteunempfindliche Personen sollten unbedingt Badesachen einpacken und einen Sprung ins Wasser wagen.

Wer noch ein bisschen Energie übrig hat, steigt noch bis zum **3** Kirchdachsattel (1926 m, 0:15 Std.) auf und genießt den Ausblick über den Schrecksee und hinüber ins andere Tal Richtung Vilsalpsee.

Von hier kann man übrigens auch zum Schrecksee aufsteigen. Außerdem kann man auch am Ostufer des Sees auf die Lahnerscharte steigen (1982 m, 0:40 Std.).

Info

H	Buslinie 49 (Sonthofen-Hinterstein)
P	Parkplatz am südlichen Ortsende von Hinterstein oder privat angebotene Parkplätze
Karte	Kompass Wanderkarte Tannheimer Tal (Band 4)
Restaurant	Bergsteiger Hotel „Grüner Hut" Talstraße 97 87541 Bad Hindelang-Hinterstein Tel.: 08324/4389876 Web: www.gruener-hut-hinterstein.de Di – Sa 12-20 Uhr So 12-19:30 Uhr Mo Ruhetag
Hotel	Hotel Waidmannsheil Talstraße 35 87541 Bad Hindelang-Hinterstein Tel.: 08324/9733756 Web: www.waidmannsheil-hinterstein.de Preise ab 55 Euro (einfacher Standard), Hunde auf Anfrage – Aufpreis 3-5 Euro pro Nacht Restaurant: Mi - So 12-20 Uhr
i	Tourist Information Bad Hindelang Unterer Buigenweg 2 87541 Bad Hindelang Tel.: 08324/8920 Web: www.badhindelang.de Mo - Fr 9-12 Uhr Sa und Feiertag 9-12 Uhr
+	Kleintierpraxis Dr. Miller & Partner Grüntenstr. 30a 87527 Sonthofen Tel.: 08321/6183538 www.kleintierpraxis-sonthofen.de

Der Abstieg erfolgt auf derselben Route.

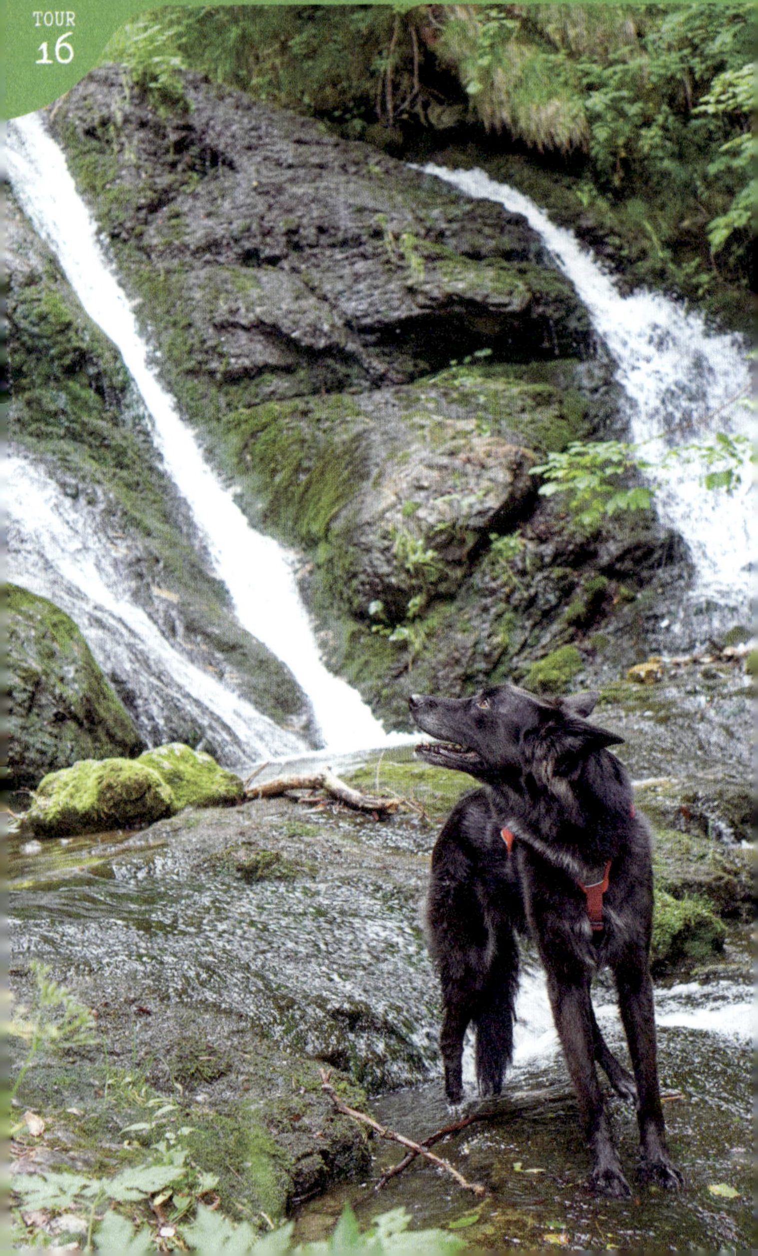

kühles Nass - schattige Wege – Trittsicherheit

Abenteuerliche Wasserwege im Wildbach- und Hirschbachtobel

Hundefreundlichkeit: **Eine ideale Tour für heiße Tage auf ruhigen, meist schattigen Wegen und Steigen durch zwei sehr abwechslungsreiche Tobel, die aber auch Aufmerksamkeit und Trittsicherheit von Mensch und Hund fordern. Wasser gibt es mehr als genug. Es müssen einige Gitterrostbrücken überquert werden, die nicht alle umgangen werden können. Das Überqueren von Gitterrostbrücken sollte für den Hund kein Problem sein oder er sollte alternativ darüber hinweggetragen werden können. Außerdem gibt es besonders im oberen Teil des Hirschbachtobel hohe Felsstufen, wo manche Hunde Hilfe brauchen werden. Zum Schluss wird man bei guter Sicht mit einem schönen Panorama belohnt, ehe man zügig ins Tal absteigt. Nur im Sommer und bei trockener Witterung!**

Tour-Info	↔ 7,5 km	◷ 3 Std.	+++ schwer
Start-Ziel:	Oberjoch, P1 Ortsmitte		
GPS:	47°30'59.7"N 10°24'29.5"E		
Markierung:	graue Wanderschilder: Alte Jochstraße, Hirschbachtobel, Panoramaweg		
Wegecharakteristik:	8 % Alpinwanderweg – 16 % Bergwanderweg – 30 % Wanderweg – 36 % Weg – 8 % Nebenstraße		

Nur wenige Minuten außerhalb des doch sehr betriebsamen Ortes Oberjoch beginnt diese spannende Tour durch zwei wenig begangene Tobel. Vom Parkplatz P1 (Ortsmitte) gehen wir ein kurzes Stück Richtung Westen in den Ort hinein, biegen auf Höhe des Zebrastreifens nach links ab und halten uns gleich rechts zum Hotel zum Alten Senn. Dort folgen wir dem Schild „Wanderweg" und gehen auf einem Wiesenweg aus dem Ort hinaus, bis wir auf Höhe der Unteren Ochsen Alpe an einen Wegweiser

TOUR
16

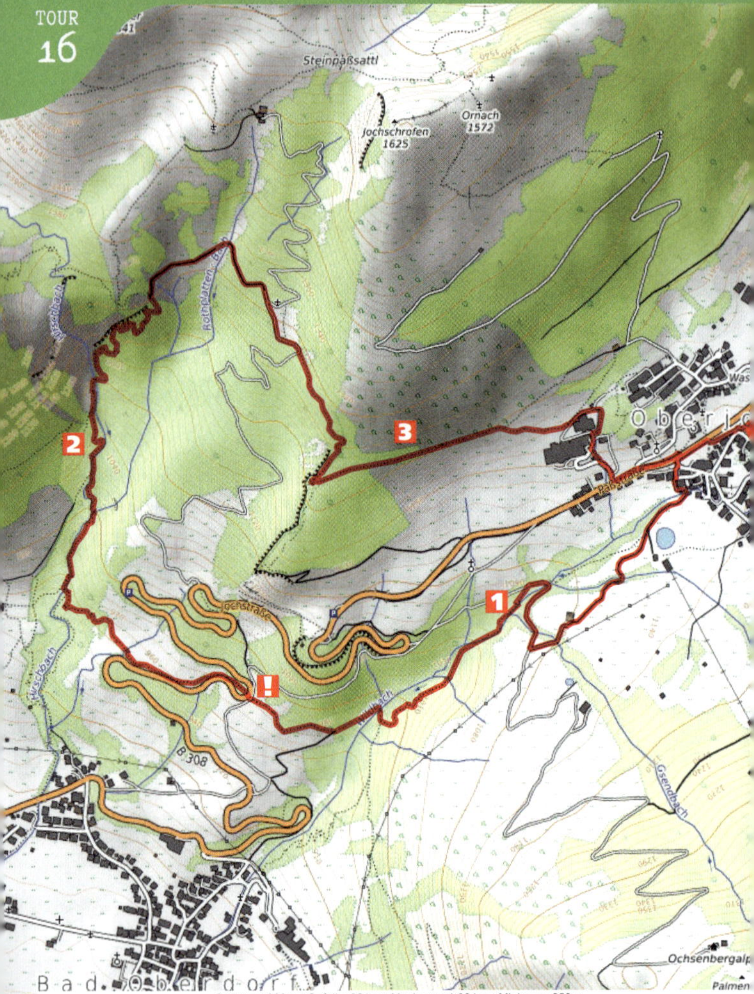
Steinpaßsattl
Jochschrofen
1625
Ornach
1572
Rothplatten-Bach
Hirschbach
1
2
3
!
Paßstraße
B 308
Wildbach
Gsendbach
Bad Oberdorf

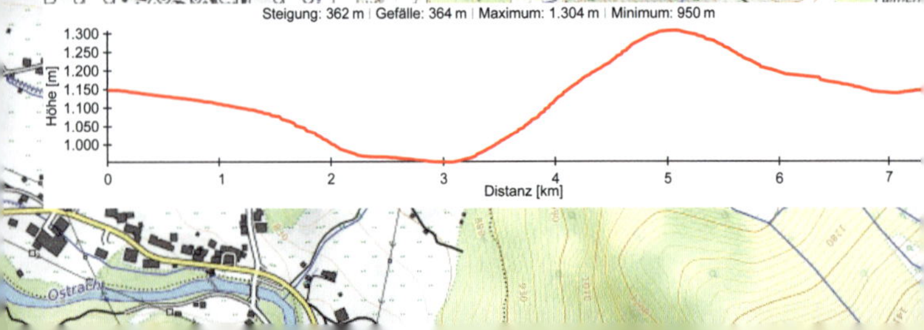
Steigung: 362 m | Gefälle: 364 m | Maximum: 1.304 m | Minimum: 950 m
Höhe [m]
1.300
1.250
1.200
1.150
1.100
1.050
1.000
0
1
2
3
4
5
6
7
Distanz [km]

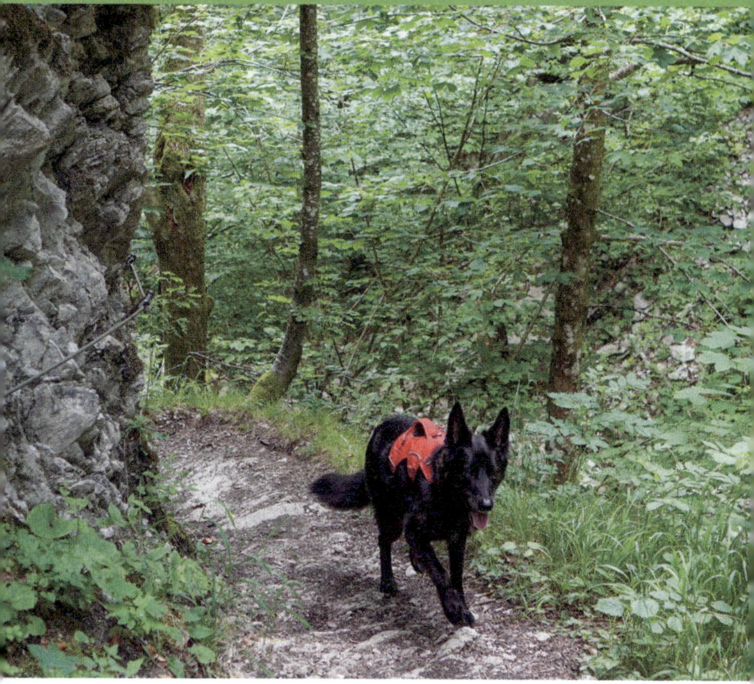

Schmale Pfade führen durch den Hirschbachtobel

gelangen. An diesem halten wir uns rechts Richtung Alte Jochstraße und gehen ein kurzes Stück die Teerstraße hinab. Nach der Brücke beginnt links der Weg durch den 1 Wildbachtobel. Die Wege durch diesen verwunschenen Tobel sind gut ausgebaut und stellen für unsere Vierbeiner kein großes Hindernis dar. Der Bach, der entgegen seines Namens recht ruhig durch die bewaldete Schlucht fließt, ist zu Beginn sehr leicht zugänglich und bietet den Hunden viel Erfrischung. Im Wildbachtobel müssen zwei Gitterrostbrücken überquert werden, ehe man am Ende auf eine offene Wiese tritt und für ein paar Minuten die Sicht über das Ostrachtal genießen kann. Eine Bank lädt zum Verweilen ein. Wir queren die Wiese Richtung Alte Jochstraße und nehmen die Hunde jetzt auf jeden Fall an die Leine, da wir die ! Passstraße in einer Kehre queren müssen. Da die Straße nicht optimal einsehbar ist, spitzen wir die Ohren und achten auf sich nähernde Fahrzeuge. Auf der anderen Seite wandern wir über eine

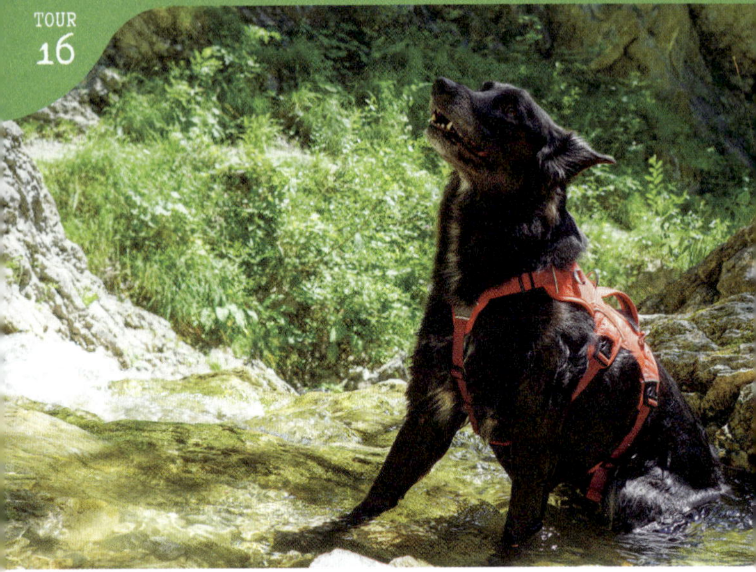

Kaltes Wasser macht müde Hunde munter

Wiese, auf der sich ! Weidevieh befinden kann. Bald verlassen wir die Wiese und steigen zum 2 Hirschbachtobel ab. Von nun an folgen wir den Wegweisern mit der roten Markierung „Hirschbachtobel". Zu Beginn ist der Bach noch gut zugänglich und der Weg einfach. Wir queren den Hirschbach, entweder mitten hindurch oder über die Brücke, und beginnen auf der linken Bachseite mit dem Aufstieg. Nach einigen Minuten

Sprachkunde

Der Begriff Tobel (auch Dobel) beschreibt nicht nur im Allgäu ein Tal oder eine Schlucht, eng und meist bewaldet, mit einem Gebirgsbach.

und Höhenmetern bietet sich ein Abstecher zum Café Polite an. Wir müssen die Bachseite noch ein paar Mal über Gitterroste wechseln. Je weiter wir den Tobel hinaufsteigen, umso wilder und ungezähmter wird er.

Auch der Steig wird anspruchsvoller, ist aber gut mit Gitterrosten, Drahtseilen und Tritten gesichert. Das Schild „Alpine Gefahr" sollte man aber unbedingt ernstnehmen und bei nassem Wetter keinesfalls weitergehen, sondern lieber über das Café Polite nach Bad Hindelang absteigen und mit dem Bus nach Oberjoch zurückkehren. Der Wald lichtet sich und der Weg wird immer alpiner, an ein paar Stellen müssen wir unseren Hunden über hohe Felsstufen helfen. Da der Steig im oberen Teil teilweise hoch über dem Bach führt und eine gewisse ! Absturzgefahr besteht, sollten wir die Hunde anleinen. Das Gelände weitet sich bald, steile Wiesenhänge und Felswände werden sichtbar, gekrönt wird der Ausblick von einem tosenden Wasserfall. Nun verlassen wir den Hirschbach und steigen in engen Serpentinen unterhalb der Krähenwand den rechten Steilhang hinauf. Geschafft! Oben angekommen, können wir auf einer Bank ausschnaufen und uns über einen breiten Forstweg freuen. Auch hier gibt es Wasserstellen für die Hunde. Diesem folgen wir nach rechts und gelangen nach ein paar Minuten zu einer Teerstraße, der wir für einen kurzen Moment steil bergab folgen. Für die Iron-Dog-Option biegt man hier links ab und geht bergauf Richtung Hirschalpe (Einkehrmöglichkeit) und steigt dann über den Ornach (+ 1:15 Std.) oder sogar über den Spieser (+ 2:15 Std.) nach Oberjoch ab.

Bald nach der Weggabelung beginnt linkerhand ein schattiger Pfad namens 3 Panoramaweg, dem wir von nun an ins Tal folgen. Unterbrochen wird der Abstieg am Aussichtspunkt Ifenblick, der uns ein tolles Panorama beschert. Da hier ein Klettergarten endet, können sich hier an schönen Tagen einige Menschen tummeln. Hunde also vorsichtshalber anleinen! Wir folgen dem Pfad nach Oberjoch, müssen nochmal eine ! Weidefläche queren und erreichen den Ort beim Alpenhotel. Hier ist Anleinen ausdrücklich gefordert, was, da man den Hotelspielplatz und Streichelzoo durchqueren muss, auch mehr als sinnvoll ist. An der Hauptstraße angekommen, gehen wir links die Straße entlang und erreichen schon bald den Parkplatz.

Info

H	Linie 48 von Sonthofen über Bad Hindelang nach Oberjoch
P	Oberjoch, P1 Ortsmitte
Karte	Kompass Wanderkarte Tannheimer Tal (Band 4)
Einkehr	Café Polite Bergrestaurant Schindackerweg 30 87541 Bad Hindelang Web: www.cafe-polite.de Di - So 10:30-19 Uhr (Mai – Ende Oktober)
Übernachtung	Biohotel Mattlihüs Iselerstraße 28 87541 Oberjoch Tel.: 08324/980289 Web: www.mattlihues.bio Preise ab 130 Euro (einfacher Standard) – Haustiere auf Anfrage
i	Tourist Information Oberjoch Jochpaß 1 87541 Bad Hindelang Tel.: 08324/7709 Web: www.oberjoch.info
+	Kleintierpraxis Dr. Miller & Partner Grüntenstr. 30a 87527 Sonthofen Tel.: 08321/6183538 www.kleintierpraxis-sonthofen.de

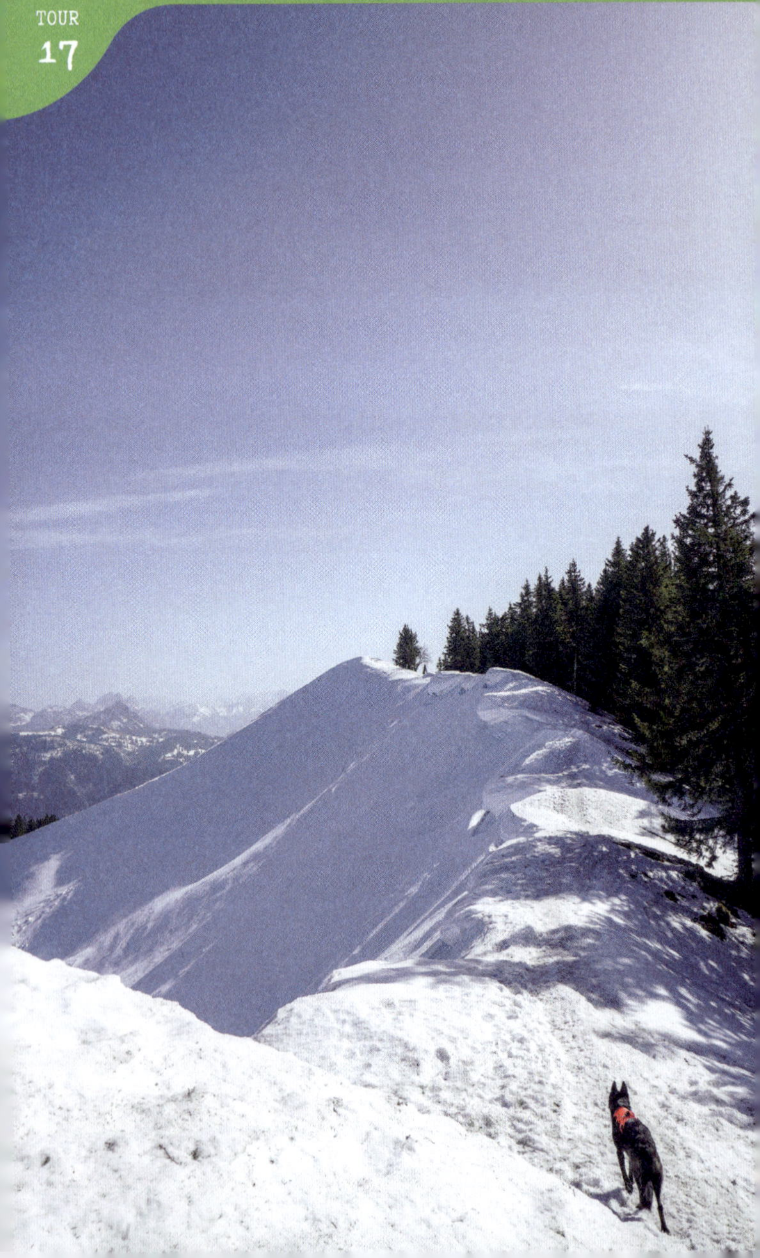

Ein Gipfel für jede Jahreszeit – Ausblick über das Tannheimer Tal und die Berge – Badespaß am Gipfel

Ein Wertacher Hörnle für jede Jahreszeit

Hundefreundlichkeit: **Das Wertacher Hörnle ist ein grasbewachsener Gipfel, der auch im Winter mit entsprechender Ausrüstung gut zu begehen ist. Im Sommer reizt er nicht nur badefreudige Hunde mit dem Hörnlesee, der knapp unter dem Gipfel in einem Kessel liegt. Die Buchelalpe bietet im An- und Abstieg eine willkommene Einkehrmöglichkeit mit schöner Sicht. Die Wanderung führt abwechselnd durch Wald und über Wiesen. Allerdings muss man zur Weidesaison mit sehr vielen Rindern rechnen und die Tour lieber davor oder danach gehen. Ganzjährig möglich (im Winter sind je nach Schneelage Schneeschuhe empfehlenswert).**

Tour-Info	↔ 9,5 km	3:30 Min.	++ mittel
Start-Ziel:	Parkplatz Obergschwend		
GPS:	47°32'23.35"N 10°24'55.05"E		
Markierung:	graue Wanderschilder		
Wegecharakteristik:	50 % Weg – 35 % Wanderweg – 15 % Bergwanderweg		

Für den Anstieg zu unserem ersten Etappenziel bieten sich uns zwei Möglichkeiten. Entweder gehen wir den Fahrweg hinauf, der uns meist durch einen mit Bächen durchzogenen Wald führt, oder wir nehmen die sonnigere Variante über die Wiese. Dafür müssen wir ein kleines Stück parallel zur Straße Richtung Oberjoch gehen und nach dem Gasthof am Buchl den Fußweg Richtung Buchelalpe, Wertacher Hörnle nehmen. Den Pfad kann man eigentlich nicht verfehlen. Beide Wege treffen dann kurz vor der **1** Buchelalpe aufeinander. Die Buchelalpe ist eine ganzjährig bewirtschaftete Alphütte, die stets zu einer Verschnaufpause einlädt. Von hier folgen wir zunächst einem asphaltierten Fahrweg in mehreren

TOUR

17

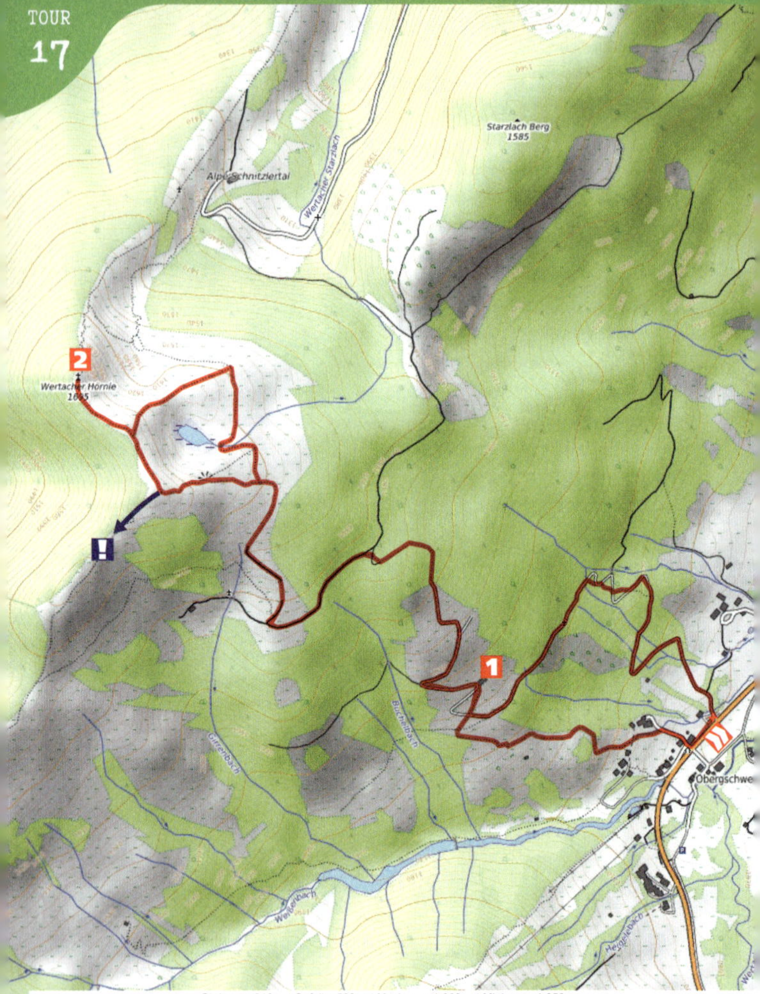

Starzlach Berg
1585
Alpe Schnitzlertal
Wertacher Starzlach
2
Wertacher Hornle
!
1
Girrenbach
Buchelbach
Weißenbach
Obergschwe
Hergelebach

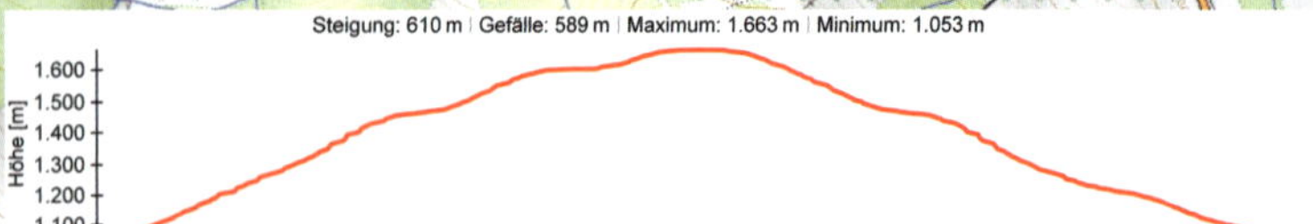

Steigung: 610 m | Gefälle: 589 m | Maximum: 1.663 m | Minimum: 1.053 m
Höhe [m]
1.600
1.500
1.400
1.300
1.200
1.100
0
1
2
3
4
5
6
7
8
9
Distanz [km]

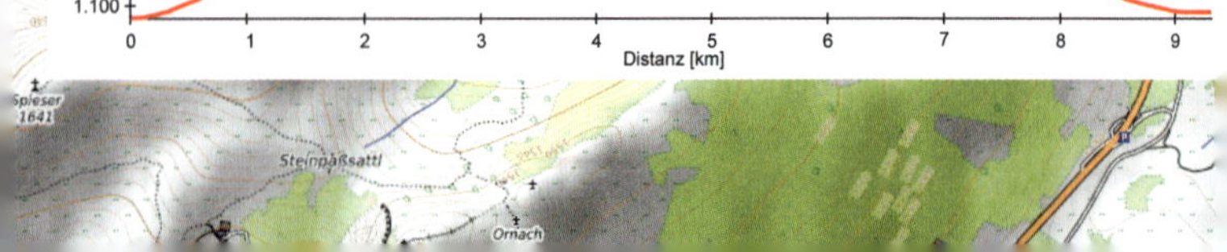

Spieser
1641
Steinpaßsattl
Ornach

Kehren den Wiesenhang hinauf, bis dieser in einen Wanderweg mündet. Wir passieren das Weidegatter und folgen dem ausgewaschenen Wanderweg durch ein Waldstück. Wir überqueren eine Lichtung und halten uns, oben am Hang angekommen, links. Der Weg verläuft kurze Zeit fast eben, ehe wir wieder auf eine Wiese gelangen. Wir folgen dem Pfad recht steil hinauf, die Hunde können das kühle Nass des Hörnlesees wahrscheinlich schon riechen. Wenn wir das Plateau erreichen, halten wir uns rechts und stehen bald vor der Mulde mit dem Hörnlesee. Was für ein Jungbrunnen ein Bad im See nach dem Aufstieg doch ist!

Von hier aus wandern wir querfeldein auf dem Grasrücken, der den See im Norden begrenzt, hinauf zu einem von Bäumen gesäumten Kamm. Am Kamm angekommen, halten wir uns links und steigen die letzten Meter zum Gipfelkreuz des **2** Wertacher Hörnle (1601 m) auf. Belohnt werden wir mit einem tollen Ausblick über das Alpenvorland, auf das Tannheimer Tal und tief hinein in die Allgäuer Alpen. Für den Rückweg wandern wir den Kamm entlang und lassen den Hörnlesee links unter uns liegen. Bald erreichen wir den südlichen Gipfel, welcher mit einer Bank und einem Wegweiser markiert ist. (Von hier aus gibt es die **!** Iron-Dog-Option, die Tour mit der Überschreitung des Spiesers (1651 m) zu verlängern. Man sollte den steilen und steinigen Gipfelanstieg (+120 Höhenmeter, +2,5 km) aber nicht unterschätzen und über alpine Erfahrung verfügen!) Vom südlichen Gipfel führt ein Steig links hinunter zum Wiesenplateau, von wo wir den gleichen Weg zurück zur Buchelalpe nehmen. Von hier wandern wir dann auf einer der zwei Wegvarianten zurück zum Parkplatz in Obergschwend.

Info

H	Buslinie 18, entweder von Nesselwang oder Sonthofen, bis Haltestelle Obergschwend
P	Parkplatz Obergschwend
Karte	Kompass Wanderkarte Tannheimer Tal (Band 4)
Einkehr	Buchel Alpe Obergschwend 87541 Bad Hindelang Web: www.buchelalpe.de ganzjährig; Öffnungszeiten auf der Homepage einsehbar
Unterkunft	Biohotel Mattlihüs Iselerstraße 28 87541 Oberjoch Tel.: 08324/980289 Web: www.mattlihues.bio Preise ab 130 Euro (einfacher Standard) – Haustiere auf Anfrage
i	Tourist Information Oberjoch Jochpaß 1 87541 Bad Hindelang Tel.: 08324/7709 Web: www.oberjoch.info
+	Kleintierpraxis Dr. Miller & Partner Grüntenstr. 30a 87527 Sonthofen Tel.: 08321/6183538 www.kleintierpraxis-sonthofen.de

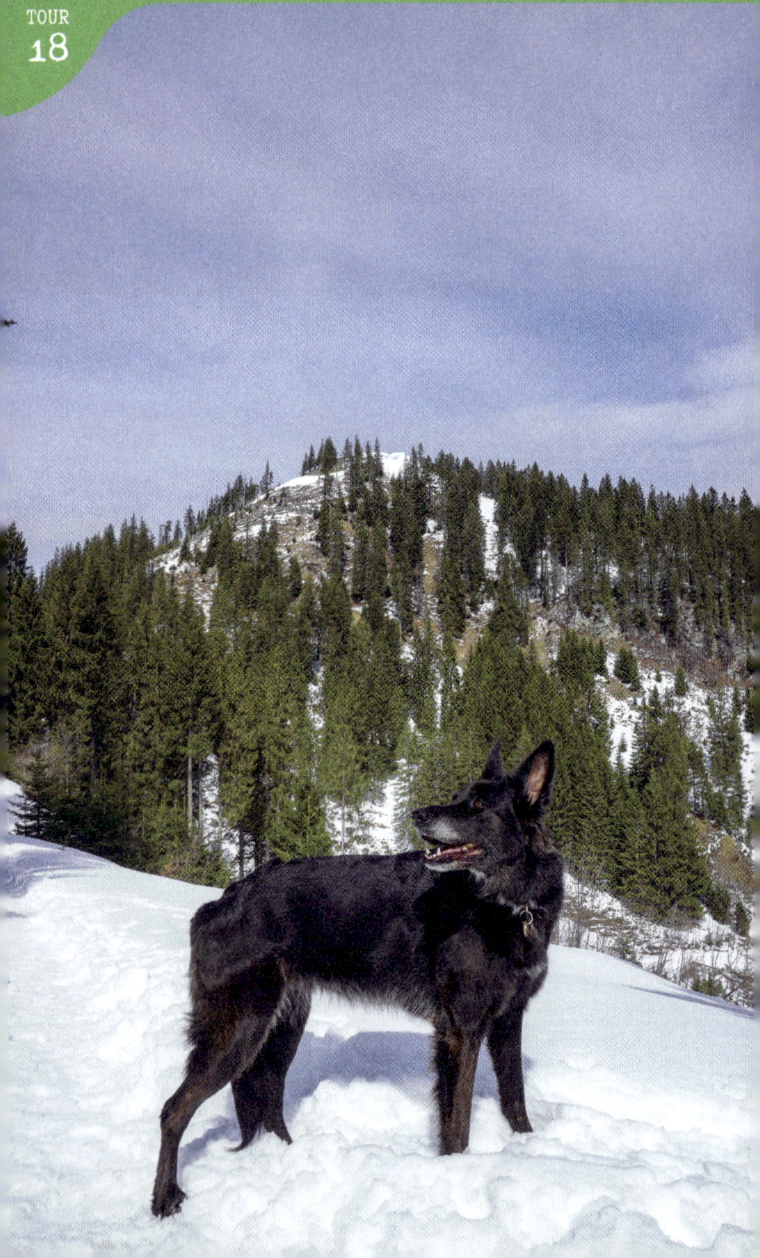

Ein Gipfel für alle Felle: Die Reuterwanne

Hundefreundlichkeit: Die Reuterwanne ist ein Grasgipfel mit tollem Blick auf die höheren und schrofferen Berge, dadurch ist sie zu jeder Jahreszeit ein schönes Tourenziel. Allerdings ist der sonnenexponierte Gipfelanstieg recht steil und daher nichts für heiße Tage. Im An- und Abstieg queren wir einige kleine Bächlein, sodass sich die Hunde stets erfrischen können. Die Almwiesen werden von Mai bis September von Rindern und Pferden bevölkert. Auch wenn sie an Wanderer gewöhnt sind, sollte man ausreichend Vorsicht walten lassen! Bis zur Alpe Stubental und auf dem Höhenweg sowie innerorts gilt Leinenzwang. Ganzjährig möglich (im Winter sind je nach Schneelage Schneeschuhe empfehlenswert).

Tour-Info	↔ 10 km	3:30 Min.	++ mittel
Start-Ziel:	Parkplatz am Skilift Jungholz		
GPS:	47°34'21.0"N 10°26'52.5"E		
Markierung:	graue Wanderschilder		
Wegecharakteristik:	60 % Weg – 30 % Wanderweg – 10 % Nebenstraße		

Jungholz ist eine österreichische Enklave im Oberallgäu, sie gehört offiziell zu Tirol, obwohl die einzige Zufahrt von Deutschland aus möglich ist. Jungholz lebt vom Tourismus, sodass hier jeder Outdoor-Fan auf seine Kosten kommt.

Wir wandern vom großen Parkplatz am Skilift zunächst entlang des Mühlbachs hinauf zum Ortsteil Langenschwand. Am Ende des sogenannten Schnitzerweges biegen wir links ab und gelangen so auf die ! von Autos befahrene Ortsstraße. Dieser folgen wir ein kleines Stück aus dem Ort hinaus und lassen schon bald die letzten Häuser hinter uns. Der geteerte Weg führt uns durch saftige Wiesen und über einen Bach. An der nächsten Gabelung halten wir uns links und freuen uns, dass der Anstieg im Schatten

TOUR 18

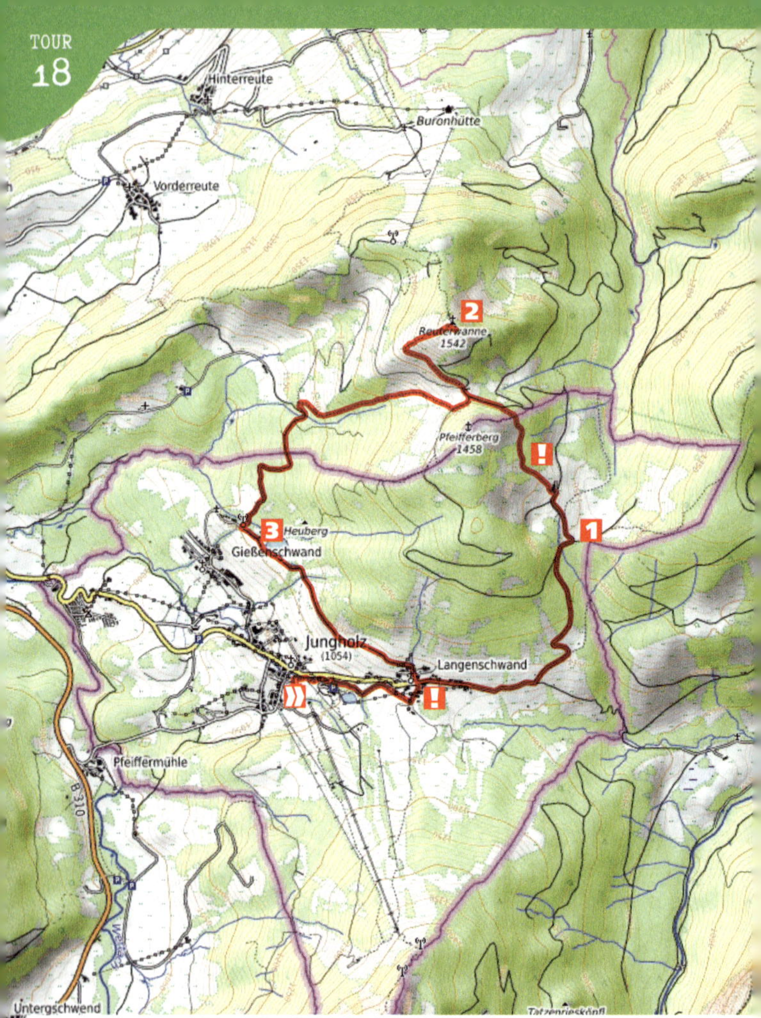
Hinterreute
Buronhütte
Vorderreute
2
Reuterwanne 1542
Pfeifferberg 1458
1
3
Heuberg
Gießenschwand
Jungholz (1054)
Langenschwand
Pfeiffermühle
B 310
Untergschwend

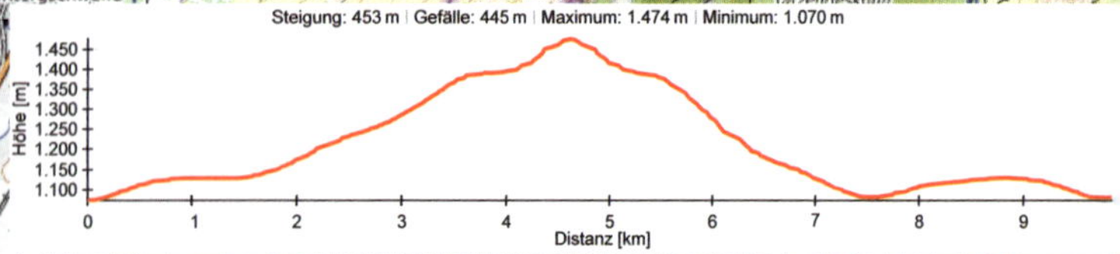
Steigung: 453 m | Gefälle: 445 m | Maximum: 1.474 m | Minimum: 1.070 m
Höhe [m]
1.450
1.400
1.350
1.300
1.250
1.200
1.150
1.100
0
1
2
3
4
5
6
7
8
9
Distanz [km]

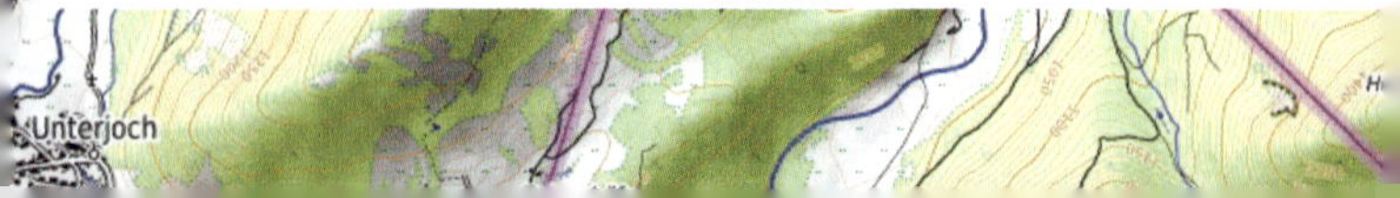
Unterjoch

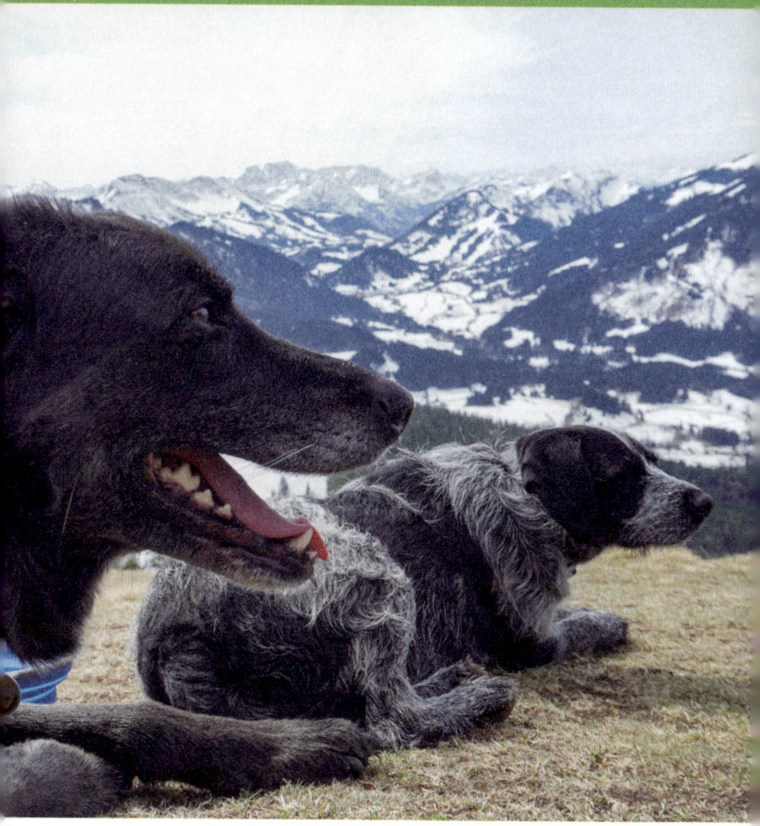

Zusammen pausiert es sich viel besser

von Bäumen beginnt. Der Weg führt uns nun direkt hinauf zur 1 Alpe Stubental. Kurz bevor wir diese erreichen, passieren wir ein Weidegatter. Ab hier ! können uns Rinder und Pferde begegnen. Direkt am Weidegatter ist ein sehr informatives Hinweisschild zum richtigen Verhalten bei Weidetierbegegnungen. Nach einer Stärkung - die Hütte hat sogar im Winter geöffnet - wandern wir nun direkt hinter der Alpe Stubental einen Wiesenhang hinauf Richtung Pfeifferberg und Reuterwanne. Nach einem recht knackigen Anstieg überqueren wir die Staatsgrenze (Stacheldrahtzaun) und freuen uns über einen flach verlaufenden Ziehweg,

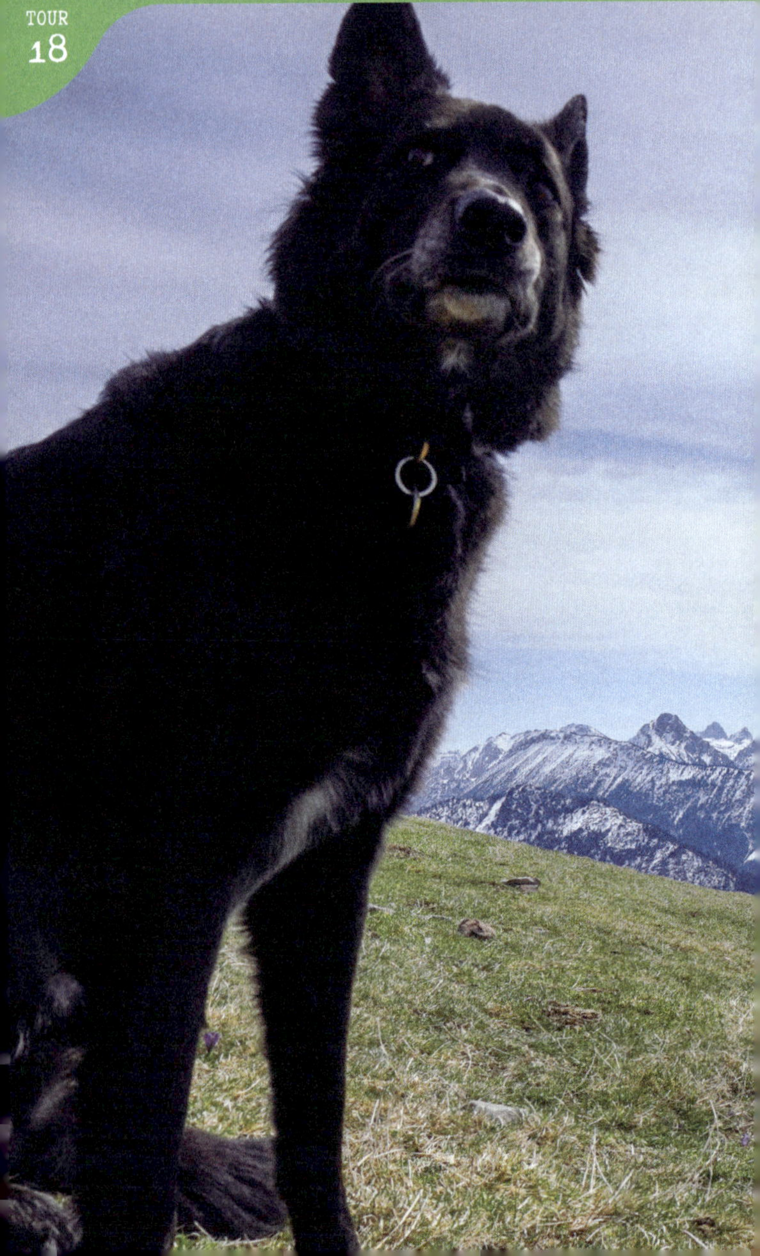

welcher zwischen Pfeifferberg und Reuterwanne verläuft. Von hier erhaschen wir einen ersten Blick auf unser heutiges Gipfelziel! Wem ein Gipfel zu wenig ist, kann am nächsten Wegweiser einen Abstecher auf den Pfeifferberg (1457 m) machen und danach den Weg zur Oberen Reuterwannealpe fortsetzen. An der Alpe vorbei beginnen wir den Gipfelanstieg auf einem schmalen, bei Nässe sehr rutschigen Wiesenpfad. Der Pfad wird immer steiler. Endlich stehen wir am Gipfel der **2** Reuterwanne (1542 m). Geschafft! Vor uns breitet sich ein tolles Panorama aus, hinter uns liegt uns das Allgäuer Voralpenland zu Füßen.

Zurück geht es zunächst auf gleichem Weg bis zur Oberen Reuterwannealpe. Von hier folgen wir dem Wegweiser „nach Jungholz nach 50 m rechts" und steigen durch eine feuchte Wiese Richtung Wald hinab. Der Weg stößt bald auf einen breiten Forstweg, dem wir nach links bergab folgen. Der Forstweg führt uns vorbei an zahlreichen Bächen und mündet schließlich in einen schönen **3** Höhenweg. Dem Höhenweg folgen wir, an einem Wasserspeicher (Badespaß!) und einem kleinen Moorweiher vorbeikommend, bis Langenschwand und nehmen schließlich den Weg am Mühlbach entlang zurück zum Ausgangspunkt.

Info

H	Buslinie 48 zwischen Oy-Mittelberg und Sonthofen (bis Pfeiffermühle oder Abzweigung Wertach)
P	Parkplatz am Skilift Jungholz
Karte	Kompass Wanderkarte Füssen, Außerfern (Band 4)
Einkehr	Alpe Stubental Jungholz 42 A-6691 Jungholz Web: www.alpestubental.de Fr - Di und an Feiertagen ab 11 Uhr
Übernachtung	Landhaus Wildschütz Langenschwand 108 A-6691 Jungholz Tel.: +43 5676 8206 Web: www.landhaus-wildschuetz.com Preise ab 33,50 Euro (einfacher Standard)
i	Tourist Information Jungholz Jungholz 55 A-6691 Jungholz Tel.: +43 565 81210 Web: www.jungholz.tirol.gv.at
+	Tierärztliche Praxis Dr. Heinrich Litz Am Wiesele 8 87459 Pfronten Tel.: 08363-91290

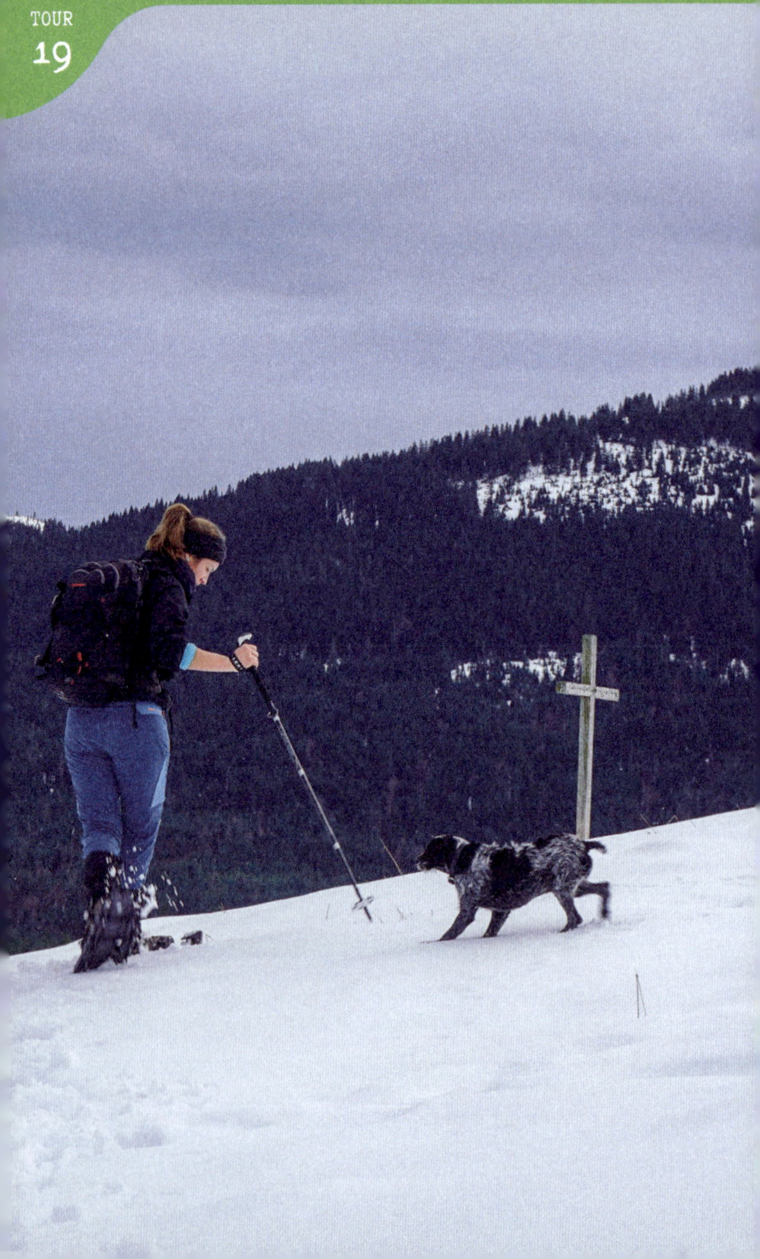

Gut für Schneeschuheinsteiger – ungewöhnlicher Blick auf den Grünten – Wald & Wiesen

Auf Schneeschuhen zu den Köllealpen

Hundefreundlichkeit: Der Große Wald bei Wertach ist eine abwechslungsreiche Landschaft auf der Ostseite des Grünten. Das große Waldgebiet, welches von zahlreichen Weideflächen durchzogen ist, erstreckt sich über mehrere Täler und Höhenrücken. Im Sommer laden einige Alpen zum Verweilen ein, allerdings muss man dann auch mit Weideviehbegegnungen und zahlreichen Familien mit Kindern rechnen, die vom nahegelegenen Waldspielplatz heraufkommen. Im Winter ist es hingegen viel friedlicher und man ist über weite Strecken hinweg alleine. Ein Winterwunderland, nicht nur für Hunde! Schneeschuhwanderung ohne jegliche Lawinengefahr, im Sommer ohne Querfeldeinstrecken möglich.

Tour-Info	↔ 8 km	2 Std.	leicht
Start-Ziel:	Parkplatz „Großer Wald“ bei Wertach		
GPS:	47°35'6.3"N 10°22'16.3"E		
Markierung:	graue Wanderschilder		
Wegecharakteristik:	75 % Wanderweg – 15 % Querfeldein – 15 % Straße		

Vom Parkplatz „Großer Wald“, wo es leider keine Hundekotstation gibt, geht es zunächst auf dem geräumten Königsträßle leicht bergan. Kurz bevor wir den Wald erreicht haben, biegen wir nach rechts auf einen etwas schmaleren Wanderweg ab. Je nach Schneelage können wir bereits hier die Schneeschuhe anziehen. Rechterhand passieren wir schon bald die Metzebergalp (1080 m), die früher für ihre Musikabende berühmt war, heute aber leider nicht mehr bewirtet ist. An der nächsten Wegkreuzung halten wir uns links Richtung Alpe Burgerschlag und wandern durch den Wald bergan. Nach einer knappen halben Stunde verlassen

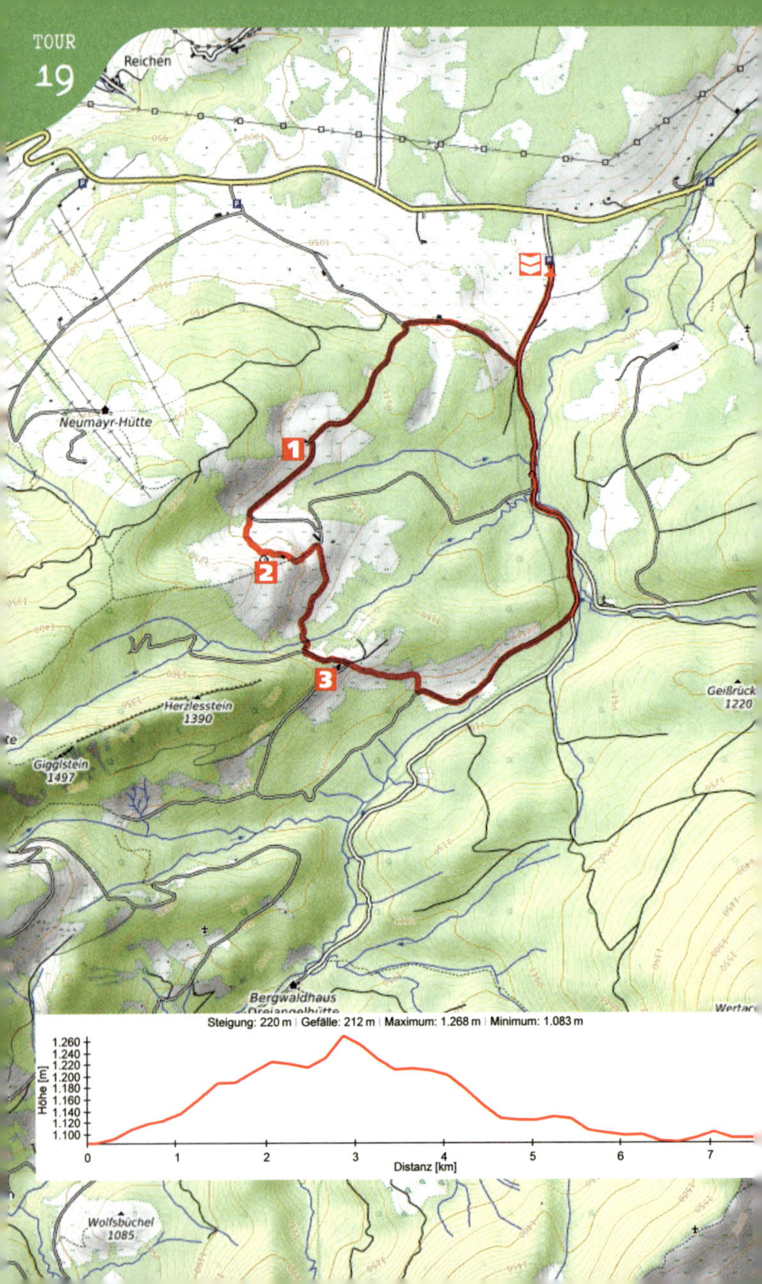
Reichen
Neumayr-Hütte
1
2
3
Herzlesstein
1390
Giggistein
1497
Geißrück
1220
Bergwaldhaus
Dreiangelhütte
Wolfsbüchel
1085
Steigung: 220 m | Gefälle: 212 m | Maximum: 1.268 m | Minimum: 1.083 m
Höhe [m]
1.260
1.240
1.220
1.200
1.180
1.160
1.140
1.120
1.100
0
1
2
3
4
5
6
7
Distanz [km]

wir den Wald und gehen zwischen Wiesen auf die **1** Burgschlägalp (1180 m) zu. Hinter dieser thront der Gipfel des Grünten, der sogenannte Wächter des Allgäus. Auf der Bank bei der Hütte können wir kurz durchschnaufen, unseren Zwiebellook anpassen und den Blick Richtung Wertacher Hörnle schweifen lassen. Dann gehen wir linkerhand erstmal leicht bergab zur Brücke über den Eiselesbach und überqueren diese. Nun kommt die erste Querfeldeinetappe, also Leinen los! Wir steigen den Hang hinauf, einem Viehstall entgegen. An diesem vorbei steuern wir das Gipfelkreuz oberhalb der **2** Vorderen Köllealp (1180 m) an. Ein herrlicher Rastplatz mit viel Platz zum Toben durch den Schnee. Natürlich kann man auch dem Weg folgen und direkt von der Vorderen Köllealpe her zum Kreuz aufsteigen. Nach einer kleinen Stärkung wandern wir nun von der Vorderen Köllealpe den Pfad entlang der Zaunpfähle hinab in den Tobel des Herzlessteinbach. Immer dem nächsten Etappenziel, der nächsten Alpe entgegen.

Über einen Wurzelpfad durchqueren wir den Tobel und steigen ein kurzes Stück steil bergauf, bis wir den Forstweg zur **3** Hinteren Köllealp (1160 m) erreichen. Hier müssen wir uns entscheiden, ob wir geradeaus den weglosen Hang hinunter zum Fahrweg gehen wollen oder lieber gleich den Fahrweg nehmen, dafür aber einen großen Bogen einplanen müssen (+2 km). Links sieht es zwar einladend aus, ist aber eine Sackgasse. Bei guter Schneelage empfehle ich definitiv den Spaß des Querfeldeingehens durch die verschneite Winterlandschaft. Haben wir den Wiesenhang passiert, betreten wir den Fahrweg und halten uns links. Im Wald stoßen wir dann schon bald auf das gespurte Königssträßle, welchem wir zurück zum Parkplatz „Großer Wald" folgen.

Info

Buslinie 81 zwischen Immenstadt und Oberjoch

Parkplatz „Großer Wald"

Kompass Wanderkarte Allgäuer Alpen, Kleinwalsertal (Band 3)

im Winter leider geschlossen

Alpengasthof Hirsch
Marktstraße 21
87497 Wertach
Tel.: 08365 – 70200
Web: www.hirsch-wertach.de
Preise ab 47 Euro (einfacher Standard)
Mi & Do Ruhetag

Tourist-Info Wertach
Rathausstraße 3
87497 Wertach
Tel. 08365 702199
www.wertach.de

Tierarztpraxis Dr. Helmut Zeberle
Langgasse 27
87497 Wertach
Tel.: 08365 420

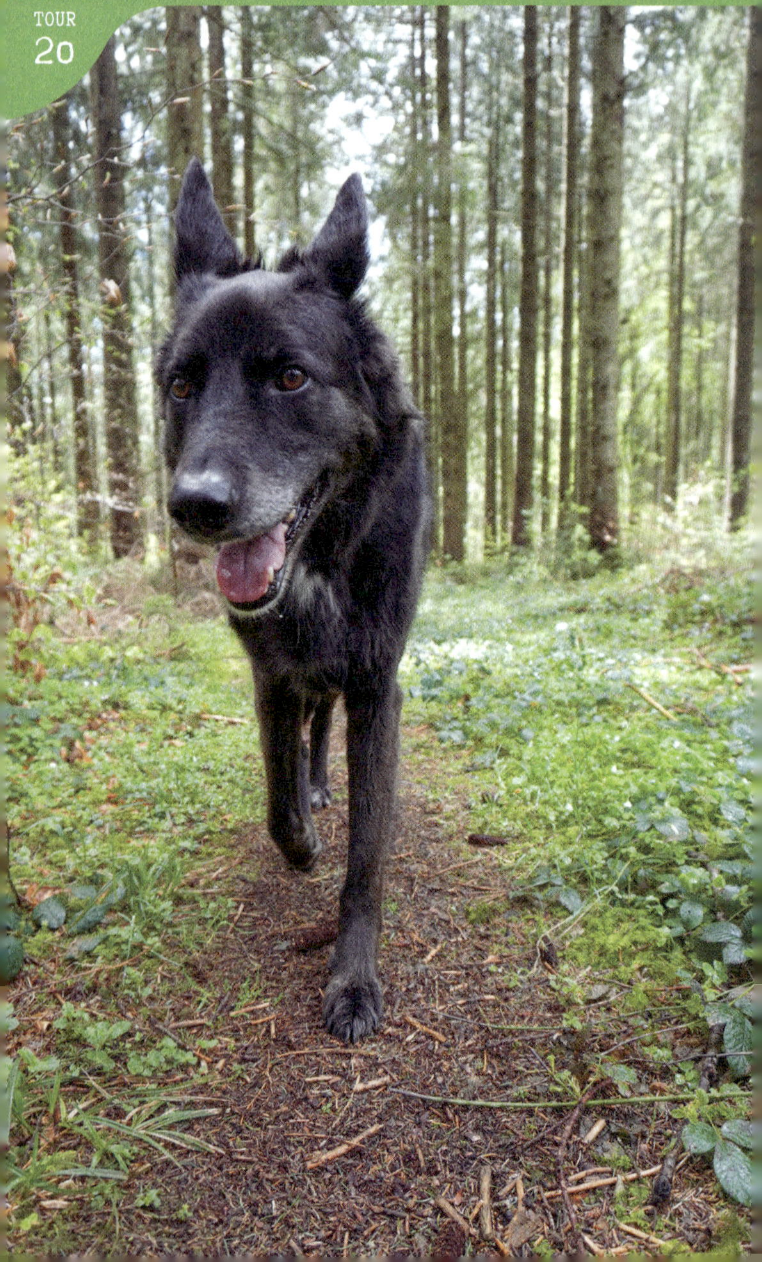

Variabel zu gehen – Wald & Moor – Einkehrmöglichkeiten

Auf Jakobswegen durch den Kempter Wald

Hundefreundlichkeit: **Der Kempter Wald ist ein großes Waldgebiet, das von zahlreichen kleinen Mooren sowie Bächen durchzogen ist und sich daher auch für einen Ausflug im Sommer anbietet. Allerdings ist er als Naherholungsgebiet vor allem am Wochenende von zahlreichen Wanderern, Radfahrern und einigen Reitern bevölkert. Dafür gibt es auch mehrere Einkehrmöglichkeiten. Die hügelige Landschaft ist stark von der letzten Eiszeit geprägt und daher sehr abwechslungsreich. Es gibt viel zu entdecken! Viele kürzere Varianten, ganzjährig möglich.**

Tour-Info	↔ 19 km · ◷ 5 Std. · +++ schwer
Start-Ziel:	Parkplatz am Grenzhus Schlagsdorf, Neubauernweg 1, 19217 Schlagsdorf (Rundwanderung)
GPS:	47°43'28.8"N 10°25'7.4"E
Markierung:	graue Wanderschilder
Wegecharakteristik:	80 % Weg – 15 % Straße – 5 % Wanderweg

Vom Wanderparkplatz folgen wir dem Wegweiser Richtung Dengelstein und dem Schotterweg, bis wir nach einigen Kurven über eine Wiese gehen. Kurz danach gabelt sich der Weg und wir halten uns rechts. Schon bald mündet der Schotterweg auf einer Teerstraße. Von hier sollten wir unbedingt den kurzen Abstecher zum imposanten und sagenumwobenen Findling **1** Dengelstein machen. Hier soll unter anderem der Teufel höchstpersönlich seine Sense dengeln (mit einem Hammer schärfen), daher auch der Name.

Nach dem Abstecher zu diesem tollen Geotop gehen wir zur Teerstraße zurück und linkerhand wieder in den Wald hinein Richtung Tobias. Wir kommen schon bald an einen Bach,

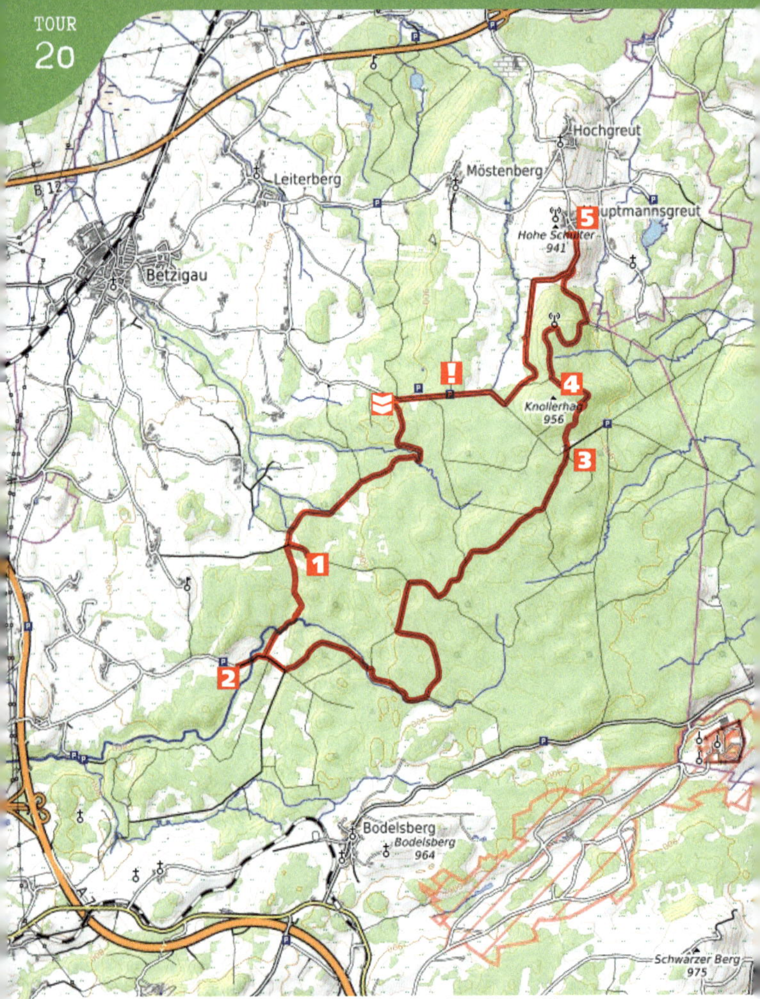
B 12
Leiterberg
Möstenberg
Hochgreut
Hauptmannsgreut
Hohe Schulter
941
Betzigau
Knollerhag
956
1
2
3
4
5
!
Bodelsberg
Bodelsberg
964
Schwarzer Berg
975

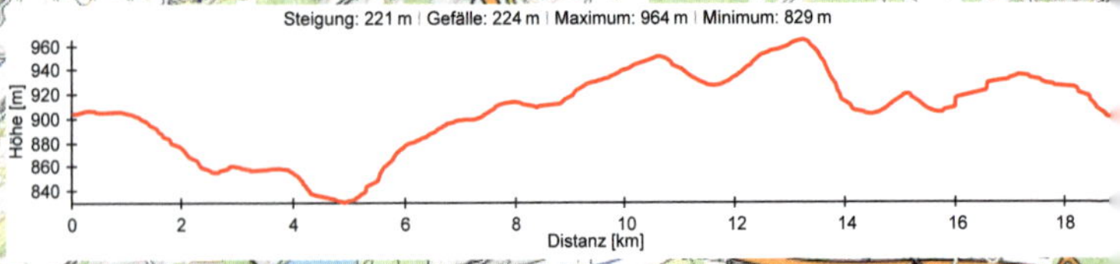
Steigung: 221 m | Gefälle: 224 m | Maximum: 964 m | Minimum: 829 m
Höhe [m]
960
940
920
900
880
860
840
Distanz [km]
0
2
4
6
8
10
12
14
16
18

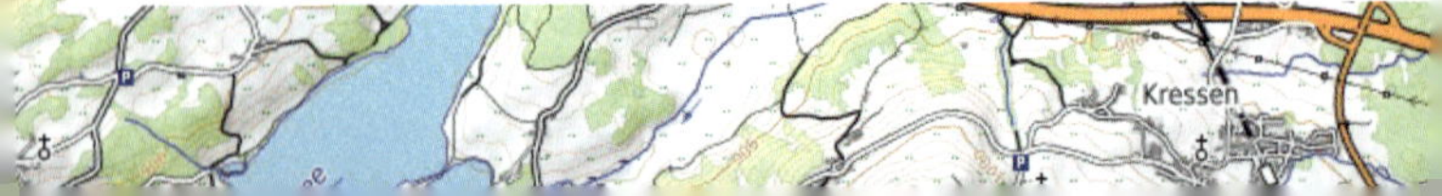
Kressen

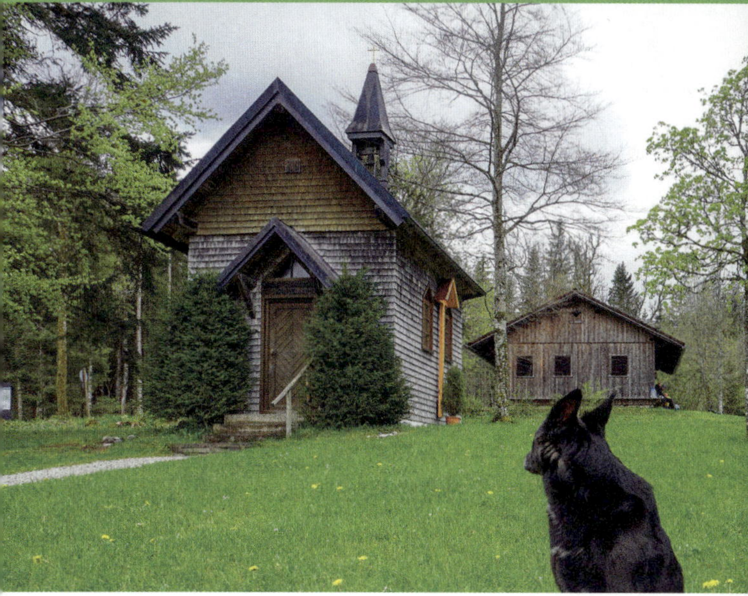

Die Waldkapelle und ihre Wiesen laden zum Rasten ein

den wir über eine Brücke überqueren können. Wer nun Lust auf eine Einkehr hat, biegt an der nächsten Gabelung rechts ab und läuft in wenigen Hundert Metern zum **2** Waldgasthaus „Zum Tobias". Mit oder ohne Einkehr geht es dann den gerade ansteigenden Schotterweg in den Wald hinein, wobei wir gleich die erste Abzweigung linkerhand nehmend. Wir wandern nun stetig ansteigend weiter, nehmen die zweite Abzweigung nach rechts und gehen Richtung Durach Ursprung, wo die Hunde erneut ein erfrischendes Bad nehmen können. Über die Durach führt auch eine kleine Hängebrücke - eine Mutprobe für manches Mensch-Hunde-Team?! Wir gehen ein Stück zurück und folgen fortan den Wegweisern Richtung Waldkapelle. Ein Großteil der nächsten Etappe verläuft auf dem Münchner Jakobsweg, in der Waldkapelle gibt es viele Informationen darüber. Die **3** Waldkapelle steht auf einer großen Lichtung und lädt zum Verweilen und Ausruhen ein.

Der nächste Abschnitt beginnt versteckt hinter der Hütte, die am nächsten am Wald steht. Links neben der Hütte beginnt ein kleiner Pfad, der uns über einen Bach und dann mitten durch den Wald zum nächsten Highlight führt. Kurz bevor wir

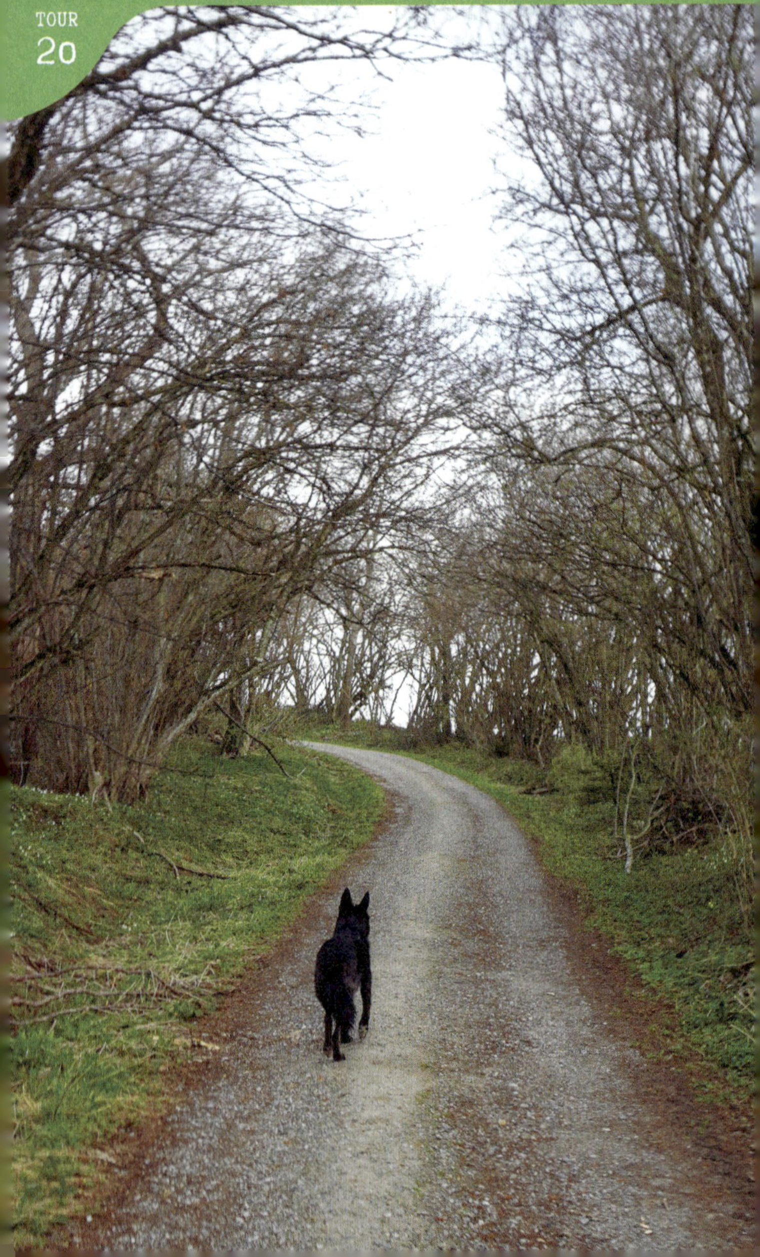

wieder auf einen breiten Weg stoßen, können wir linkerhand schon das hölzerne Podest vom Aussichtspunkt am 4 Knollerhag sehen. Der Blick reicht hinüber bis zur Zugspitze und den Ostallgäuer Alpen, sogar das Schloss Neuschwanstein kann man erkennen. Von der Treppe des Podests geht es geradeaus weiter um die nächste Kurve. An der nächsten Weggabelung können wir entweder nach links direkt zurück zum Parkplatz gehen (2x links, 1x rechts) oder wir nehmen den rechten Weg und machen noch einen Abstecher zur geographischen Mitte des Allgäus. Der Weg schlängelt sich hoch und runter durch den Wald. Bei der nächsten Abzweigung halten wir uns links und folgen den Wegweisern zur „Hohen Schulter" und „Landgasthaus Mittelallgäu". Auf einem verwunschen anmutenden Weg geht es durch einen richtigen Blättertunnel aus dem Kempter Wald heraus.
Wir nehmen die Teerstraße geradeaus in das Örtchen Hauptmannsgreut hinein und kehren im 5 Landgasthaus Mittelallgäu ein. Von hier oben hat man einen tollen Blick über die Umgebung, den Notzenweiher (leider sind Hunde keine gerngesehenen Badegäste) und die Berge. Zurück geht es wieder auf der Teerstraße Richtung Kempter Wald, wir folgen ihr, bis sie in einen Schotterweg übergeht, und folgen auch diesem, bis er in der ! normalerweise wenig befahrenen Verbindungsstraße Görisried-Betzigau mündet. Wir gehen nach rechts und folgen der Straße 1 km zurück zum Parkplatz.

	Info
H	keine
P	Wanderparkplatz bei Kaisersmad
Karte	Kompass Wanderkarte Ostallgäu, Kaufbeuren (Band 188)
Essen	Waldgasthaus „Zum Tobias" Rothen 129 1/2 87471 Durach www.waldgasthaus-tobias.de Sa - Mi Landgasthaus Mittelallgäu Hauptmannsgreut 11 87488-Betzigau www.landgasthaus-mittelallgaeu.de
Bett	Ferienhof und Baumhaus Hotel Allgäu GbR Familie Bechteler Kaisersmad 6 87488 Betzigau Tel.: 08304-9291725 www.baumhaushotel-allgaeu.de Preise ab 214 Euro (*****)
i	Tourist Information Kempten Rathausplatz 24 87435 Kempten (Allgäu) Tel.: 0831-9609550 Web: www.kempten-tourismus.de
+	Dr. med. vet. Peter Steinhauser Lenzfrieder Straße 57 87437 Kempten (Allgäu) Tel.: 0831-770102 Notdienst am Wochenende verteilt auf die Kemptener Kleintierpraxen

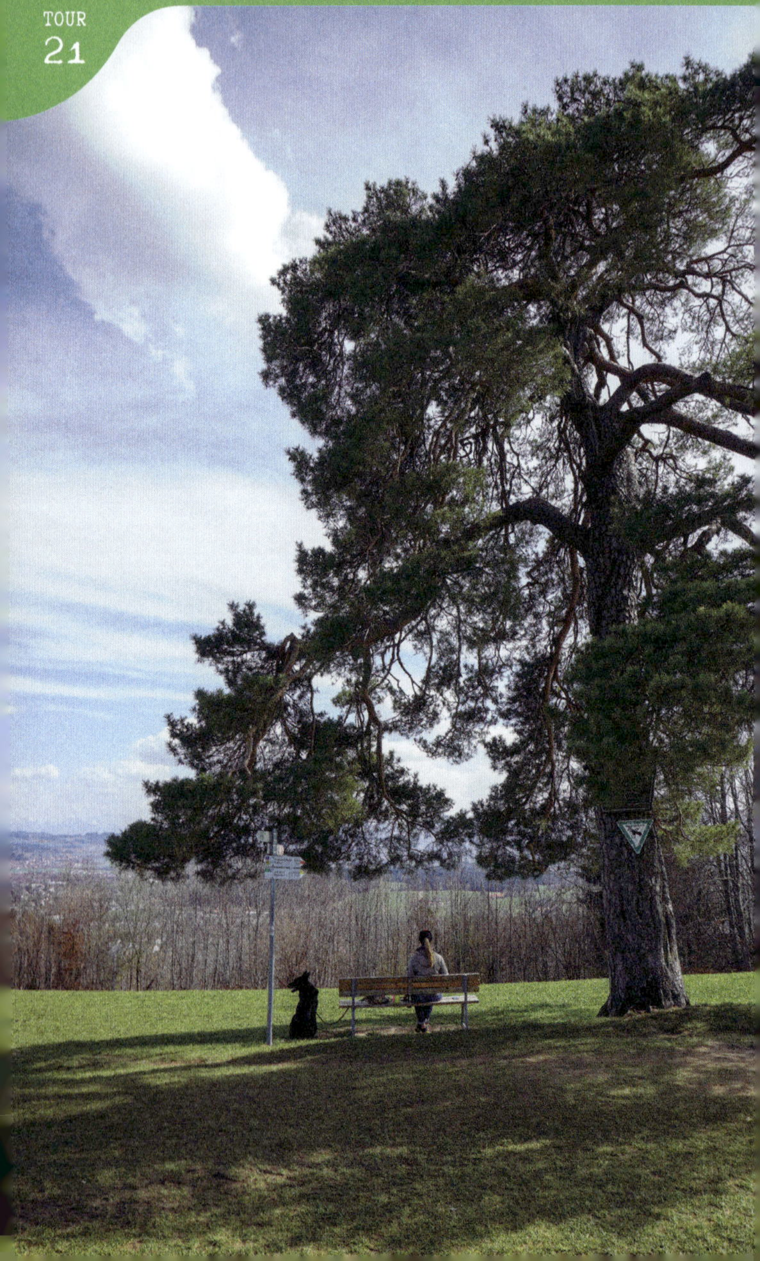

Stadtnah und doch mit Fernblick – schattiger An- und Abstieg – Wald und Wiesen

Auf den Kemptener Hausberg und darüber hinaus

Hundefreundlichkeit: **Diese kleine aber feine Wanderung direkt an der westlichen Kemptener Stadtgrenze ist abwechslungsreich, die schmalen Waldpfade sind auch im Sommer einladend für Hundepfoten. Der Blick vom Mariaberg ist toll und selbst am „Gipfel" lässt sich Schatten finden. Gegen Ende der Tour bieten sich dann viele Bademöglichkeiten für die Hunde in der Rottach, weshalb hier meistens auch viele Hundebesitzer unterwegs sind. Ganzjährig möglich.**

Tour-Info	↔ 7 km	2:15 Std.	++ mittel
Start-Ziel:	Parkplatz am CamboMare		
GPS:	47°43'16.3"N 10°17'30.2"E		
Markierung:	graue Wanderschilder		
Wegecharakteristik:	20 % Bergwanderweg – 30 % Wanderweg – 20 % Weg – 30 % Straße		

Wir beginnen unsere Wanderung schräg gegenüber vom CamboMare Erlebnisbad & Saunawelt am 1. Kemptener Karate Dojo. Von hier folgen wir dem Weg links am Waldrand entlang, vorbei am DAV Bike Garden und den Überbleibseln eines alten Trimm-dich-Pfades. Bei der nächsten Weggabelung halten wir uns rechts und folgen dem Flusslauf der Rottach bis wir den Pulvermühlweg erreichen. Ein kurzes Stück gehen wir an dieser Straße nach rechts, überqueren eine Brücke und folgen dann dem kleinen Trampelpfad zu einem **1** Kreuzweg. Dies ist ein schmaler Wurzelpfad mitten durch den Wald, der uns die Passionsgeschichte Jesu näher bringt, während er uns direkt hinauf zum **2** Landgasthof Mariaberg führt. Eine Rast lohnt unter den alten Bäumen allemal und wir sollten auch einen Blick in die Kapelle Mariä Heimsuchung werfen. Jakobswegpilger können sich hier sogar einen Stempel abholen.

TOUR 21

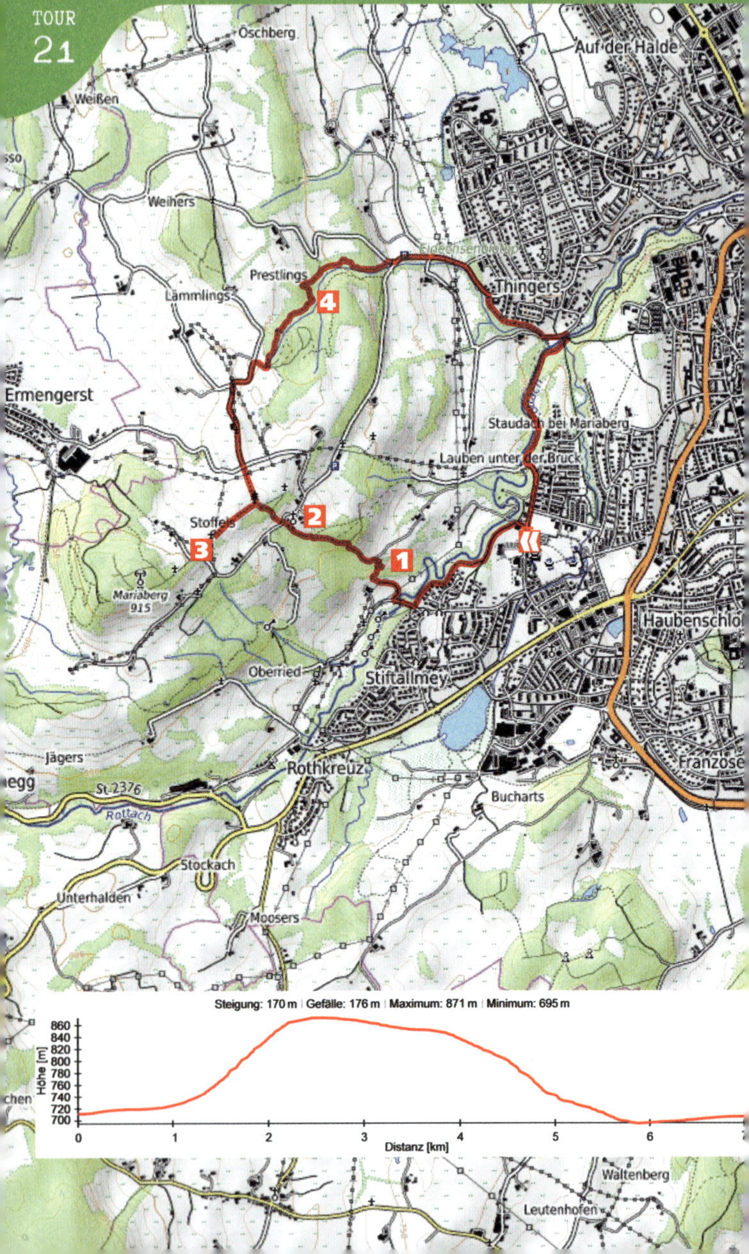

Öschberg
Auf der Halde
Weißen
Weihers
Prestlings
Lämmlings
Thingers
Ermengerst
Staudach bei Mariaberg
Lauben unter der Bruck
Stoffels
Mariaberg
915
Haubenschlo
Oberried
Stiftallmey
Jägers
Rothkreuz
Franzose
St 2376
Rottach
Bucharts
Stockach
Unterhalden
Moosers
Waltenberg
Leutenhofen
1
2
3
4
Steigung: 170 m | Gefälle: 176 m | Maximum: 871 m | Minimum: 695 m
Höhe [m]
860
840
820
800
780
760
740
720
700
0
1
2
3
4
5
6
7
Distanz [km]

Gestärkt geht es zum nächsten Etappenziel, der gut 100 Jahre alten **3** Mulzer-Föhre. Dieser imposante Baum thront freistehend auf dem Höhenrücken und bietet ein schattiges Plätzchen zum Verweilen. Der Bergblick ist hier allerdings durch Bäume verstellt, sodass wir dafür noch ein Stück die Wiese hinaufgehen müssen. Der weitere Weg führt uns, Kempten und die Mulzer-Föhre im Rücken, zunächst über einen Wiesenpfad zu einer Straße. Diese überqueren wir und wandern weiter geradeaus ein Sträßchen entlang. An der nächsten Gabelung halten wir uns rechts Richtung Prestlings und folgen dann dem Wegweiser über eine Wiese zum **4** Kalbsangsttobel. Hier nehmen wir den linken Einstieg, der von einem Fahrrad-Verbotsschild markiert ist. Der Weg durch den Kalbsangsttobel ist schmal und kann bei Nässe rutschig sein. Gerade im Sommer tut aber die schattige Kühle nicht nur den Vierbeinern gut!

Wir wandern einen guten Kilometer stetig bergab, bis wir aus dem Wald treten und an die Mariaberger Straße gelangen. Dieser folgen wir nun auf einem Fußweg Richtung Stadt, **!** Vorsicht vor Autos, Fahrrädern etc. Kurz bevor auf der rechten Straßenseite die ersten Häuser stehen, zweigt ein Pfad rechts zum Fluss Rottach ab. Am Ende des Pfades halten wir uns links und gehen bei nächster Gelegenheit auf die andere Flussseite. Entweder wir machen es unseren Hunden gleich und waten einfach mittendurch oder wir nehmen die Brücke. Auf der anderen Seite angekommen, folgen wir der Rottach nach rechts flussaufwärts, bis wir an eine T-Kreuzung kommen. Hier geht es links auf einer Teerstraße den Hang hinauf und dann einfach geradeaus zum Ausgangspunkt zurück.

	Info
H	Vom Bahnhof Kempten 30 min zu Fuß zum Ausgangspunkt
P	Parkplatz am CamboMare
Karte	Kompass Wanderkarte Oberschwaben (Nr. 187)
Gastronomie	Landgasthof Mariaberg Mariaberger Straße 128 87439 Kempten/Allgäu Web: www.landgasthof-mariaberg.de Mo - So 11-21 Uhr Mi Ruhetag
Übernachtung	JUFA Kempten im Allgäu – Familien-Resort Stadtbadstraße 5 87439 Kempten Tel.: 0831-52384080 Web: www.jufahotels.com Preise ab 61 Euro (mit Frühstück), Hunde 10Euro/Nacht
i	Tourist Information Kempten Rathausplatz 24 87435 Kempten (Allgäu) Tel.: 0831-9609550 Web: www.kempten-tourismus.de
+	Tierärztin Angelika Uher Höfatsweg 4 87435 Kempten (Allgäu) Tel.: 0831-23235 Notdienst am Wochenende verteilt auf die Kemptener Kleintierpraxen

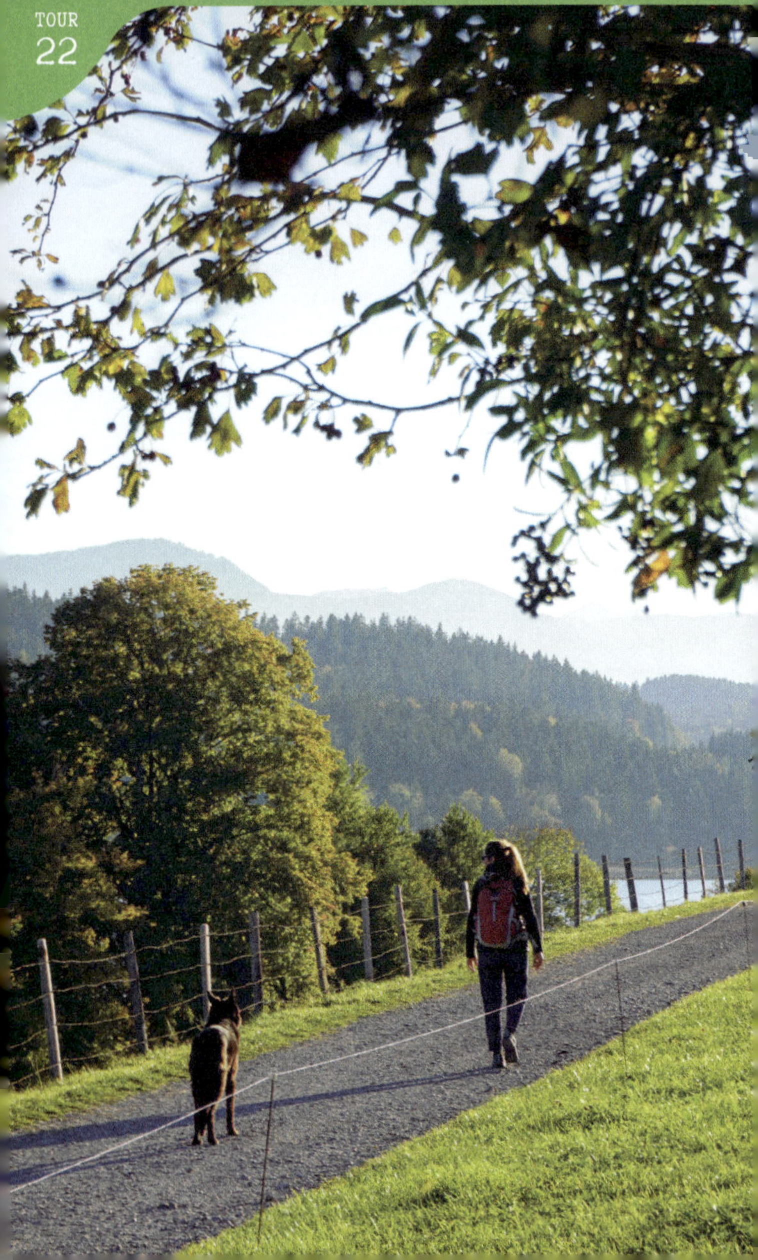

Viele Wasserstellen – schöner Rundweg – grüne Wiesen

Leichten Fußes um den Niedersonthofener See

Hundefreundlichkeit: **Der Niedersonthofener See, bei den Einheimischen auch kurz Niso genannt, ist ein beliebtes Naherholungsgebiet. Dementsprechend wird es auf dieser Wanderung selten einsam zugehen, denn der gut gepflegte und leicht begehbare Rundweg lädt zum Spazierengehen oder Joggen ein. Zunächst gehen wir im Schatten direkt am Seeufer entlang und wandern dann entlang von Streuwiesen und Viehweiden. Im Sommer gibt es mehrere Einkehrmöglichkeiten an den offiziellen Badestellen, an denen Hunde leider nicht ins Wasser dürfen. Ganzjährig möglich.**

Tour-Info	↔ 7,4 km	2 Std.	leicht
Start-Ziel:	See-Parkplatz Zellen		
GPS:	47°38'3.9"N 10°15'31.4"E		
Markierung:	graue Wanderschilder		
Wegecharakteristik:	70 % Weg – 25 % Wanderweg – 5 % Nebenstraße		

Am See-Parkplatz Zellen kehren wir der Straße den Rücken und folgen dem Kiesweg zur Badestelle Niedersonthofen. Hier gehen wir einfach hindurch, vorbei an einigen Segelbooten und überqueren eine kleine Brücke. Wir halten uns linkerhand am See und folgen dem Wegweiser „Seerundweg Memhölz". Bald wird der Kiesweg zu einem schattigen **1** Waldweg, der direkt am Ufer verläuft. Immer wieder tun sich Buchten im Schilf auf, der Blick auf den See wird frei und die Hunde können nach Lust und Laune im Wasser planschen. Wir bleiben immer auf dem Seerundweg und ignorieren die Abzweigungen, die steil durch den Wald bergauf führen. Nach einer Weile kommen wir an idyllischen Seegrundstücken

TOUR 22

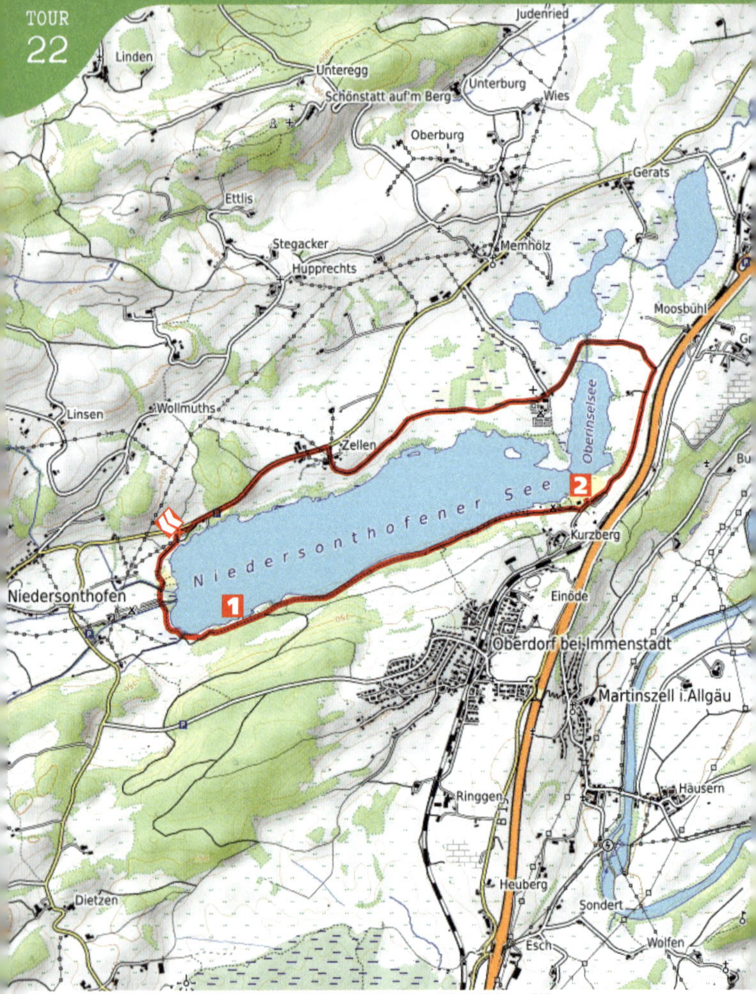
Judenried
Linden
Unteregg
Schönstatt auf'm Berg
Unterburg
Wies
Oberburg
Gerats
Ettlis
Stegacker
Memhölz
Hupprechts
Moosbühl
Oberinselsee
Linsen
Wollmuths
Zellen
Niedersonthofener See
Kurzberg
Niedersonthofen
Einöde
Oberdorf bei Immenstadt
Martinszell i. Allgäu
Ringgen
Hausern
Heuberg
Sondert
Dietzen
Esch
Wolfen
1
2

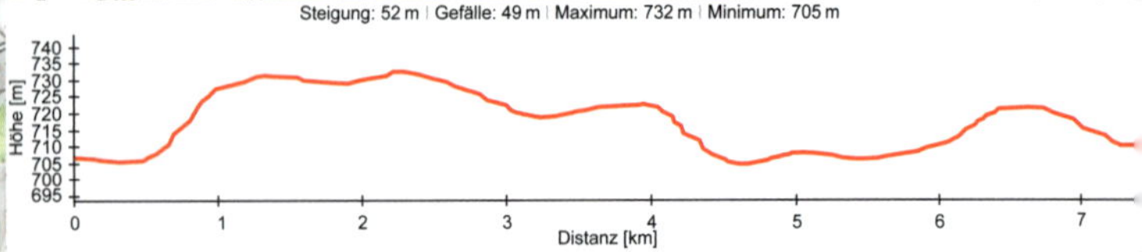
Steigung: 52 m | Gefälle: 49 m | Maximum: 732 m | Minimum: 705 m
Höhe [m]
740
735
730
725
720
715
710
705
700
695
0
1
2
3
4
5
6
7
Distanz [km]

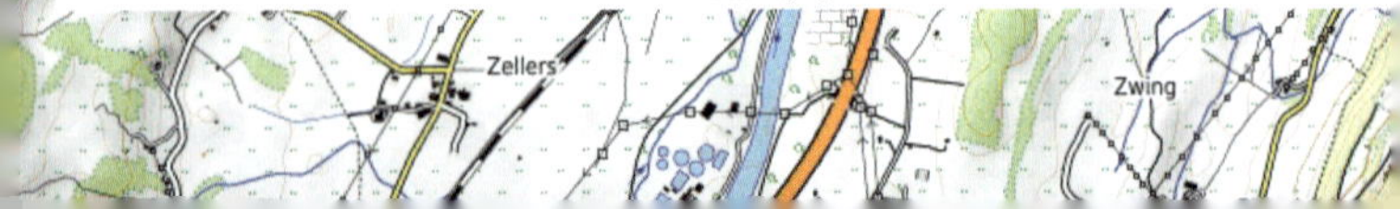
Zellers
Zwing

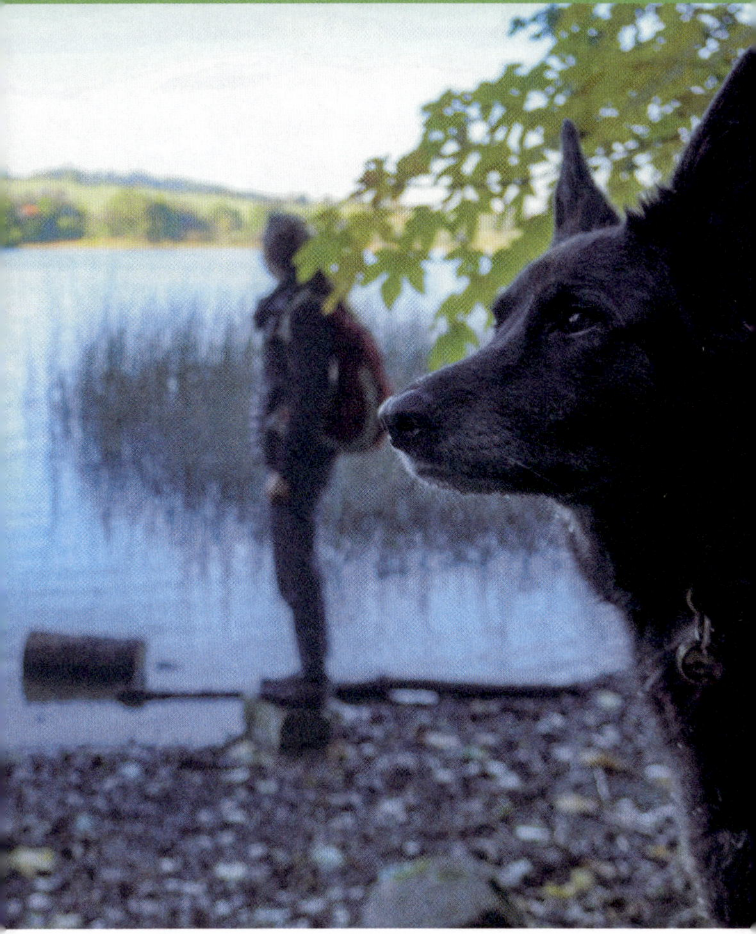

Auch wenn Hunde an den offiziellen Badewiesen nicht erwünscht sind, gibt es viele Stellen, an denen die Hunde ins Wasser können

mit schönen Holzhäusern vorbei. Wer würde nicht auch gerne so eines besitzen? Nach einer kleinen Steigung gehen wir an den öffentlichen Toiletten der Badestelle Seehof vorbei und biegen, an einem Teersträßchen angekommen, nach links ab. Im Sommer stellt der **2** Landgasthof Seehof eine willkommene Einkehrmöglichkeit dar, von dessen Terrasse kann

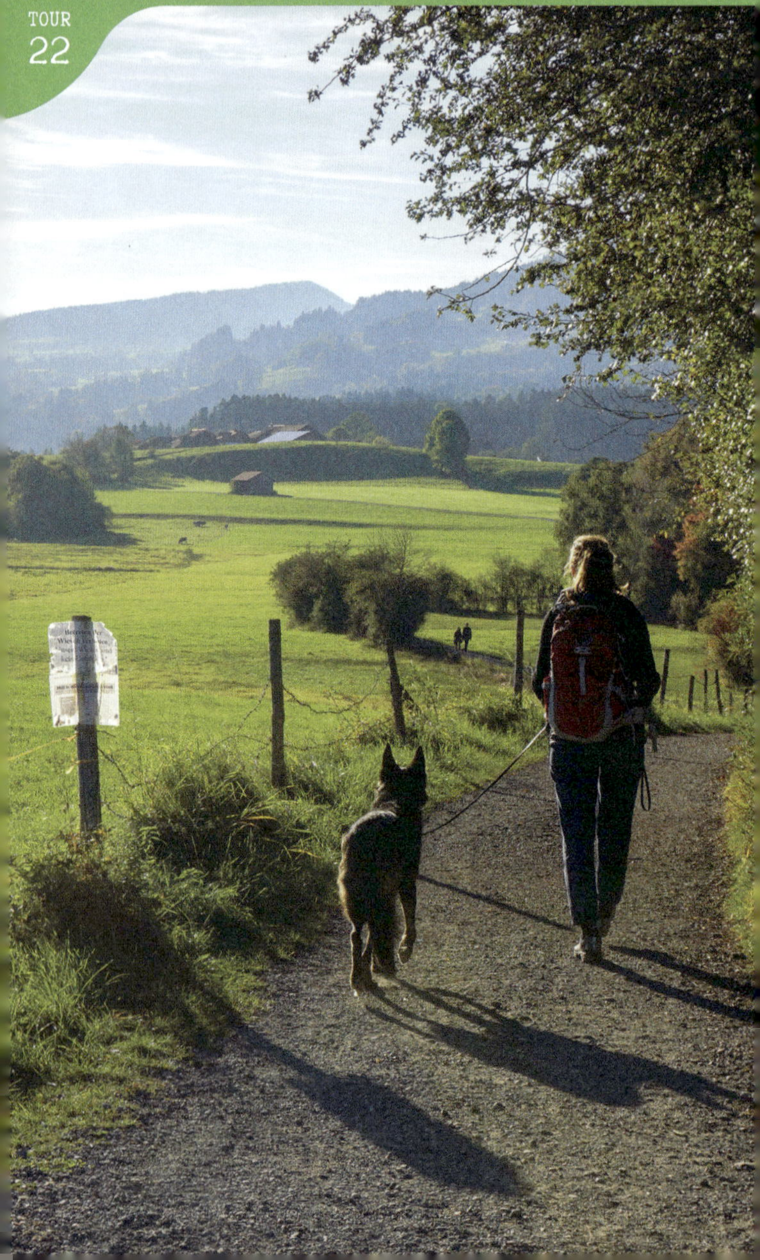

man den Blick über den See genießen. Das Teersträßchen geht wieder in einen Kiesweg über, auf diesem wandern wir nun zwischen grünen Wiesen in einem sanft ansteigenden Bogen um den See herum. Mehrere Bänke laden zum Verweilen ein. An der nächsten Gabelung halten wir uns abermals links und wandern leicht bergab zur Engstelle zwischen dem Oberinselsee und dem Mitterinselsee. Bald queren wir ein ! Sträßchen, auf dem man zum Insel-Camping am See gelangt. Wir gehen aber geradeaus Richtung Kapelle und dann Richtung Weiler Zellen, den Hinweisschildern „Seerundweg Niedersonthofen" folgend. Der Weg führt uns an Viehweiden entlang. Mehrere Hinweisschilder bitten darum, Hunde nicht auf die Wiesen machen zu lassen, am besten bleiben Hunde einfach auf dem Weg und jagen nicht kreuz und quer über die Felder. Im Weiler Zellen angekommen, gehen wir bis zur Straße, biegen nach links ab und wandern auf dem Fußweg zurück zum Ausgangspunkt.

	Info
H	keine
P	See-Parkplatz Zellen
Karte	Kompass Wanderkarte Oberschwaben (Nr. 187)
Gastronomie	Landgasthof Sonne Wollmuths 50 87448 Waltenhofen (Allgäu) Web: www.sonne-niedersonthofen.de Mi, Fr & Sa 11-21 Uhr Do & So 11-17 Uhr Im Sommer zusätzlich: Landgasthof Seehof oder an den Kiosken der Badestellen
Unterkunft	Landhaus Geratser Hof Gerats 21 87448 Waltenhofen Tel.: 08303-423 Web: www.geratser-hof.de Ferienwohnungen ab 108 Euro, Hunde auf Anfrage für 8 Euro
i	Gästeinformation Niedersonthofen Sonnenstraße 9 87448 Waltenhofen Niedersonthofen Tel.: 08379-728146 Web: www.niedersonthofen-see.de
+	Praxis für Kleintiere Dr. Erika Kienle Am Bahnhof 25 87448 Waltenhofen-Hegge Tel.: 0831-511230 Web: www.kleintierpraxis-kienle.de

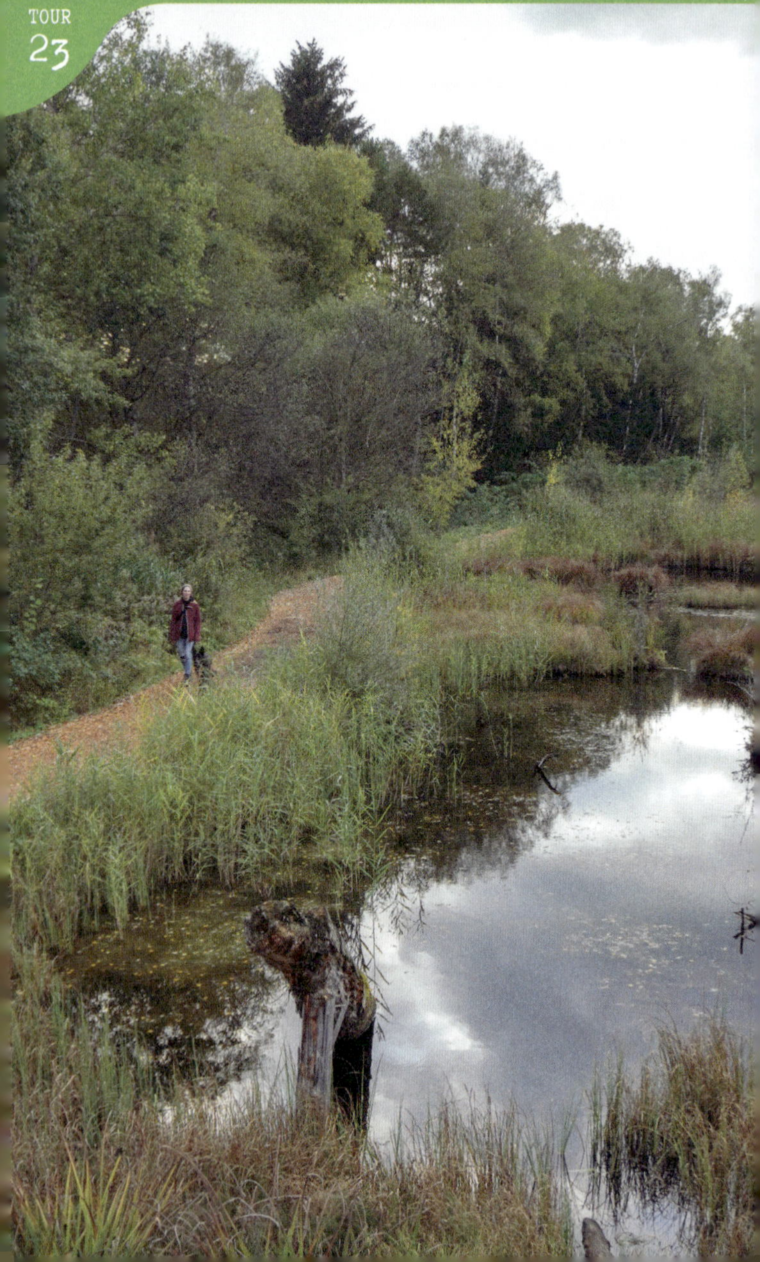

Faszinierende Moorlandschaft – größtenteils fahrradfrei– Einkehr mit Alpenpanorama

Trockenen Fußes durchs Werdensteiner Moos

Hundefreundlichkeit: **Das Werdensteiner Moos ist ein kleines Juwel im Oberallgäu, es bietet vielen seltenen Tier- und Pflanzenarten eine Heimat. Der schön angelegte, fahrradfreie und informative Rundweg um das Moos lockt daher bei gutem Wetter viele Besucher an, dennoch taucht man immer wieder in die Stille der Landschaft ein. Das Wasser- und Schattenangebot ist reichlich und daher ein Besuch auch im Sommer lohnend. Man kann die Wanderung mit einem Abstecher zur Burgruine Werdenstein und dem Burg-Café abrunden und sich bei Bergblick stärken. Auf dem Weg dorthin herrscht mäßiger Autoverkehr. Ganzjährig möglich.**

Tour-Info	↔ 6,8 km	2 Std.	leicht
Start-Ziel:	Parkplatz Werdensteiner Moos, Thanners		
GPS:	47°36'31.2"N 10°16'05.4"E		
Markierung:	dunkelgrüne Schilder und Schilder „Burg-Café"		
Wegecharakteristik:	70 % Wanderweg – 15 % Weg – 5 % Nebenstraße – 10 % Straße		

Die Renaturierung des Werdensteiner Moos begann Ende der 80er Jahre, heute zählt es zu den größten Hochmooren im Allgäu. Der Rundweg führt einmal um das Moor herum und bietet Einblicke in die verschiedenen Moorbereiche. Vom Parkplatz in Thanners folgen wir dem Hackschnitzelpfad 1 in den Wald hinein. Bald mündet von links ein Pfad ein, doch wir gehen weiter geradeaus und tauchen in die Moorlandschaft ein.

Zunächst ist die Umgebung waldig, sie wird immer wieder von alten Entwässerungsgräben unterbrochen, die heute mit Wasser gefüllt sind und Fröschen, Libellen und Wasservögeln eine Heimat bieten. Oder unseren vierbeinigen Freunden

TOUR 23

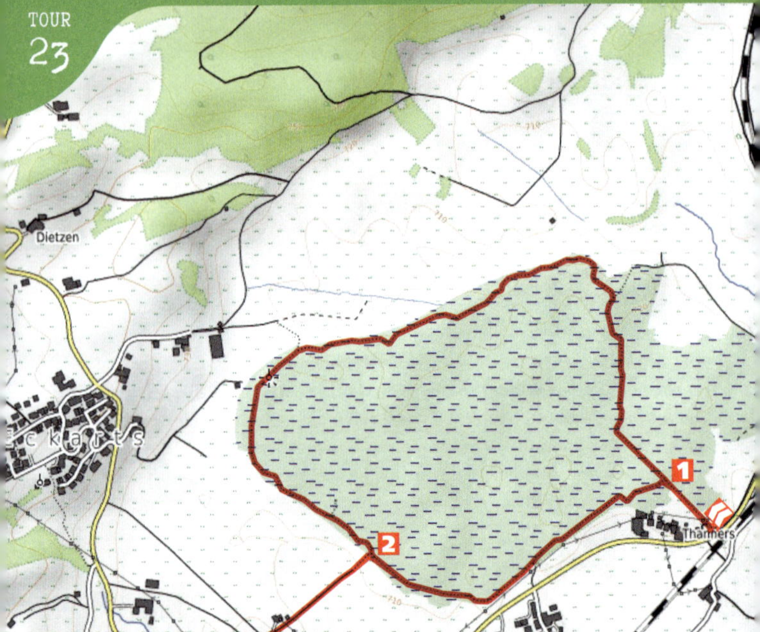
Dietzen
Thanners
Werdenstein
Lachen
Zellers
1
2
3
710

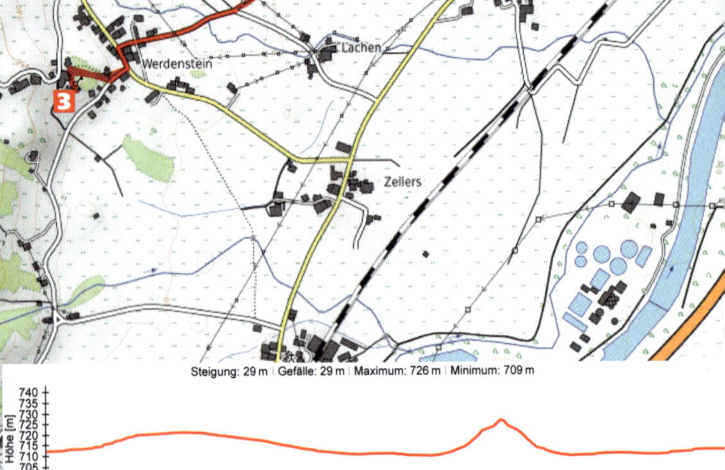
Steigung: 29 m | Gefälle: 29 m | Maximum: 726 m | Minimum: 709 m
Höhe [m]
740
735
730
725
720
715
710
705
700
695
0
1
2
3
4
5
6
Distanz [km]

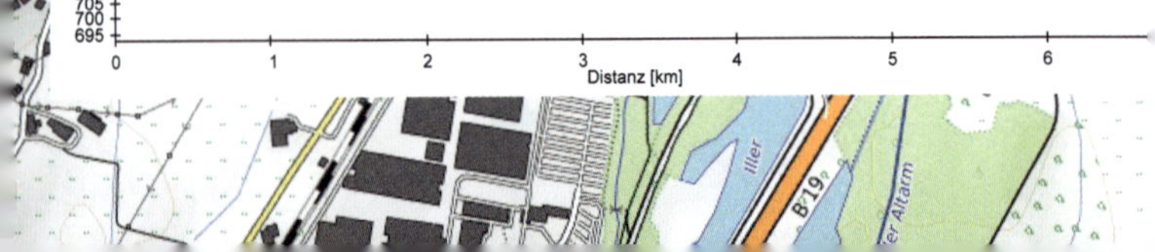
Iller
B 19

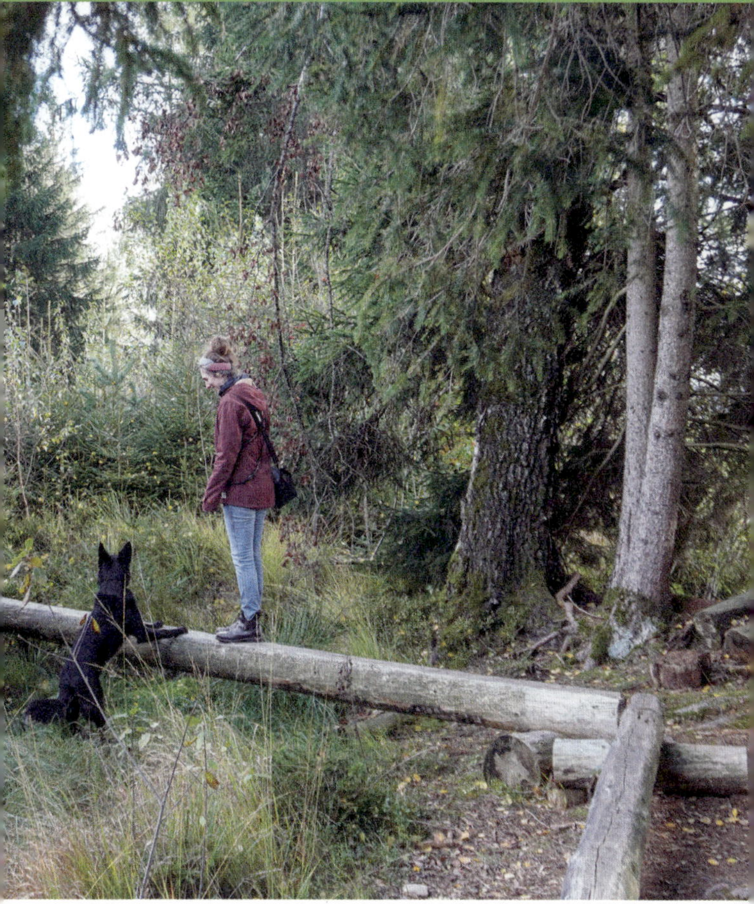

Geschicklichkeitsübung für Zwei- und Vierbeiner

Abkühlung verschaffen. Entlang des Pfades gibt es Informationstafeln, Bandolinos und Erlebnisstationen um den Lebensraum Moor Groß und Klein näherzubringen.
Das Werdensteiner Moos verändert sich ständig, sodass auf dem Weg keine Langeweile aufkommt und man sich immer wieder wie in Skandinavien vorkommt. Inklusive der Mücken im Sommer. Entlang des Weges gibt es auch mehrere

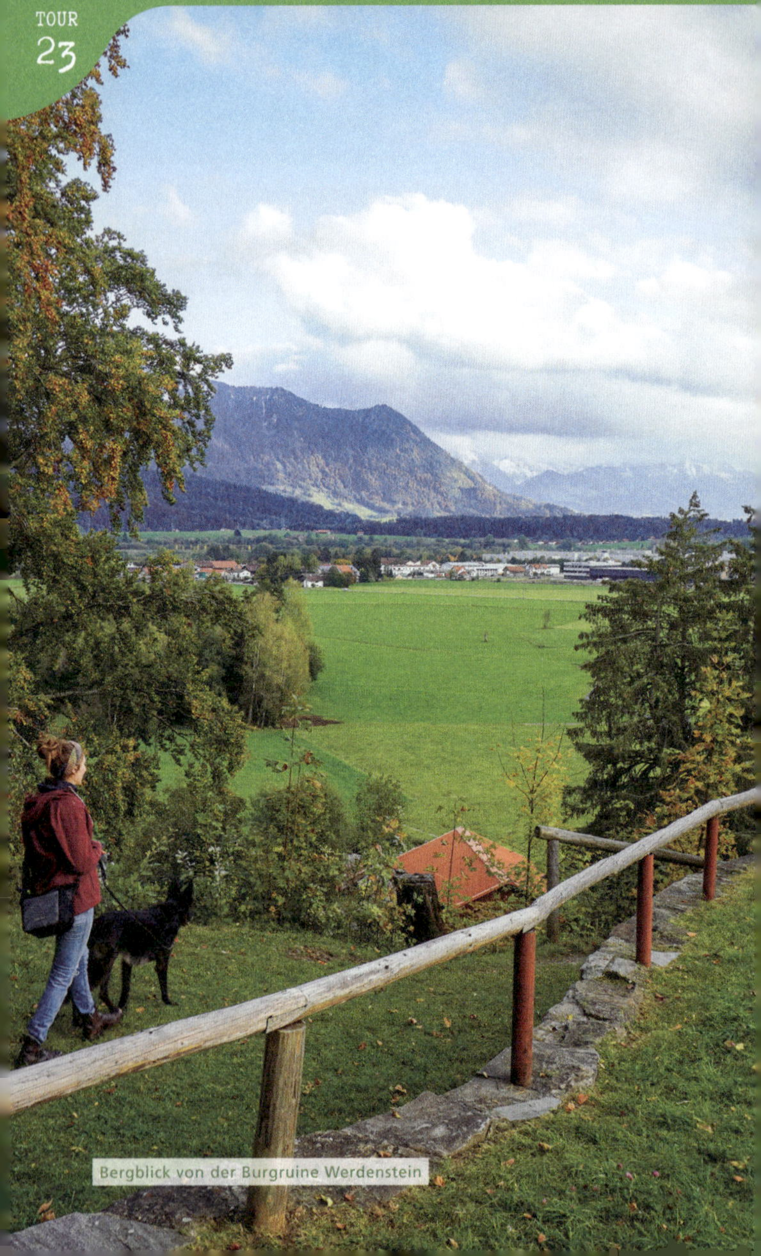

Bergblick von der Burgruine Werdenstein

Moorführungen

Das Werdensteiner Moos ist ein Landschaftsschutzgebiet, es zählt zu den Natura 2000-Gebieten. Für diejenigen, die noch mehr über den Lebensraum Moor erfahren wollen, bietet die Bund Naturschutz Kreisgruppe regelmäßig öffentliche Führungen an. (www.kempten.bund-naturschutz.de)

Aussichtstürme oder Stege. Auf Höhe des **2** Barfußpfades kommt linkerhand die Abzweigung zum aussichtsreichen Burg-Café Werdenstein. Zunächst geht man noch über einen Wiesenweg, spätestens auf Höhe des ersten Hauses sollten wir die Hunde anleinen. Denn **!** hier laufen Hühner frei herum und Schafe grasen auf der Wiese vorm Haus. Bald gelangen wir in die Ortschaft Werdenstein, wir biegen an der Hauptstraße links ab und folgen dann den Schildern zur Burgruine Werdenstein. Von der Straße geht rechts ein schmaler Pfad den Hang hoch, am Hof gehen wir links vorbei und schon stehen wir vor der Burgruine. **!** Achtung, Esel grasen auf der Wiese. Bei gutem Wetter hat man einen tollen Blick in die Allgäuer Berge, den man bei einer Stärkung im **3** Burg-Café ausführlich genießen kann. Alternativ gibt es im Werdensteiner Moos ein paar Picknickstellen, die zum Ausruhen einladen. Vom Burg-Café gehen wir den gleichen Weg zurück ins Moor und führen dann den Weg rechterhand fort, bis wir wieder am Ausgangspunkt ankommen.

Info

H	Buslinie 64 zwischen Kempten und Immenstadt, Ausstieg an der Haltestelle „Thanners“
P	Parkplatz Werdensteiner Moos, Thanners
Karte	Kompass Wanderkarte Oberstaufen, Immenstadt im Allgäu (Band 2)
Essen	Burg-Café Werdenstein Burgweg 7 87509 Immenstadt-Werdenstein Web: www.burgcafe-werdenstein.de Fr - Mi 12-19 Uhr So & Feiertag 10-19 Uhr Do Ruhetag, außer an Feiertagen Beim Haxenwirt (siehe Unterkunft)
Unterkunft	Beim Haxenwirt Thanners 6 87509 Immenstadt (Allgäu) Tel.: 08379 72889-0 Web: www.beimhaxenwirt.de Preise ab 50 Euro (einfacher Standard)
i	Tourist-Info Immenstadt im Alpseehaus Seestraße 10 87509 Immenstadt/Bühl Tel.: 08323/998877 Web: www.alpseehaus.de
+	Tierarztpraxis für Kleintiere Petra Geisser Bachreute 11 87509 Immenstadt Tel.: 08323 6512

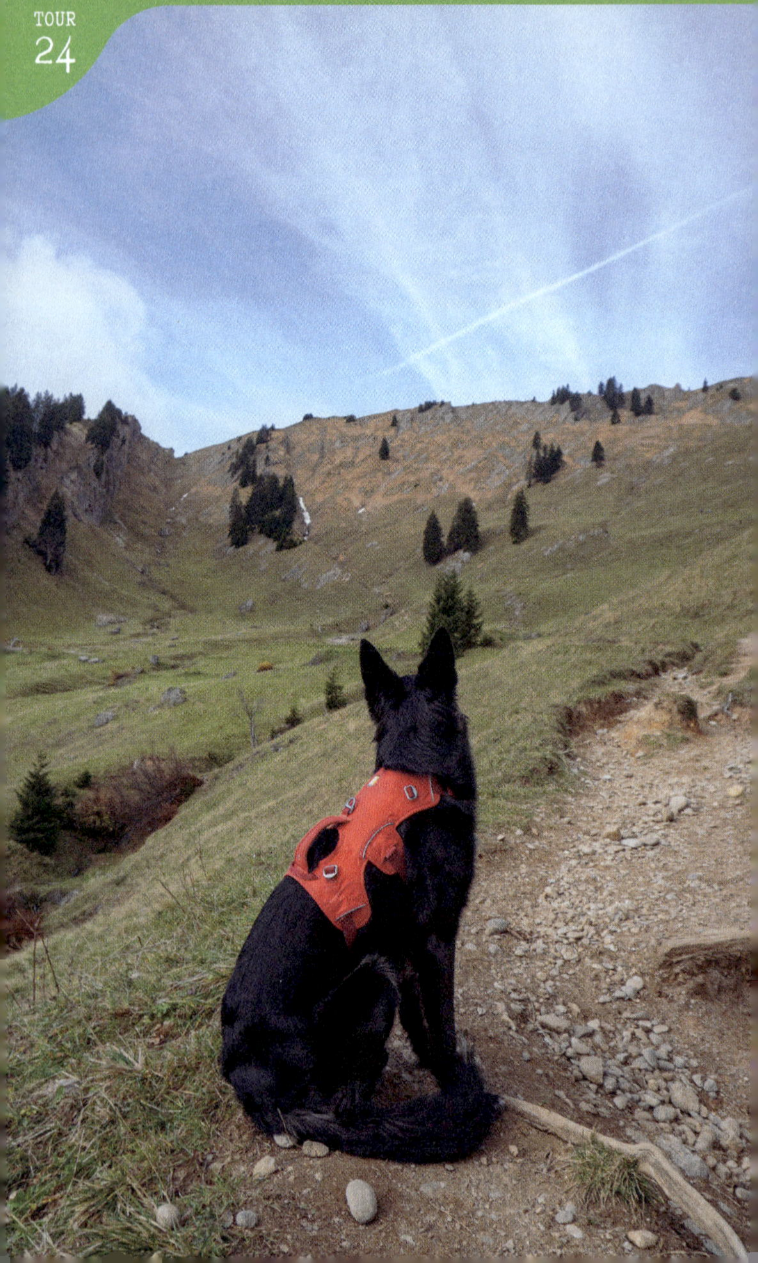

Spannende Gesteinsformationen – artenreiche Landschaft – Almweiden

Im Herzen der Nagelfluhkette

Hundefreundlichkeit: Die Nagelfluhkette ist eine in dieser Gegend geologisch einmalige Bergkette, die tolle Ausblicke über das Allgäu und die Allgäuer Alpen bietet. Die Tour auf den Sedererstuiben führt über Wald und Wiesen, mit etwas Glück kann man wilde Bergbewohner, wie Steinadler oder Gämsen, beobachten. Am besten geht man diese Rundwanderung zwischen Mitte September und Ende November, da man dann mit keinen Weidetierbegegnungen rechnen muss. Von Dezember bis Mai darf man die Tour nicht gehen, da sie durch eine Wildruhezone führt. Iron-Dog-Option Buralkopf (schwer, nur mit alpiner Erfahrung).

Tour-Info	↔ 12,3/16,6 km	🕒 4:30/6:30 Std.	++(+) mittel/schwer
Start-Ziel:	Parkplatz Gunzesrieder Säge		
GPS:	47°30'28.2"N 10°11'41.7"E		
Markierung:	graue Wanderschilder		
Wegecharakteristik:	17 % Bergwanderweg – 30 % Wanderweg – 29 % Weg – 24 % Straße		

Der Sedererstuiben ist einer der weniger begangenen Gipfel der Allgäuer Nagelfluhkette und kann ohne Kraxelei erklommen werden, daher ist dieser Berg für Touren mit Hund super. Wessen Hund kletteraffin ist und über Bergerfahrung verfügt, kann den Nachbargipfel Stuiben in die Tour integrieren. Der Startpunkt ist jeweils das Örtchen Gunzesried-Säge. Vom Wanderparkplatz folgen wir zunächst den Schildern nach Wiesach. Am Bach sollten wir die Hunde nochmal Wasser tanken lassen, denn im oberen

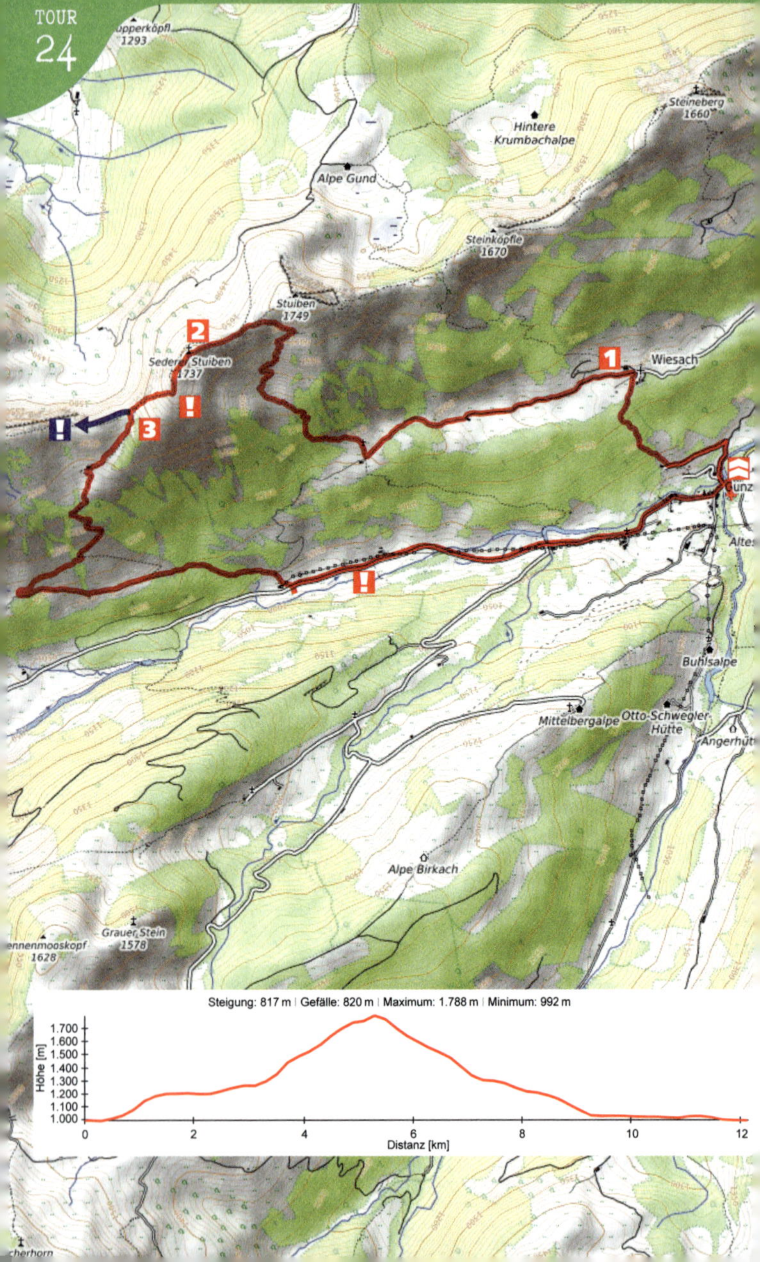

Upperköpfl 1293
Steineberg 1660
Hintere Krumbachalpe
Alpe Gund
Steinköpfle 1670
Stuiben 1749
Sederer Stuiben 1737
Wiesach
Gunz
Altes
Buhlsalpe
Mittelbergalpe
Otto-Schwegler-Hütte
Angerhüt
Alpe Birkach
Grauer Stein 1578
ennenmooskopf 1628
cherhorn
1
2
3
Steigung: 817 m | Gefälle: 820 m | Maximum: 1.788 m | Minimum: 992 m
Höhe [m]
1.700
1.600
1.500
1.400
1.300
1.200
1.100
1.000
0
2
4
6
8
10
12
Distanz [km]

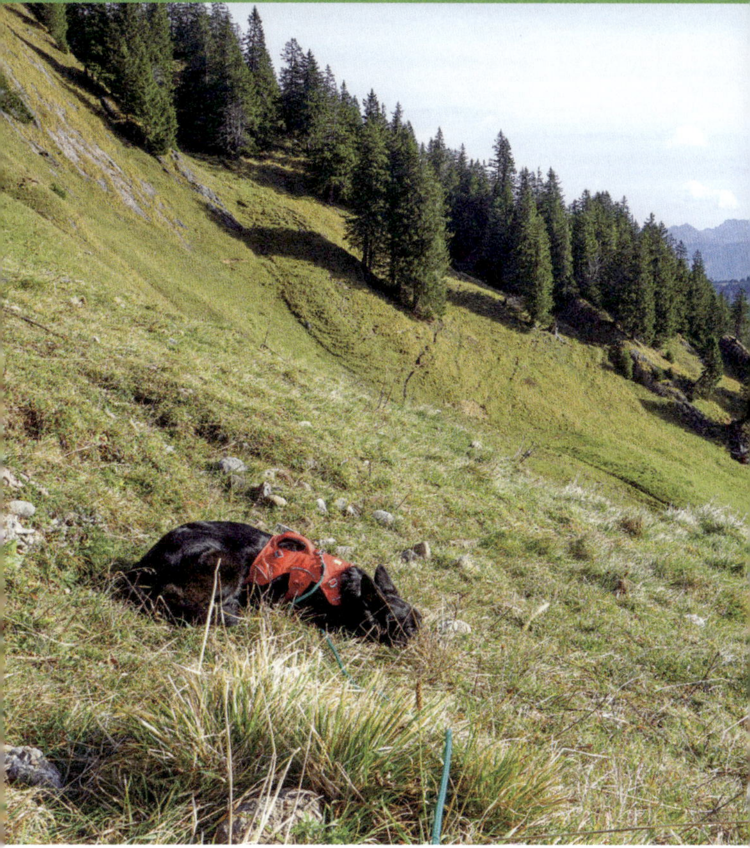

Besonders bei steilen Anstiegen sind Pausen wichtig!

Bereich gibt es keine natürlichen Wasserquellen. Zunächst steigen wir durch ein Waldstück bergan, bis wir die Hochebene bei 1 Wiesach erreichen. In Wiesach kann eine kleine, architektonisch beeindruckende Kapelle bewundert werden. Wir folgen linkerhand dem breiten Wanderweg

Nagelfluh

Nagelfluh ist ein geologisch junges Konglomerat von in einer verbackenen Masse eingeschlossenen Gesteinsbrocken, das an gerüttelten Waschbeton erinnert. Daher wird es im Allgäu auch scherzhaft Herrgottsbeton genannt. Vereinzelt findet man Findlinge davon im Allgäuer Umland.

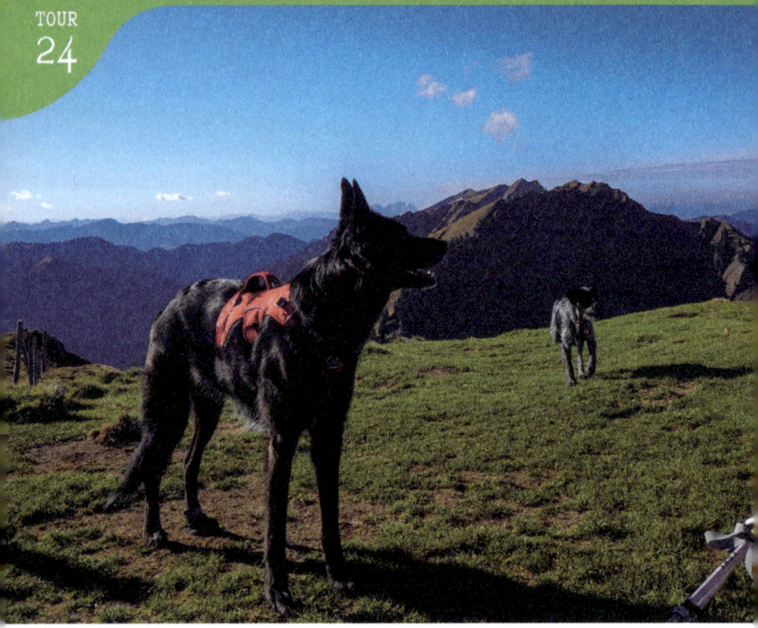

Das Gipfelplateau bietet Ausblick auf die ganze Nagelfluhkette, im Hintergrund sieht man den Buralkopf, den Gündleskopf und ganz hinten den Hochgrat

und genießen die Wanderung über die mit Gesteinsbrocken sowie knorrigen Bäumen gesprenkelte Hochebene. ! Hier weiden im Sommer Rinder. Wir passieren einen kleinen Bach, der letzte vorm Gipfel, und wandern vorbei an einer Alm über eine kleine Kuppe. Hinter dieser erblicken wir die Ornachalpe, wo sich der Weg gabelt. Von hier geht es rechterhand steil bergan Richtung Sedererstuiben. Der Weg wird schmaler und wir steigen über einen Wurzelpfad durch einen schönen Hochwald. Dieser wird immer lichter, er ist von Nagelfluhfelsen durchsetzt. Wer genau hinsieht, kann eine kleine Höhle entdecken! Dann lassen wir den schattigen Wald hinter uns und treten auf eine weite Wiesenfläche. Das sind die einstigen Weideflächen der verfallenen Rottachalpe. Vor uns können wir unser heutiges Ziel sehen: Der Sedererstuiben mit den imposanten Sedererwänden. Jagdfreudige Hunde sollten wir nun anleinen, da sich rund um den Gipfel einige Gämsen tummeln. Der Pfad windet sich in Serpentinen bergan. Da dieses Wegstück sehr steil und bei Sonne umso anstrengender ist, dürfen wir nicht vergessen, genügend Pausen

einzulegen. Es ist sehr anstrengend für unsere Hunde, ständig den Hinterpfotenantrieb zu benutzen.
Sobald wir die Scharte erreicht haben, lässt die Anstrengung etwas nach und wir können erstmal durchschnaufen. Puh! Rechterhand sehen wir den Stuiben, wir drehen ihm aber den Rücken zu und gehen nach links Richtung 2 Sedererstuiben. Auf dem Gipfelplateau angekommen, bläst uns meist ein starker Wind um die Ohren und wir kommen uns viel höher als 1.737 m vor. Der Rundumblick bestärkt diesen Eindruck.
Dann steigen wir über die Wiese, ! auf der im Sommer Weidevieh lebt, bergab zur 3 Scharte zwischen Sedererstuiben und Buralkopf. Hier bietet sich für besonders fitte Mensch-Hund-Teams die ! Iron-Dog-Option an, den Buralkopf und Gündleskopf zu überschreiten. Dafür ist aber eine sehr gute Kondition und Bergerfahrung Grundvoraussetzung, da der Weg insbesondere am Westgrat des Buralkopf sehr anspruchsvoll ist! (+ 4,3 km / 2h / 120 Höhenmeter)
In der Scharte beginnt der Abstieg ins Tal, zunächst ohne richtige Weggführung, über die Gatteralpe. Unterhalb der Gatteralpe treffen wir wieder auf einen Schotterweg, welchem wir hinab ins Aubachtal folgen. Auf dem Weg ins Tal kommen wir endlich wieder an einem Bach vorbei, wo sich die Hunde erfrischen können. Wir steigen runter bis zur Teerstraße und folgen dieser zurück zum Ausgangspunkt. Alternativ kann man auch dem Höhenweg folgen und dann von Wiesach zurück nach Gunzesried-Säge absteigen und damit die von ! Fahrrädern befahrene Teerstraße meiden. Allerdings verpasst man dann die lohnenswerte Einkehr in der Alpe Gerstenbrändle.

	Info
H	Bus 20 (Sonthofen Busbahnhof - Gunzesried-Säge)
P	Parkplatz Gunzesrieder Säge
Karte	Kompass Wanderkarte Oberstaufen, Immenstadt im Allgäu (Band 2)
Einkehr	Alpe Gerstenbrändle Autalweg 5 87544 Gunzesried Web: www.gerstenbrändle.de Mo Ruhetag
Unterkunft	Nagelfluhhaus Hirsch Säge 30 87544 Blaichach/ Gunzesried-Säge Tel.: 08321-2554 Web: www.nagelfluhhaus-hirsch.de Preise ab 39 Euro (einfacher Standard), Hunde mit Aufpreis
i	Tourist-Info Blaichach Immenstäder Str. 7 87544 Blaichach/Gunzesried Tel.: 08321-6076950 Web: www.blaichach.de
+	Nächster Tierarzt Tierklinik Blaichach Immenstäder Str. 26 87544 Blaichach Tel.: 08321-3660 24h Notbereitschaft, bitte immer telefonisch anmelden

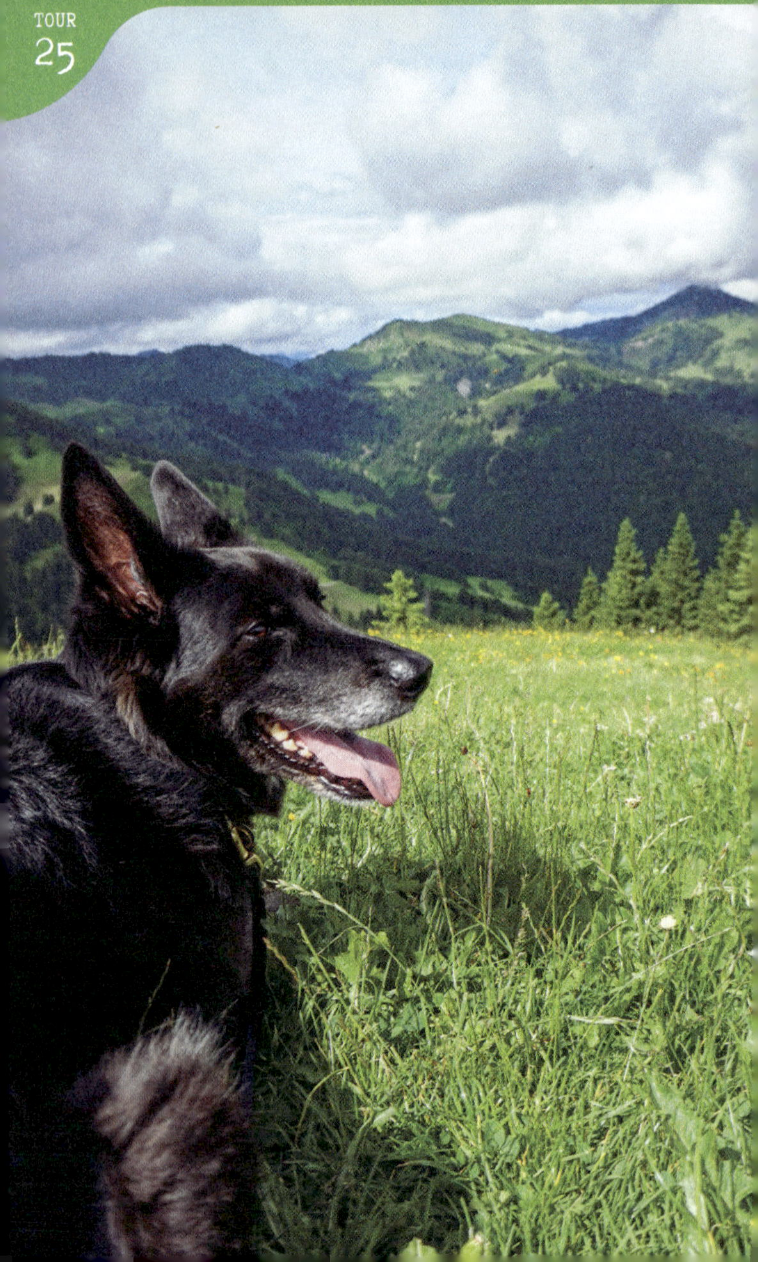

gemütliche Höhenwanderung - variabel zu laufen – Bergblumen

Hörner-Hopping mit Weitblick

Hundefreundlichkeit: **Die Überschreitung der sogenannten Hörner im Naturpark Nagelfluhkette ist eine wenig anstrengende, aber sehr reizvolle Tour. Da man sich den Aufstieg durch die Fahrt mit der Hörnerbahn spart und während der restlichen Tour nur wenige Höhenmeter bergauf zurückgelegt werden müssen, ist die leichte Variante auch für ältere Hunde zu empfehlen. Hinter dem Rangiswanger Horn kommen wir an einem kleinen Bach und Tümpel vorbei, sodass auch für Erfrischung gesorgt ist. Allerdings tummeln sich hier im Sommer zahllose Schumpen, sodass wir streckenweise mit einer Weideviehbegegnung rechnen müssen. Ganzjährig möglich.**

Tour-Info	↔ 8,5 km	3 Std.	++ mittel
Start-Ziel:	Parkplatz Hörnerbahn in Bolsterlang Parkplatz Weltcup Express in Ofterschwang		
GPS:	47°27'47.52"N 10°13'41.05"E 47°29'50.711"N 10°13'59.59"E		
Markierung:	graue Wanderschilder (Hörner Panoramatour, leichte oder schwere Variante)		
Wegecharakteristik:	65 % Bergwanderweg – 30 % Weg – 5 % Nebenstraße		

In einer Gondel der Hörnerbahn schweben wir hinauf auf 1540 m. Wir halten uns rechts und gehen zum ersten Wegweiser. Wer fit ist und den recht steilen Anstieg nicht scheut, nimmt die schwere Variante der Hörner Panoramatour und steigt geradeaus auf den höchsten der heutigen Gipfel, den **1** Weiherkopf (1665 m). Von hier bietet sich ein toller Rundumblick. Wer es lieber gemütlich angehen möchte, nimmt die leichte Variante und umgeht den Weiherkopf. Zunächst ist der Weg

TOUR 25

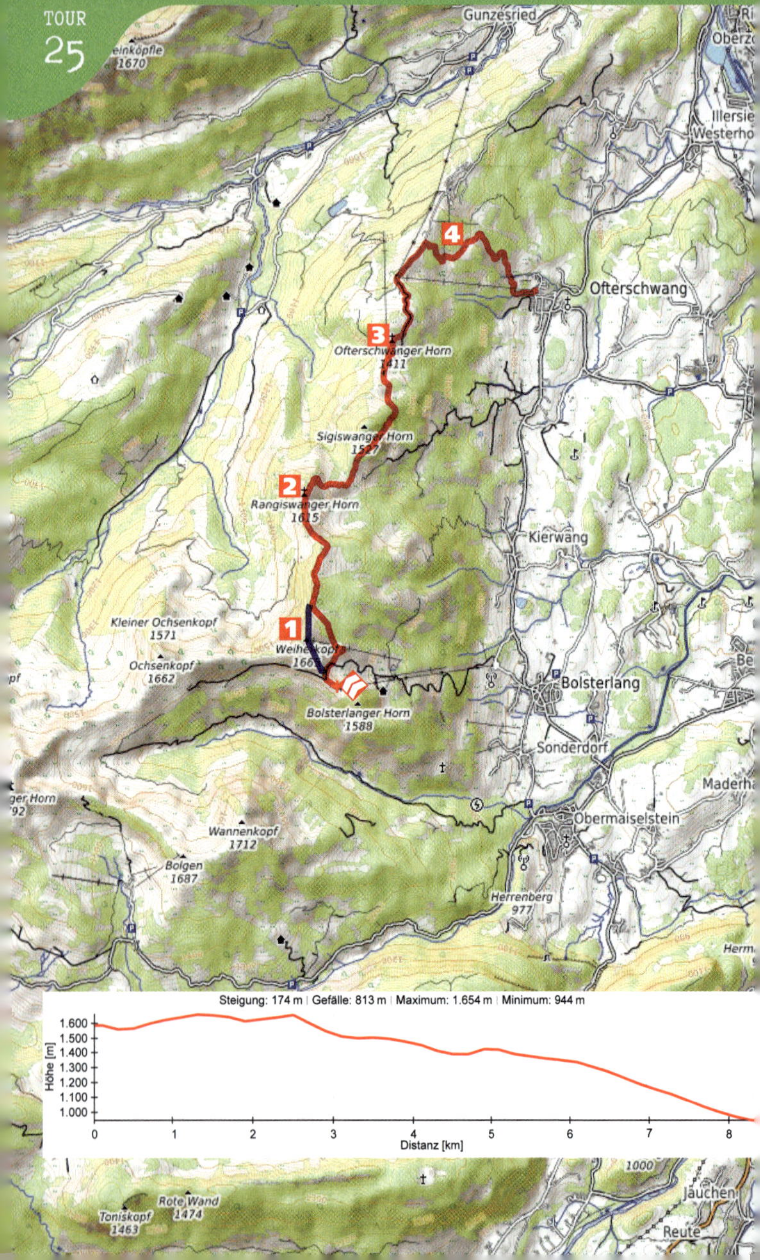

Gunzesried
Ofterschwang
Ofterschwanger Horn 1411
Sigiswanger Horn 1527
Rangiswanger Horn 1615
Kierwang
Kleiner Ochsenkopf 1571
Ochsenkopf 1662
Bolsterlang
Bolsterlanger Horn 1588
Sonderdorf
Obermaiselstein
Wannenkopf 1712
Bolgen 1687
Herrenberg 977
Toniskopf 1463
Rote Wand 1474
Reute
1
2
3
4
Steigung: 174 m | Gefälle: 813 m | Maximum: 1.654 m | Minimum: 944 m
Höhe [m]
1.600
1.500
1.400
1.300
1.200
1.100
1.000
0 1 2 3 4 5 6 7 8
Distanz [km]

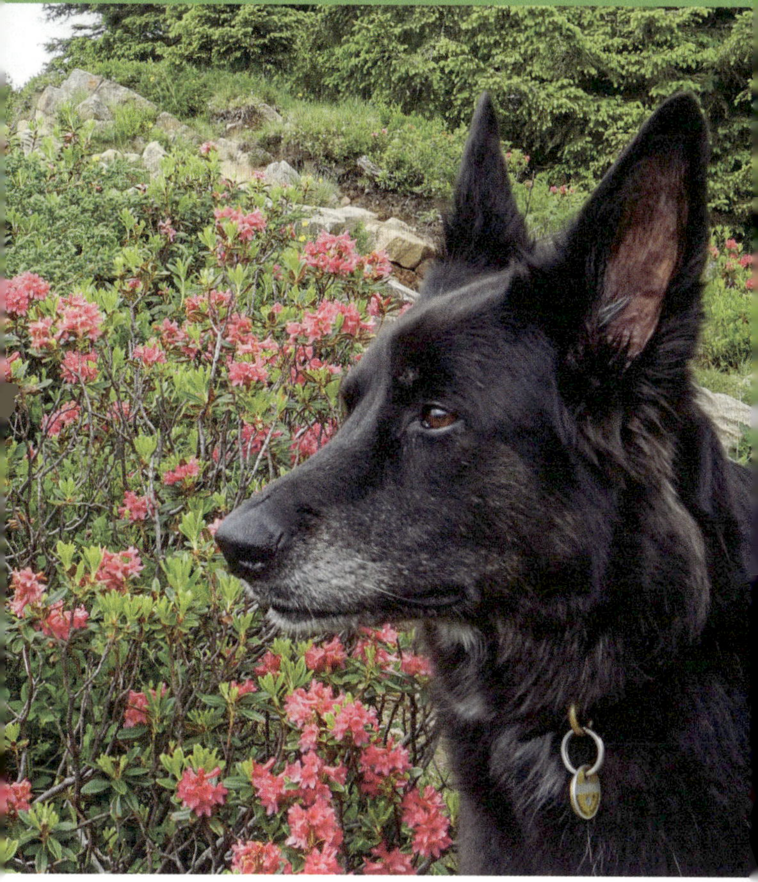

Durch ein Meer von Alpenrosen steigen wir hinab

noch breit, bis wir nach ca. 1,5 km die eingezäunte ! Almfläche betreten und von nun an auf schmalen Pfaden wandern. Hunde sollen bitte an der Leine geführt und nur zur Gefahrenvermeidung abgeleint werden. Zahllose Rinder verbringen hier die Sommerfrische. Nach 1 km verlassen wir wieder die Almfläche und steigen hinauf zum 2 Rangiswanger Horn (1615 m). Dieses kann auch umgangen werden, allerdings bleibt man dann noch ein bisschen länger auf der Viehweide. Nach einer

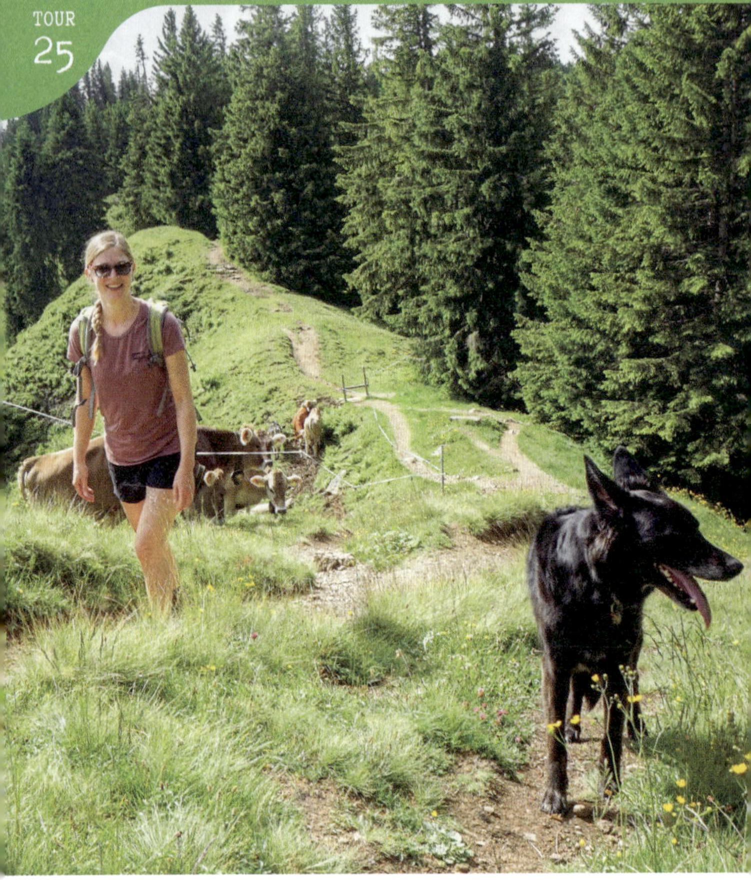

Auf schmalen Pfaden wandern wir von Horn zu Horn

Verschnaufpause steigen wir dann durch ein Meer von Alpenrosen (Blüte Mai – Juli) bergab.
Bald hören wir es plätschern und glucksen, in einem Graben versteckt sich ein kleiner Bach, der uns ein Stück begleitet. Und es kommt noch besser: Wir wandern an einem kleinen Tümpel vorbei. Eine willkommene Erfrischung, besonders an heißen Tagen! Danach geht es erstmal in den Wald. Das bewaldete Sigiswanger Horn umgehen wir, da es zwar einen Weg hinauf, aber keinen

offiziellen Weg auf der anderen Seite hinunter gibt.
Wir wandern an der Alpe Fahnengehren vorbei, dann ein kurzes Stück über eine Viehweide hinauf zum **3** Ofterschwanger Horn (1408 m). Von hier haben wir einen tollen Blick über die gesamte Nagelfluhkette und hinüber zu den Allgäuer Hochalpen. Jetzt wird es allerhöchste Zeit für eine Stärkung, rund um die Gipfelstation des Weltcup-Express gibt es zahlreiche **4** Einkehrmöglichkeiten. Auf dem Weg runter nach Ofterschwang kommen wir zunächst an der Weltcup-Hütte vorbei. Im weiteren Abstieg sollten wir auf jeden Fall den Wanderweg über die Hochbichl-Hütte wählen. **!** Auf der Teerstraße sausen nämlich einige Wanderer mit Bergrollern, aber auch Fahrradfahrer hinab ins Tal. Kurz bevor wir den Parkplatz der Bergbahn Ofterschwang-Gunzesried erreichen, kommen wir rechterhand nochmal an einem Bach mit guter Hundebadestelle vorbei. Von Ofterschwang geht es dann mit dem Bus zurück nach Bolsterlang. Im Sommer fährt der Bus von der Eisdiele an der Hauptstraße im Ort, im Winter direkt am Sessellift ab.

Info

H Bus 47 von Sonthofen Bahnhof
Bus 47/44 von Ofterschwang nach Bolsterlang (Hörnerbahn) zurück

P Parkplatz Hörnerbahn in Bolsterlang

Kompass Wanderkarte Oberstaufen, Immenstadt im Allgäu (Band 2)

Hochbichl-Hütte
Erwin Hiller
Unterhalb der Bergstation Weltcup-Express
87527 Ofterschwang
10 – 17:30 Uhr
Di Ruhetag
(Vorsicht, freilaufende Hühner!)

Weltcup-Hütte Ofterschwang
Bergstation Weltcup-Express
Sonnenalp Ressort
87527 Ofterschwang
Täglich geöffnet während Betriebszeiten der Bergbahn Ofterschwang-Gunzesried

Ferienhaus Riß
Hörnerstraße 11
87538 Bolsterlang
Tel.: 08326-3849108
Web: www.ferienhaus-riss.de
Preise ab 67 Euro (Ferienwohnung mit Terrasse)

i Tourist-Info Bolsterlang
Rathausweg 4
87538 Bolsterlang
Tel.: 08326-8314
Web: www.bolsterlang.de

Tierklinik Blaichach
Immenstäder Str. 26
87544 Blaichach
Tel.: 08321-3660
24h Notbereitschaft, bitte immer telefonisch anmelden

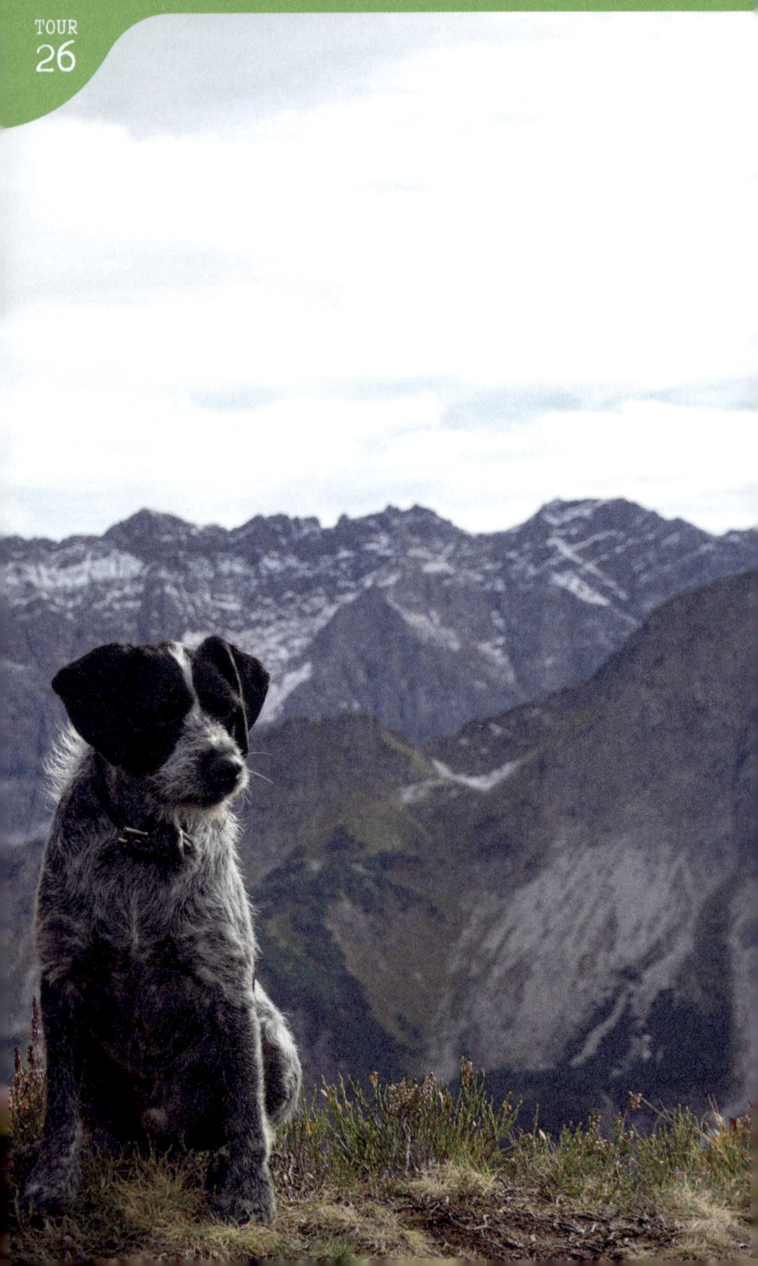

Wenn ich nicht hier bin, bin ich auf den Sonnenköpfen

Hundefreundlichkeit: **Die Überschreitung der Sonnenköpfe ist zwar im Auf- und Abstieg streckenweise sehr steil, aber die Kammwanderung lohnt die Anstrengung definitiv. Nacheinander überschreiten wir drei Gipfel: den Sonnenkopf, den Heidelbeerkopf und zum Schluss den Schnippenkopf. Der Ausblick von hier oben lässt alle Mühen vergessen. Weiter unten gibt es einige Bachläufe, die passiert werden. Für den Bereich der Gipfel müssen wir hingegen ausreichend Wasser einpacken. Eine Einkehr gibt es nur in Nähe des Ausgangpunktes, dafür werden wir auf dieser Wanderung keinen Fahrradfahrern begegnen. Die Tour eignet sich hervorragend für Frühjahr oder Herbst, im Sommer bevölkern allerdings Weidetiere die Wiesenhänge. Ganzjährig möglich (je nach Schneelage sind Schneeschuhe empfehlenswert).**

Tour-Info	↔ 10 km	4:30 Std.	++ mittel
Start-Ziel:	Wanderparkplatz		
GPS:	47°28'25.5"N 10°18'27.2"E		
Markierung:	graue Wanderschilder, Holzschilder, rote Markierungen		
Wegecharakteristik:	60 % Bergwanderweg – 30 % Weg – 10 % Nebenstraße		

Gleich am Ausgangspunkt, dem namenlosen Wanderparkplatz, bietet sich ein Bach für eine Erfrischung an. Vorsicht, wir befinden uns schon mitten im ! Weideviehgebiet. Dann beginnt der Aufstieg. Die Wegführung ist super markiert und wir folgen im Aufstieg einfach den Schildern Richtung „Sonnenköpfe“. Zunächst steigen wir eine Teerstraße in Kehren hinauf, vorbei an dem Hotel Sonnenklause, welches sich später als

TOUR 26

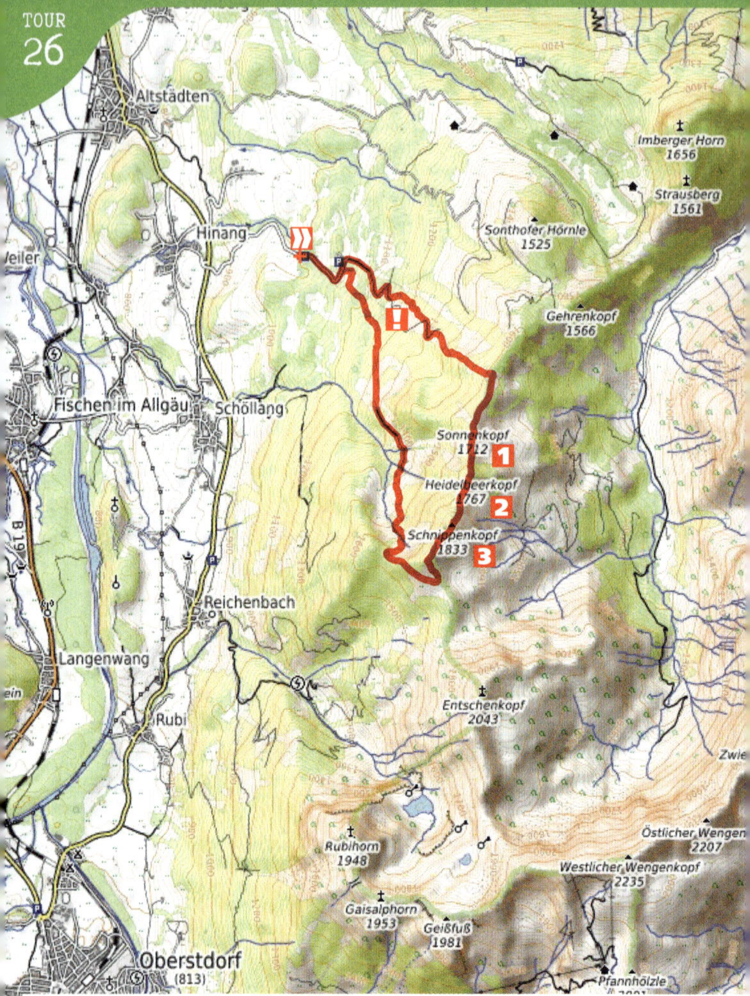
Altstädten
Imberger Horn
1656
Strausberg
1561
Hinang
Sonthofer Hörnle
1525
Weiler
Gehrenkopf
1566
Fischen im Allgäu
Schöllang
Sonnenkopf
1712
1
Heidelbeerkopf
1767
2
Schnippenkopf
1833
3
B 19
Reichenbach
Langenwang
Entschenkopf
2043
Rubi
Zwie
Östlicher Wengen
2207
Rubihorn
1948
Westlicher Wengenkopf
2235
Gaisalphorn
1953
Geißfuß
1981
Oberstdorf
(813)
Pfannhölzle

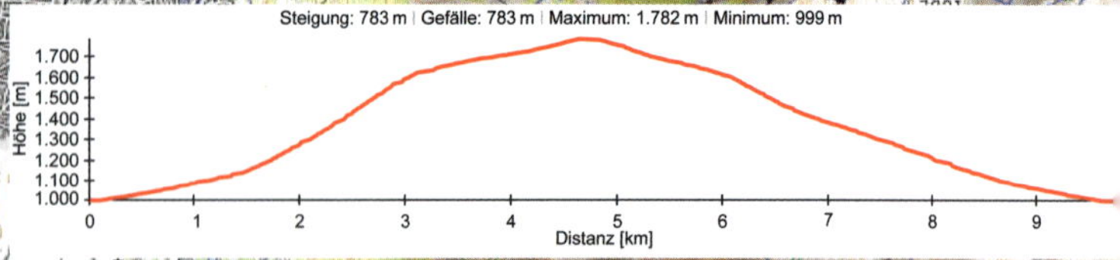
Steigung: 783 m | Gefälle: 783 m | Maximum: 1.782 m | Minimum: 999 m
Höhe [m]
1.700
1.600
1.500
1.400
1.300
1.200
1.100
1.000
0
1
2
3
4
5
6
7
8
9
Distanz [km]

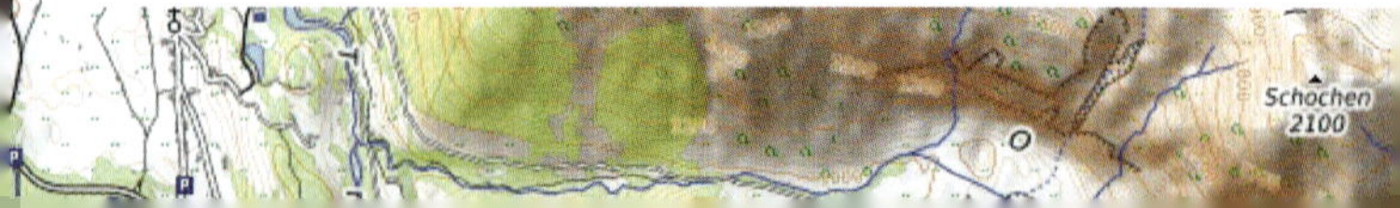
Schochen
2100

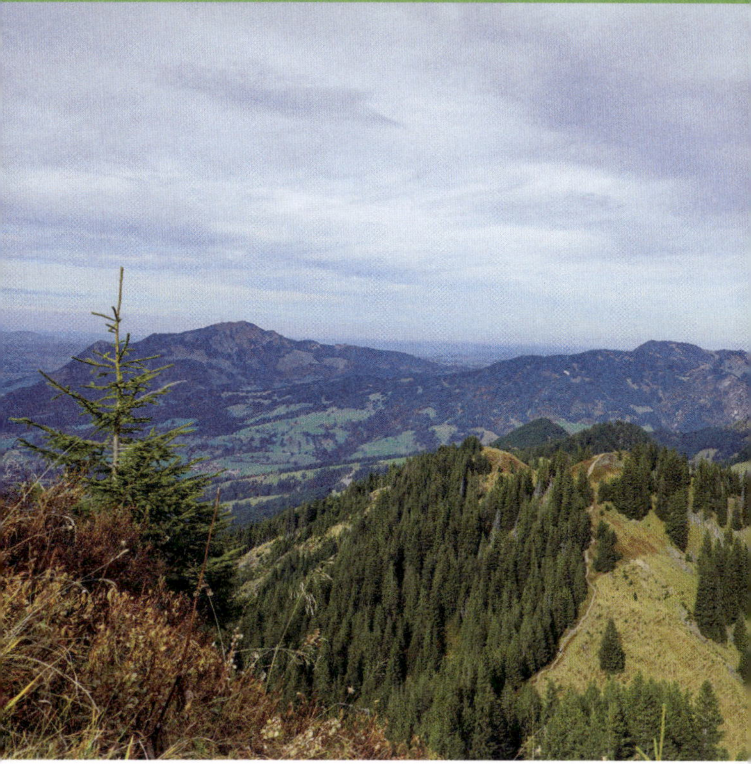

Der Blick zurück über den Heidelbeerkopf und Sonnenkopf

belohnende Einkehr anbietet. Der steile Aufstieg verläuft abwechselnd durch Wald oder über Wiesen an kleineren Bachläufen vorbei. Wir arbeiten uns nun in Serpentinen über eine steile Wiese hinauf und durchqueren ein Waldstück, den schon etwas verblassten roten Markierungen an den Bäumen folgend. Nach etwa fünf Minuten erreichen wir wieder eine Wiese, passieren eine Holzhütte und können nun schon die Grathöhe „Auf der Schnippe" erahnen. Bald haben wir diese erreicht und bestaunen erstmal das Panorama vor uns: Es türmen sich die felsigen Gipfel der Rotspitze, des Kleinen und Großen Daumens bis hinüber zum Nebelhorn vor uns auf. Dann wenden wir uns nach rechts und beginnen den ersten Gipfelanstieg auf einem breiten Rücken hinauf zum 1 Sonnenkopf

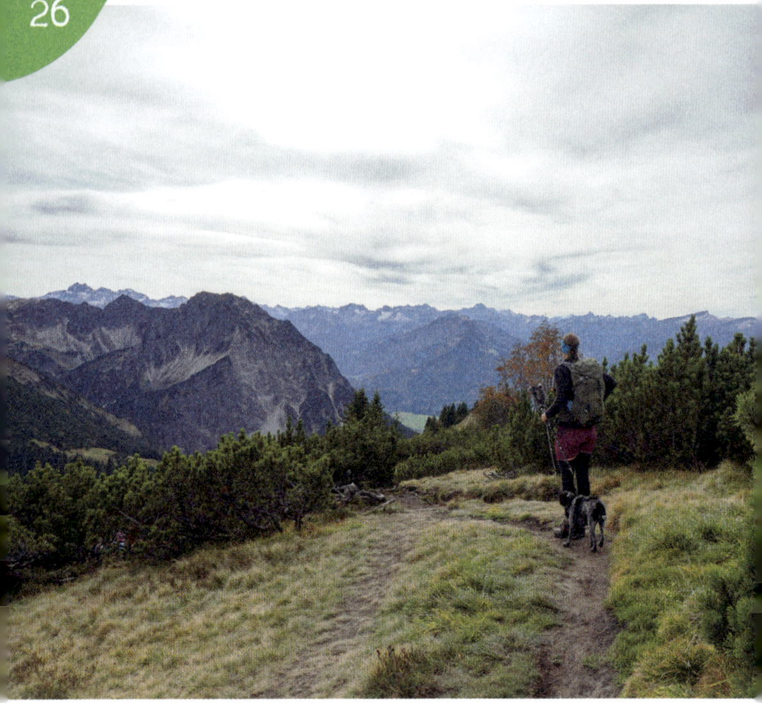

Der Abstieg beginnt mit Blick auf die Oberstdorfer Berge

(1712 m). Ein Hinweisschild informiert über die hier vorkommenden seltenen Tiere und Pflanzen. Die einen legen eine Rast auf dem Sonnenkopf ein, die anderen zieht es gleich weiter zum nächsten Gipfel.

Der Weg fällt zunächst sanft ab, um dann umso stärker wieder anzusteigen. Zum Glück verläuft der Weg hier teilweise im Schatten. Bald haben wir das kleine Plateau des gipfelkreuzlosen **2** Heidelbeerkopf (1767 m) erreicht. Der Blick hinüber zum Nebelhorn und dem vorgelagerten Entschenkopf wird immer beeindruckender. Von hier ist der Weg zum höchsten der drei Gipfel nicht mehr weit. Wir wandern zunächst in eine Senke bergab und dann einen breiten Steig hinauf. Kurz vor Erreichen des Gipfels wird der Steig recht schmal, ein Drahtseil gibt Sicherheit. Schwierig ist diese Passage aber nicht und für Hunde problemlos zu bewältigen.

Wir durchqueren ein Viehgatter und stehen auf dem **3** Schnippenkopf (1833 m). Spätestens hier sollten wir uns lang im Gras ausstrecken, durchatmen und die Stille und die Aussicht genießen. Herrlich!

Der Abstieg beginnt, dem Kammverlauf folgend, mit den Sonnenköpfen im Rücken, ein Pfad führt durch Latschenkiefern zunächst sanft bergab. Immer steiler wandern wir über eine freie Wiesenfläche hinab, bis wir die Falkenalpe erreichen. Hier biegen wir rechts ab, ums Eck ist der Wegweiser Richtung „Entschenalpe" angebracht. Wir folgen einem Wiesenpfad nun in gleichbleibender Höhe. Bald erreichen wir einen Wald, der Abstieg wird wieder steiler. Nach einem Stück durch den Wald folgen wir dem Wegweiser nach rechts nach Schöllang und erreichen wieder eine freie Almfläche. Bald quert ein kleiner Bach den Hang, welchen wir ein paar Mal kreuzen. Wir kommen an einen Fahrweg, dem wir nach Norden in Richtung Hinang bergab folgen. Ein paar Bänke am Wegesrand laden zum Rasten ein. Wenn der Fahrweg in den Wald hineinführt und eine scharfe Linkskurve macht, biegen wir auf den beschilderten Waldweg nach Hinang/ Sonnenklause ab. Diesem folgen wir zunächst durch den Wald und dann bald auf einer Wiese, das Hotel Sonnenklause erblickend, zurück zum Ausgangspunkt.

Info

H	keine
P	Wanderparkplatz, Parkplatz am Hotel Sonnenklause
Karte	Kompass Wanderkarte Allgäuer Alpen, Kleinwalsertal (Band 3)
Restaurant	Restaurant Sonnenklause Hinang 48 87527 Sonthofen Web: www.sonnenklause.de Fr - Di 11-22 Uhr
Hotel	Hotel Gasthof Schäffler Am Anger 8 87527 Sonthofen Tel.: 08321-26730 Web: www.gasthof-schaeffler.de Preise ab 45 Euro (inkl. Frühstück), Hunde nur nach Absprache, 10 Euro
i	Tourist-Info Sonthofen Rathausplatz 1 87527 Sonthofen Tel.: 08321-615291 Web: www.alpsee-gruenten.de
+	Kleintierpraxis Dr. Miller & Partner Grüntenstr. 30a 87527 Sonthofen Tel.: 08321/6183538 www.kleintierpraxis-sonthofen.de

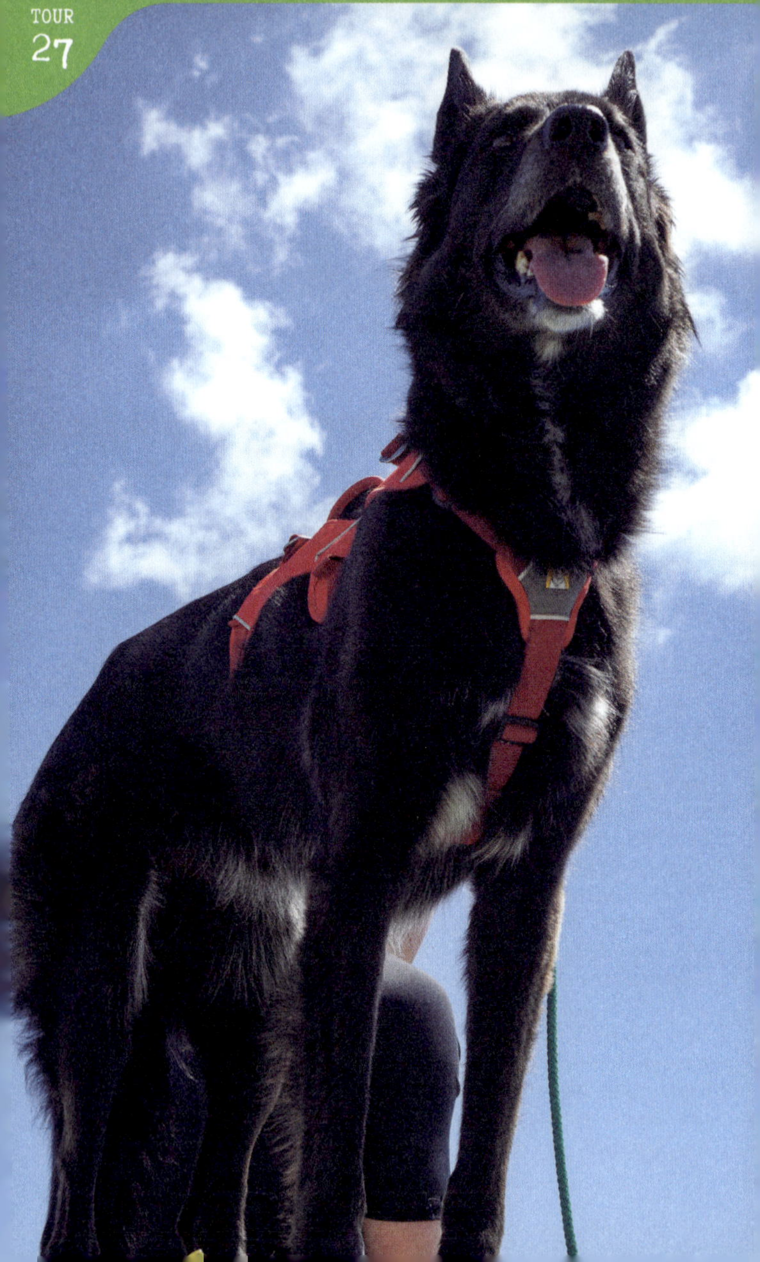

Malerische Hochebene - atemberaubendes Panorama - Almkäse

Von Alpe zu Alpe auf den Besler

Hundefreundlichkeit: Diese abwechslungsreiche Tour über eine malerische Hochebene gepaart mit steilen Anstiegen ist auch bei sonnigem Wetter machbar, da der Weg immer wieder durch schattenspendenden Wald geht und sogar auf dem Gipfel Schattenplätzchen vorhanden sind. Zudem gibt es immer wieder kleine Quellen und Bächlein. Allerdings ist es angenehmer, die Tour außerhalb der Weidesaison zu gehen, da man viele Weideflächen passiert. Im Frühjahr muss man auf der Nordseite des Besler mit Altschneefeldern rechnen, welche aus Sicherheitsgründen nicht betreten werden sollten. Dann heißt es umdrehen und den gleichen Weg zurück nehmen. Frühjahr bis Herbst (je nach Schneelage).

Tour-Info	↔ 14 km	5 Std.	+++ schwer
Start-Ziel:	Parkplatz in Rohrmoos, erreichbar über die Mautstraße von Tiefenbach		
GPS:	47°24'26.7"N 10°10'7.9"E		
Markierung:	graue Wanderschilder		
Wegecharakteristik:	45 % Pfade – 45 % Straße – 5 % Bergwanderweg		

Je weiter man Richtung Rohrmoos (1070 m) fährt, umso stiller und einsamer wird die Gegend. Von dem idyllisch gelegenen Weiler, wo wir die älteste Holzkirche Deutschlands bestaunen können, folgen wir dem Wanderschild Besler und steigen einen steilen Wiesenhang hinauf. Hier können wir im Sommer auf ! Weidevieh treffen, wie auch auf den restlichen Wiesenflächen auf dieser Wanderung. Der Pfad führt schon bald in den Wald und wird sogleich etwas angenehmer zu gehen. Wir werden auf dieser Wanderung einige Drehkreuze und Weideroste passieren, die sich aber immer gut meistern lassen. Bald verlassen wir den Wald und treten erneut auf

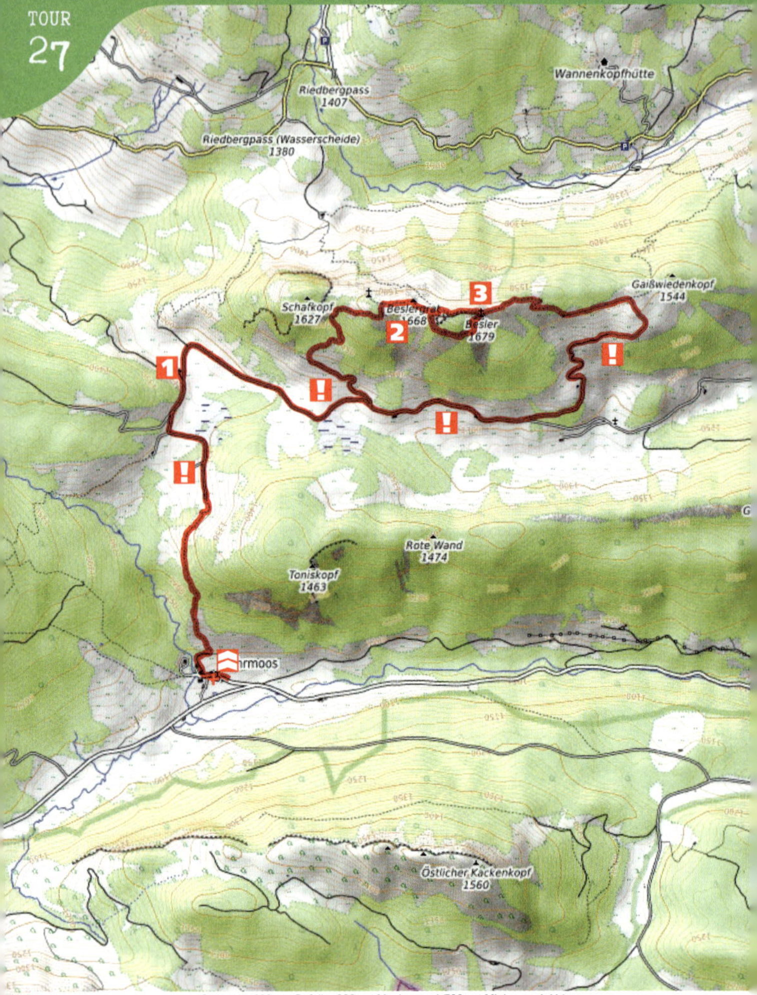
Riedbergpass
1407
Wannenkopfhütte
Riedbergpass (Wasserscheide)
1380
Schafkopf
1627
Beslergrat
1668
Besler
1679
Gaißwiedenkopf
1544
1
2
3
Rote Wand
1474
Toniskopf
1463
Östlicher Kackenkopf
1560

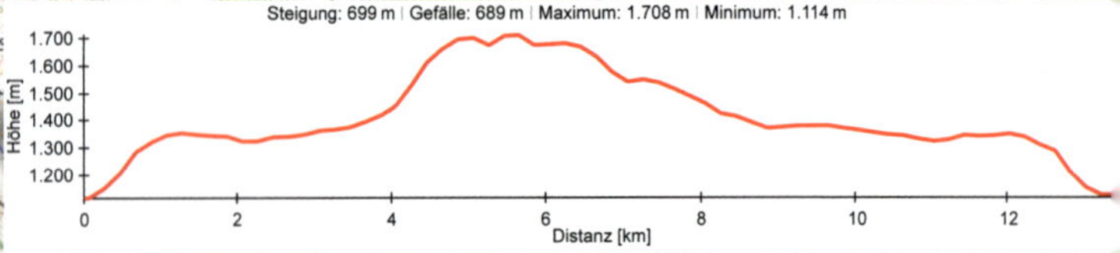
Steigung: 699 m | Gefälle: 689 m | Maximum: 1.708 m | Minimum: 1.114 m
Höhe [m]
1.700
1.600
1.500
1.400
1.300
1.200
0
2
4
6
8
10
12
Distanz [km]

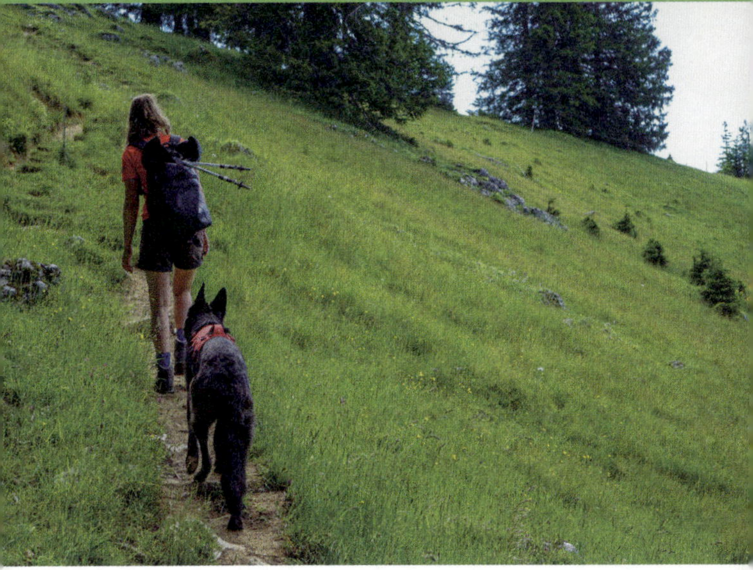

Schritt für Schritt geht es dem Besler Grat entgegen

eine Almwiese, die linkerhand von den beeindruckenden Gottesackerwänden überragt wird. Wir folgen dem Pfad, der auf Höhe der Töniskopf-Alpe in eine Fahrstraße übergeht. Wir wandern gemütlich weiter über eine moorige Hochebene, welche immer wieder von kleinen Bachläufen durchzogen wird, und achten dabei stets auf das ! Weidevieh. Bald verlassen wir die Weideflächen und marschieren auf einem geteerten Fahrweg dem Besler und seinen Nebengipfeln Schafskopf und Beslerkopf entgegen. Linkerhand passieren wir die bewirtschaftete 1 Dinijörgenalpe (1280 m), auf der man selbstgemachten Käse kosten und kaufen kann. Wir folgen dem Fahrweg, der mitunter von ! Fahrradfahrern genutzt wird, Richtung Freyburger Alpe. Kurz bevor wir diese erreichen, biegen wir links ab und steigen nun wieder steil bergan. Ab hier können wir für ungefähr 10 min wieder auf ! Weidevieh treffen. Der Weg geht bald in einen Pfad über. Kurz bevor wir in den Wald eintauchen, kreuzt zur Freude unserer Vierbeiner ein Bächlein den Pfad. Ab hier haben wir - und vor allem die Hunde - nun erstmal Ruhe vor Weidevieh und Fahrradfahrern und wir erfreuen uns außerdem an dem schattigen Waldweg. Nach ungefähr 15 min erreichen wir den wiesenbewachsenen 2 Grat zwischen Schafkopf und dem Besler.

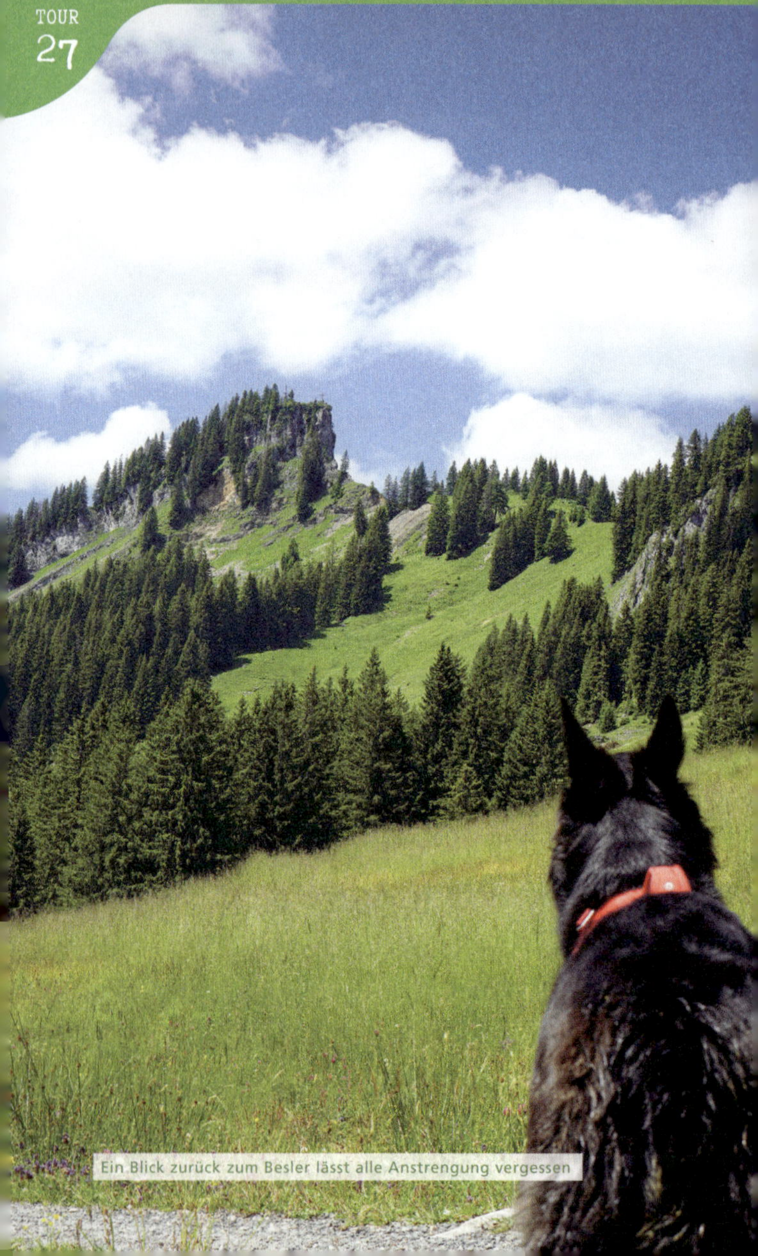

Ein Blick zurück zum Besler lässt alle Anstrengung vergessen

Übermütige Hunde sollten wir nun lieber anleinen, da ein Grat immer eine gewisse Absturzgefahr birgt. Wir halten uns rechts und dürfen uns nicht zu früh über das erste Gipfelkreuz freuen, denn dieses gehört zum Beslerkopf (1653 m). Wir gehen weiter den Grat entlang, auf das beeindruckende Kalkplateau des Beslers zu. Der Gipfelanstieg beginnt erst auf der Rückseite, sodass wir den Pfad nach rechts hinab in den Wald folgen und so ohne Kletterpartie auf den verkarsteten Gipfel des 3 Besler (1689 m) gelangen. Das Panorama ist überwältigend, es präsentiert den gesamten Hauptkamm der Allgäuer Alpen. Netterweise gibt es direkt auf dem Gipfel ein schattiges Plätzchen für die Hunde, wo diese sich von dem Anstieg erholen können, während Mensch den Ausblick genießt. Für den Rückweg gehen wir erstmal den gleichen Weg zurück und überschreiten dann den Grat Richtung Obermaiselstein. Wir gehen nun auf der Nordseite die Felswand des Beslers entlang bis zum Einstieg des Klettersteigs. Im Frühjahr kann hier bis Mai noch Altschnee liegen, was ein hohes Gefahrenpotenzial birgt und zur Umkehr rät. Wir kehren dem Besler den Rücken und steigen zur Oberen Gundalpe (im Sommer bewirtschaftet) ab. Da hier Hühner frei herumlaufen, sollten wir die Hunde zu uns nehmen oder anleinen. Ab jetzt können wir wieder auf Weidevieh stoßen. Es geht weiter an der Mittleren Gundalpe vorbei, wo sich mitunter Esel unter die Rinder mischen. Auf die Esel müssen wir besonders achtgeben, da sie sehr neugierig und aufdringlich werden können. Wir folgen dem Wegweiser nach Rohrmoos und gelangen dadurch auf die geteerte Fahrstraße, die uns an der bewirtschafteten Freyburger Alpe (freilaufende Hühner und Hund) vorbei wieder Richtung Dinijörgen Alpe führt. Der Rückweg entspricht nun dem Hinweg und wird mit einem steten Ausblick auf die Gottesackerwände belohnt.

Info

keine

Parkplatz in Rohrmoos

Kompass Wanderkarte Oberstdorf Kleinwalsertal (Band 3)

Dinijörgenalpe
Obere Gundalpe
Freyburger Alpe

Gästehaus Bühler
Rohrmooser Str. 28
87561 Oberstdorf
Tel.: 08322-2535
Web: www.gaestehaus-buehler.de
Preise ab 40 Euro (einfacher Standard)

Tourismus Oberstdorf
Prinzregenten-Platz 1
87561 Oberstdorf
Tel.: 08223-7000
Web: www.oberstdorf.de

Regina Speiser
Walserstraße 36
87561 Oberstdorf
Tel.: 08322 8098610

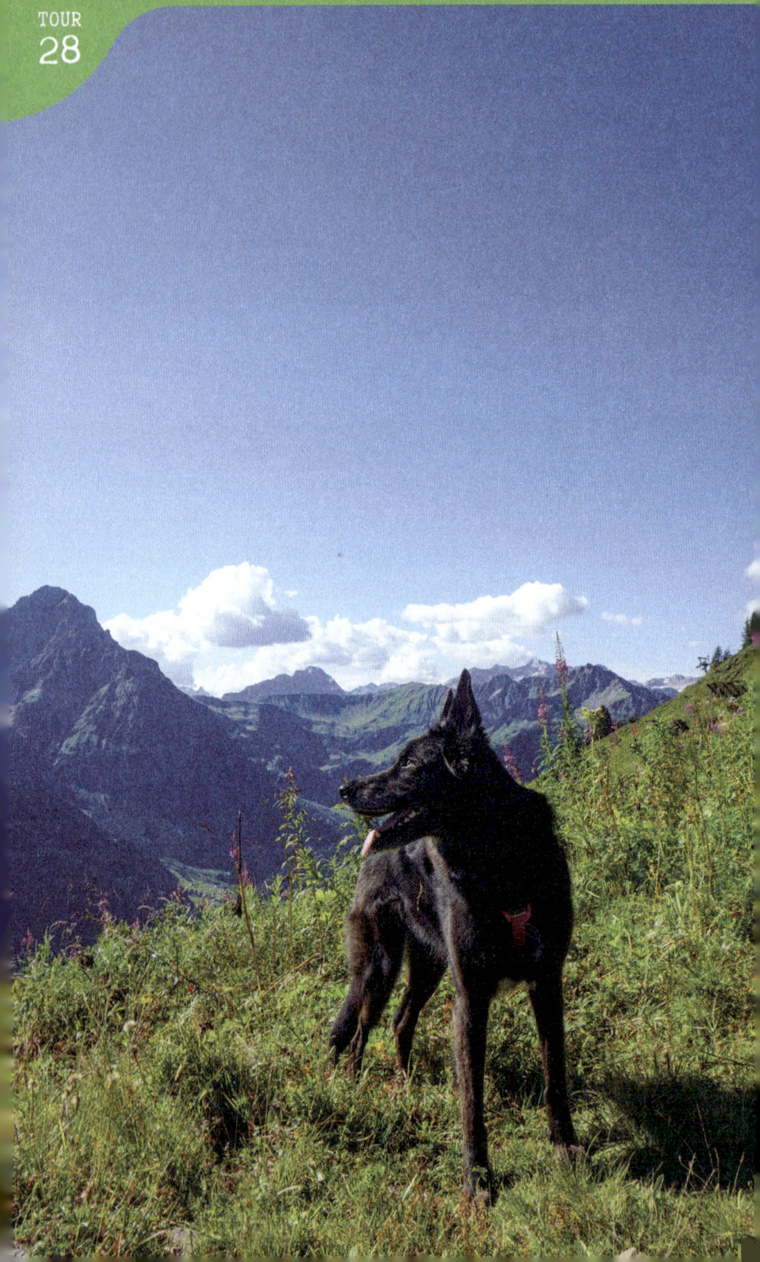

Rundumblick – variabel im Schwierigkeitsgrad – Abstieg entlang des Schwarzwasserbaches

Auf Gratwegen durchs Kleinwalsertal

Hundefreundlichkeit: **Das Kleinwalsertal liegt in den Allgäuer Alpen, gehört aber offiziell zu Österreich. Da es aber nur von Deutschland aus eine Verkehrsanbindung gibt, zählt es als Exklave und ist eine beliebte „Allgäuer“ Wanderregion. Das Kleinwalsertal ist von hohen Bergen geprägt, welche von wunderschönen Tälern getrennt werden. Zahlreiche Bergbahnen erleichtern, wie auch bei dieser Tour, den Aufstieg und ermöglichen dadurch angenehme sowie spektakuläre Höhenwanderungen. Der Gratweg vom Walmendinger Horn zur Ochsenhofer Scharte ist für fitte Vierbeiner kein Problem, birgt aber durchaus die ein oder andere herausfordernde Felsstufe. Zur Belohnung gibt es mehrere Einkehrmöglichkeiten. Der Abstieg durchs Schwarzwassertal bietet zahlreiche Bademöglichkeiten für die Hunde. Im gesamten Kleinwalsertal besteht Leinenpflicht. Leichtere Variante über die Obere Lüchlealpe. Frühjahr bis Herbst (je nach Schneelage).**

Tour-Info	↔ 10,5/12 km	4/5 Std.	++ mittel
Start-Ziel:	Parkplatz Walmendinger Hornbahn		
GPS:	47°19'20.9"N 10°9'8.1"E		
Markierung:	graue Wanderschilder		
Wegecharakteristik:	60 % Bergwanderweg – 40 % Weg		

Die Tour beginnt mit einer Gondelfahrt **!** Achtung, Maulkorb- und Leinenpflicht in allen Bussen und (Berg-) Bahnen im Kleinwalsertal. Von der Bergstation der Walmendinger Hornbahn geht es zunächst bergab, die Allgäuer Hochalpen fest im Blick. (Den Gipfel des Walmendinger Horn können natürlich alle besteigen, die sich von den Menschenmassen nicht abschrecken lassen.) An der ersten Gabelung wenden wir uns nach rechts

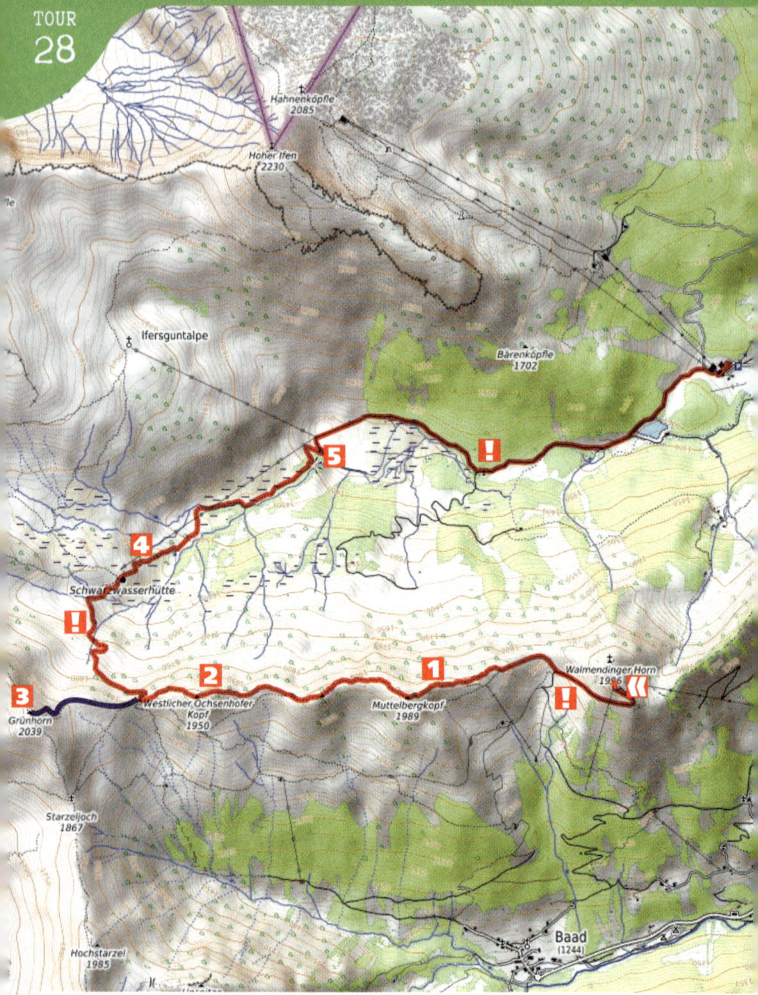
Hahnenköpfle
2085
Hoher Ifen
2230
Ifersguntalpe
Bärenköpfle
1702
Schwarzwasserhütte
Walmendinger Horn
1990
Westlicher Ochsenhofer Kopf
1950
Muttelbergkopf
1989
Grünhorn
2039
Starzeljoch
1867
Hochstarzel
1985
Baad
(1244)
Wannenberg
1830
2083
2092
1
2
3
4
5

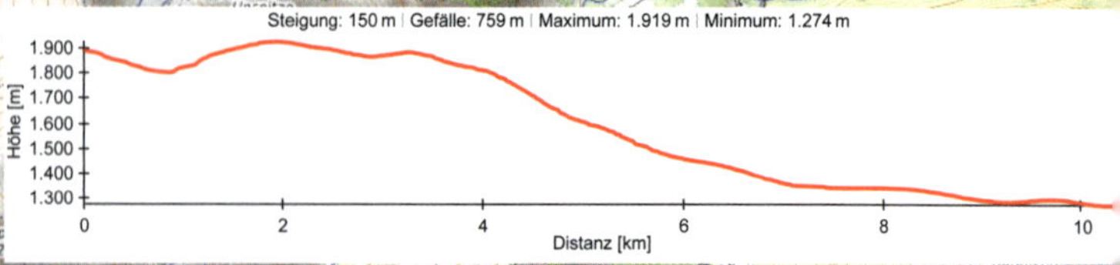
Steigung: 150 m | Gefälle: 759 m | Maximum: 1.919 m | Minimum: 1.274 m
Höhe [m]
1.900
1.800
1.700
1.600
1.500
1.400
1.300
0
2
4
6
8
10
Distanz [km]

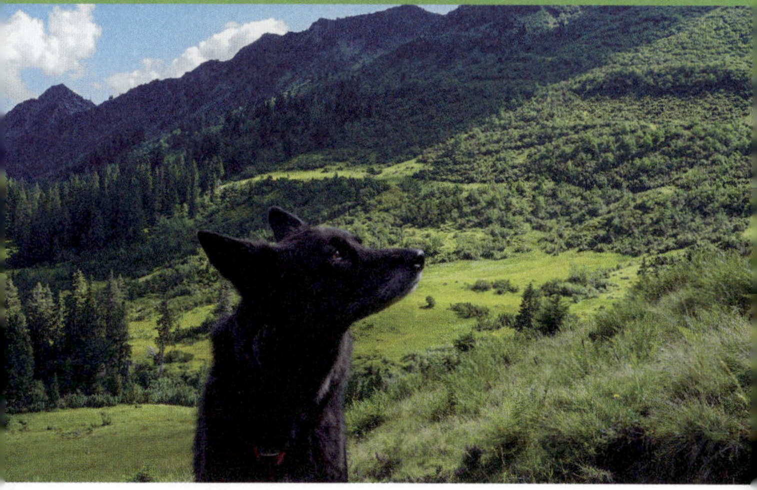

Blick zurück zum Muttelbergkopf und den Gratweg

und steigen weiter bergab. Vor uns ragt der Widderstein auf. Wir nähern uns einem ! Achtung Weideviehgebiet. Am nächsten Wegweiser angekommen, müssen wir uns entscheiden, ob wir den anspruchsvollen Gratweg nehmen (Trittsicherheit und Schwindelfreiheit Voraussetzung) oder aber lieber gemütlich über mehrere Alpen zur Ochsenhofer Scharte wandern wollen. Für den Gratweg gehen wir geradeaus und steigen ein steiles Stück den Hang zur Muttelbergscharte hinauf. Ab jetzt folgen wir einfach dem Gratweg und erreichen schon bald den 1 Muttelbergkopf (1989 m). Hier lohnt es sich, innezuhalten und einen Blick zurück zum Walmendinger Horn, über das Schwarzwassertal hinweg zum Hohen Ifen und weiter übers Grünhorn Richtung Widderstein schweifen zu lassen. Eine kurze Pause schadet keinem. Wir wandern weiter in einem stetigen Auf und Ab, überwinden einige felsige Passagen, an denen wir bestimmt dem ein oder anderen Hund helfen müssen.

Der Gratweg ist überwiegend sonnig, nur manchmal ist das Buschwerk höher als wir. Auf den 2 Ochsenhofer Köpfen finden wir in feuchten Sommern ein Wasserloch, wo sich unsere Vierbeiner erfrischen können, während wir eine Rast einlegen. Von hier steigen wir hinunter zur Ochsenhofer Scharte (1850 m). Wer noch Energie hat und wen zusätzliche 190 Hm (+ 1h) nicht schrecken, kann geradeaus zum Gipfelkreuz des 3 Grünhorn (2039 m) wandern und das Panorama von dieser Aussichtskanzel aus genießen. Von der Ochsenhofer Scharte geht es dann hinunter zur 4 Schwarzwasserhütte. Achtung, es muss wieder ein !

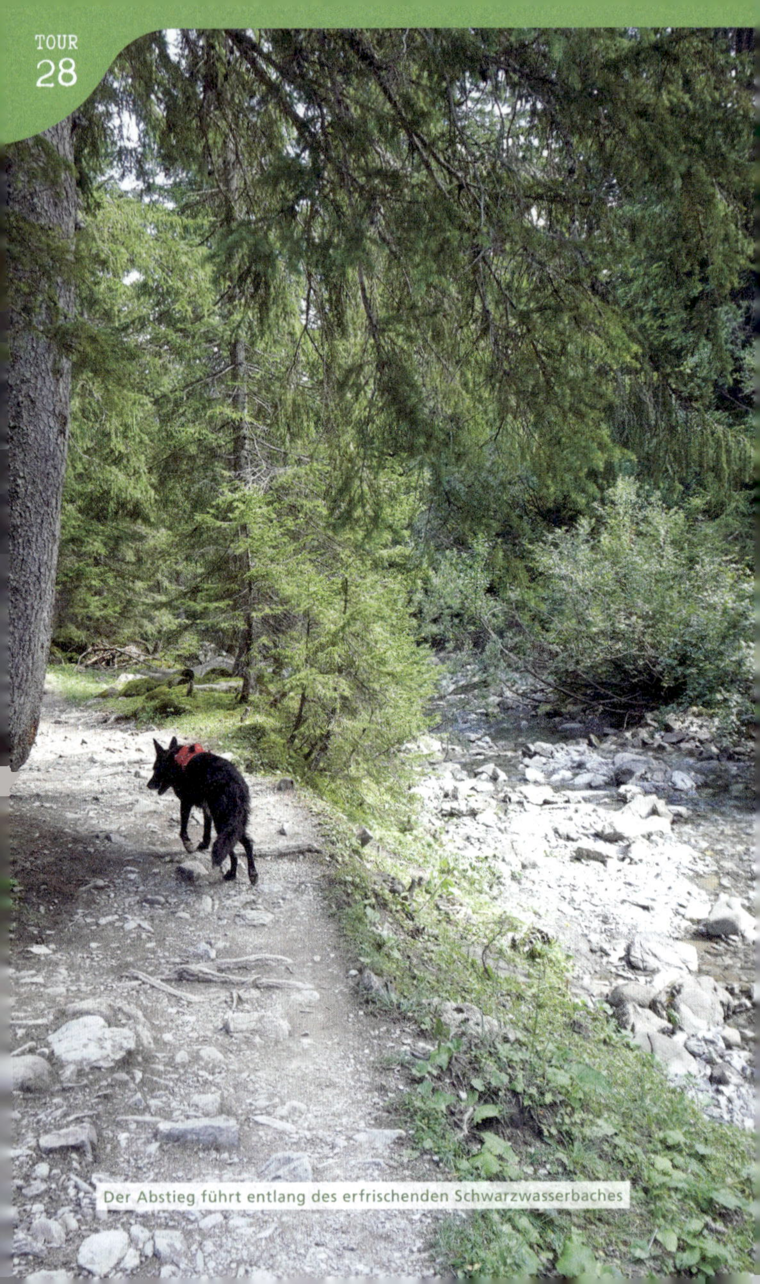

Der Abstieg führt entlang des erfrischenden Schwarzwasserbaches

Weideviehgebiet durchquert werden. Kurz vor der Hütte erreichen wir auch den Schwarzwasserbach, an dem entlang wir später ins Tal absteigen.

Wir können entweder hier auf der Schwarzwasserhütte einkehren oder weiter zur **5** Alpe Melköde absteigen, die mit selbstgemachtem Käse, Joghurt und Buttermilch lockt (persönlicher Tipp!). Die letzten 3 km zur Auenhütte wandern wir auf einem geteerten Weg. Achtung, hier sind **!** Fahrräder unterwegs. Zum Schluss kommen wir noch an einem Beschneiungsteich vorbei und erreichen dann die Auenhütte. Direkt am Parkplatz der Seilbahn befindet sich die Bushaltestelle. Mit der Linie 5 Richtung Rietzlern fahren wir bis zur Breitachbrücke, wo wir in die Linie 1 Richtung Mittelberg/Baad umsteigen, die uns zurück nach Mittelberg bringt.

Hundefreundliche Bergbahnen

Die Tourismusregion Oberstdorf Kleinwalsertal wirbt mit hundefreundlichen Bergbahnen. Ein Tagesticket für Hunde kostet 5 Euro und gilt dann für 7 Tage an den Bergbahnen Nebelhorn, Fellhorn, Söllereck, Kanzelwand, Heuberg, Walmendingerhornbahn und Ifen. Das Ticket ist ein praktischer Anhänger fürs Halsband, der rot leuchten kann. Alle Infos unter https://www.ok-bergbahnen.com/aktiv-sport/wandern/wandern-mit-hund/

Info

Walserbus von Oberstdorf Bahnhof nach Mittelberg (Maulkorb- und Leinenpflicht), Hunde fahren kostenlos mit

Parkplatz Walmendingerhornbahn

Kompass Wanderkarte Oberstdorf, Kleinwalsertal (Band 3)

Schwarzwasserhütte
Schwarzwasserhütte 1
A – 6992 Hirschegg
Web: www.schwarzwasserhuette.com
Februar – Ende März
Mitte Mai – Oktober (kein Ruhetag)

Alpe Melköde
Melköde 1 – Schwarzwassertal
A – 6992 Hirschegg
Web: www.alpe-melkoede.at
Mitte/Ende Mai – Ende Oktober (kein Ruhetag)

Gästehaus Wildbach
Höfle 19
6993 Mittelberg, Österreich
Tel.: +43 5517-5630
Web: www.gaestehaus-wildbach.at
Preise ab 52 Euro

Kleinwalsertal Tourismus eGen
Walserstraße 264
A – 6992 Hirschegg
Tel.: +43 5517-51140
Web: www.kleinwalsertal.com

Tierarztpraxis Oberstdorf
Regina Speiser
Walserstraße 36
87561 Oberstdorf
Tel.: 08332 8098610

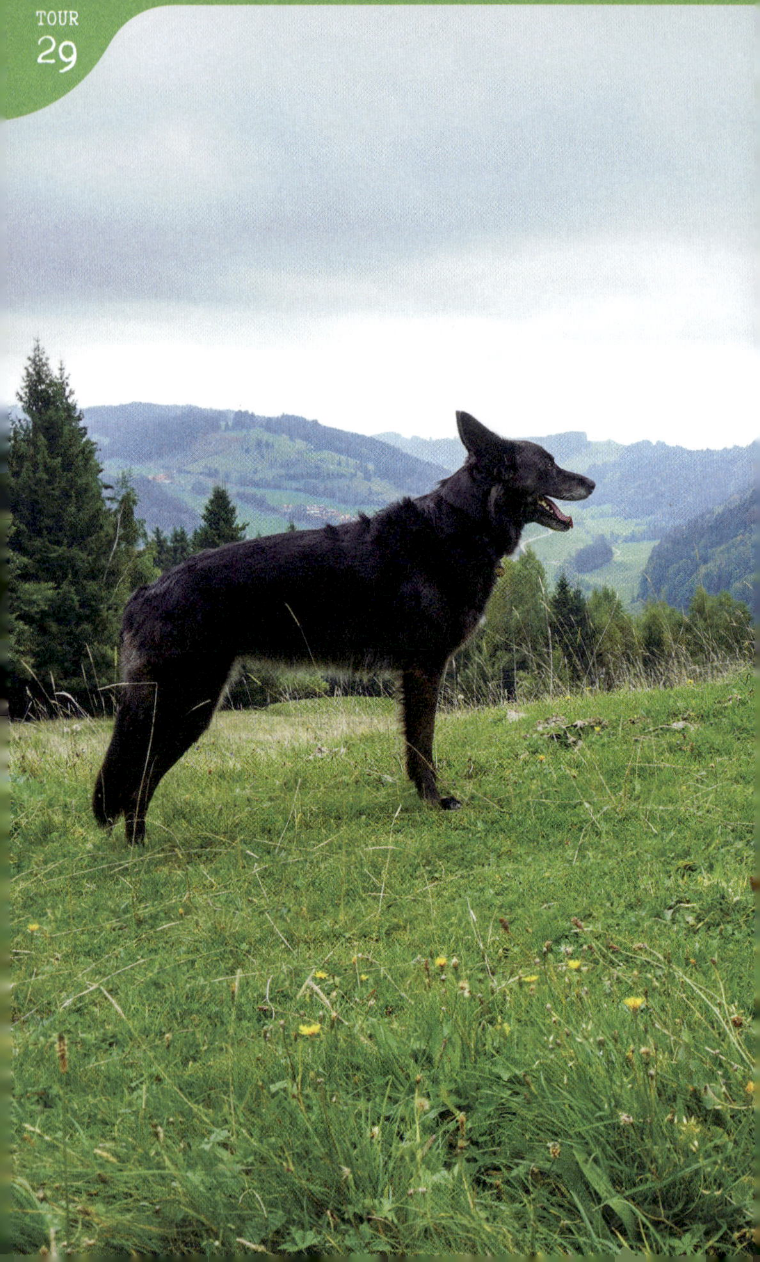

Abwechslungsreiche Wege – variabel zu laufen – Wald, Weiden und Moore

Über den Ochsenberg ins Tuffenmoos

Hundefreundlichkeit: **Abseits vom Trubel rund um den Alpsee schlängelt sich die Jugetach durch ein von Almwirtschaft geprägtes Hochtal. Viele Menschen werden uns auf dieser Wanderung nicht begegnen, sodass wir in Ruhe die abwechslungsreiche Landschaft genießen können. Allerdings müssen wir uns diese mit zahlreichen Rindern teilen. Trink- und Bademöglichkeiten für die Hunde finden wir entlang der Jugetach. Auf dem Ochsenberg und bis zum Tuffenmoos fehlen diese aber. Der Weg führt immer wieder durch den Wald, sodass sich diese Tour auch gut für den Sommer eignet. Ganzjährig möglich.**

Tour-Info	↔ 11 km	3:30 Std.	++ mittel
Start-Ziel:	Parkplatz am Skilift in Wiederhofen-Thal		
GPS:	47°35'14.9"N 10°6'37.9"E		
Markierung:	graue Wanderschilder		
Wegecharakteristik:	70 % Weg – 20 % (Neben-)Straße – 10 % Wanderweg		

Los geht es am Parkplatz der Thaler Skilifte. Wir gehen ein kurzes Stück die Straße zurück und biegen an der ersten Gelegenheit nach links, dem Wegweiser nach Geratsried folgend, auf ein Teersträßchen ein. Auf diesem wandern wir nun im sanften Auf und Ab durch das Wiesental der Jugetach, die uns selbst oder durch ihre Zuflüsse zahlreiche Wasserstellen bietet. Nach etwa 2 km überqueren wir sie über eine Brücke und erreichen bald einen Hof, wo uns ein selbstgemachtes Holzschild auf den Weg unterhalb des Stalles führt. Dahinter leicht bergan und über eine Wiese. Am Wald angekommen nehmen wir den linken Pfad durch den Wald, dann über einen Wiesenweg hinauf nach 1 Geratsried. Am Ortseingang

TOUR
29

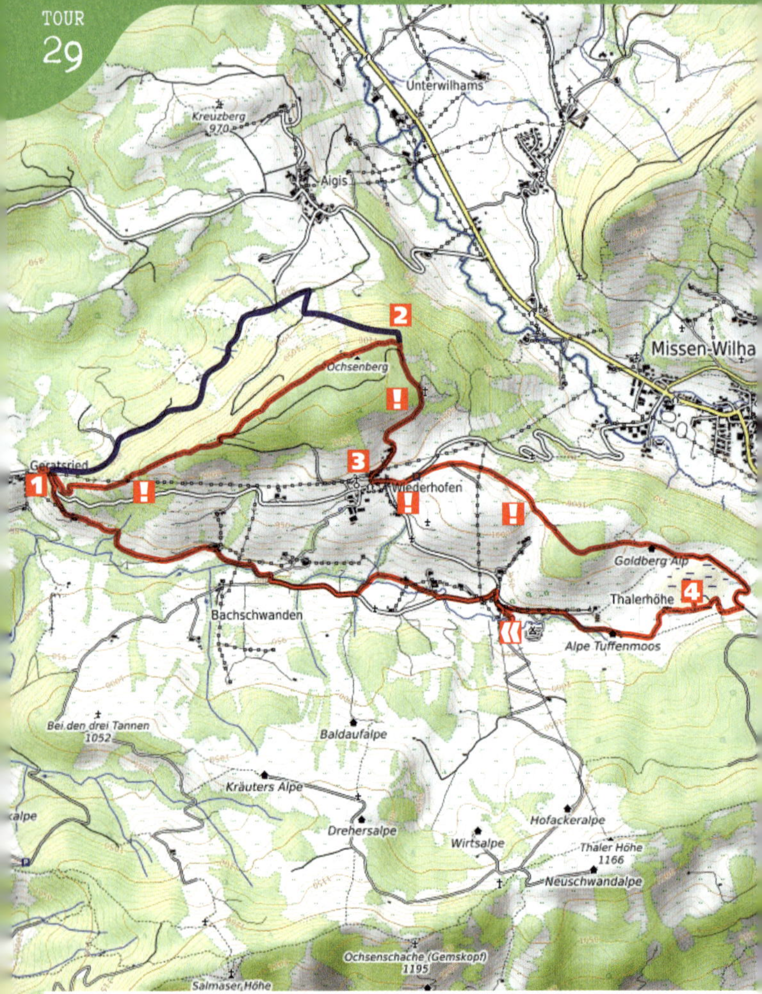
Unterwilhams
Kreuzberg
970
Aigis
Missen-Wilha
Ochsenberg
Geratsried
Wiederhofen
Goldberg Alp
Thalerhöhe
Alpe Tuffenmoos
Bachschwanden
Bei den drei Tannen
1052
Baldaufalpe
Kräuters Alpe
Drehersalpe
Wirtsalpe
Hofackeralpe
Thaler Höhe
1166
Neuschwandalpe
Ochsenschache (Gemskopf)
1195
Salmaser Höhe
Wiedemannsdorf
Lamprechts
Konstanzer
Hub
B 308

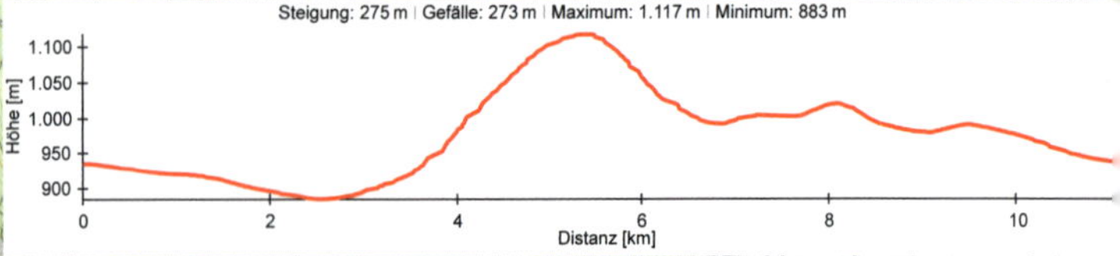
Steigung: 275 m | Gefälle: 273 m | Maximum: 1.117 m | Minimum: 883 m
Höhe [m]
1.100
1.050
1.000
950
900
0
2
4
6
8
10
Distanz [km]

von Geratsried weisen uns die Wegweiser zum Ochsenberg, entweder über Aigis oder über den ruhigeren Kammweg. Dieser verläuft zunächst über eine ! Viehweide. Dann tauchen wir in den Wald ein und wandern auf einem schmalen Pfad hinauf auf den langgezogenen und durchgehend bewaldeten 2 Ochsenberg (1077 m). Um Ausblick über das Jugetachtal zu bekommen, wandern wir hinunter zu einem Kreuz oberhalb von Wiederhofen. Über eine aussichtsreiche ! Viehweide gelangen wir dann in den Ort 3 Wiederhofen. An der Hauptstraße angekommen, halten wir uns links und folgen der ! Straße für ca. 300 m ein gutes Stück aus dem Ort hinaus, ehe wir rechterhand auf einen Wirtschaftsweg abbiegen. Wir folgen den Wegweisern Richtung Goldbergalpe und wandern dieser über ! artenreiche Viehweiden und durch ein Wäldchen entgegen. Nun wird der Weg wieder breiter und wir folgen ab sofort den Wegweisern zum Tuffenmoos. Dieses erreichen wir, indem wir nach dem letzten Weidegatter direkt rechts am Zaun entlanggehen. Sodann betreten wir das 4 Tuffenmoos und wandern auf dem nett angelegten Moorlehrpfad an diesem entlang. Wir folgen dem Wiesenpfad und erreichen bald die Jugetach, an deren Ufer entlang wir zurück nach Thal zu unserem Ausgangspunkt wandern.

	Info
H	keine
P	Parkplatz am Skilift in Wiederhofen-Thal
	Kompass Wanderkarte Oberstaufen/Immenstadt (Band 2)
	Gasthof – Pension Reichl Zur Thalerhöhe 2 87547 Missen-Wilhams Web: www.oberallgaeu.cc/gaestehaus-reichl
	Landgasthof Meincke Kastanienallee 6–8 23899 Kehrsen Web. www.landgasthof-meincke.de Tel. 04547 1522 EZ ab 45,- Euro DZ ab 70,- Euro Hund ab 5,- Euro / Nacht
i	Brauereigasthof Schäffler Hauptstraße 15 87547 Missen-Wilhams Tel.: 08320-92015 Web: www.brauereigasthof-schaeffler.de Preise ab 82 Euro (einfacher Standard), Hunde nach vorheriger Anfrage
+	Kleintierpraxis Immenstadt Bachreute 11 87509 Immenstadt Tel.: 08323-6512 www.tierarzt-immenstadt.de

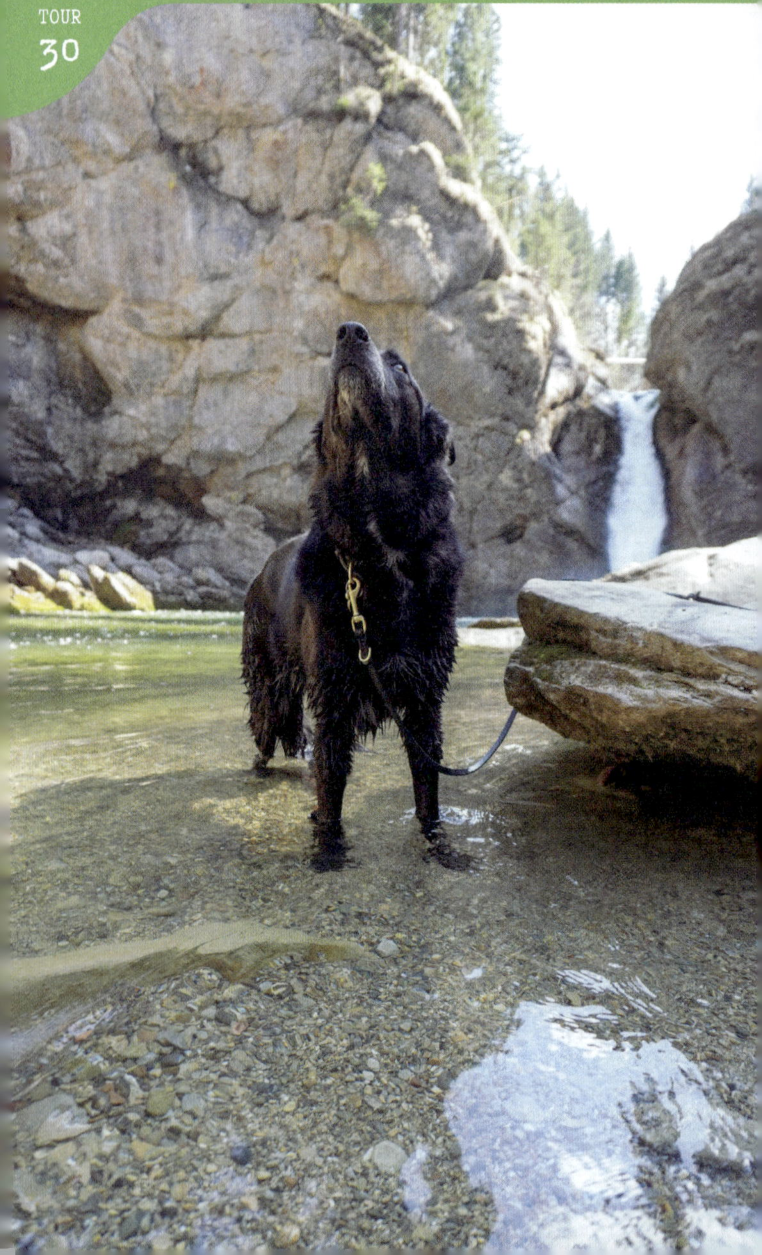

Übers Hündle zu den Buchenegger Wasserfällen

Hundefreundlichkeit: Der Hündlekopf und die Buchenegger Wasserfälle sind vielbesuchte Ausflugsziele, sodass man wohl selten alleine unterwegs sein wird. Im Frühjahr protzen die Wiesen am Hündle mit einer enormen Krokusblüte. Diese Runde ist so gewählt, dass man an dem sonnenverwöhnten Berg möglichst viel im Schatten gehen kann. Der Abstieg zu den Buchenegger Wasserfällen ist zwar anstrengend, aber die enge Klamm der Weißach bietet im Sommer eine willkommene Abkühlung und die Gumpen laden auch uns Menschen zum Reinspringen ein. Badesachen also nicht vergessen! Frühjahr bis Herbst.

Tour-Info	↔ 12 km	◷ 4 Std.	+++ schwer
Start-Ziel:	Parkplatz Hündle Bergbahn		
GPS:	47°33'5.5"N 10°3'2.2"E		
Markierung:	graue Wanderschilder		
Wegecharakteristik:	50 % Weg – 30 % Straße – 20 % (Berg-)wanderweg		

Den Aufstieg zum Hündlekopf kann man mit der Bergbahn verkürzen oder aber man geht zu Fuß hinauf. Vom Parkplatz an der Hündle Bergbahn folgen wir rechterhand dem asphaltierten Weg in Kehren den Hang hinauf, bis wir ungefähr auf halber Strecke der Bergbahn nach links abzweigen und dem Schild Richtung **1** „Barfußpfad" folgen. Endlich können wir mal erleben, wie sich das Wandern für unsere unbeschuhten Vierbeiner anfühlt! Der Barfußpfad geht in den sogenannten Erlebniswanderweg über, welchem wir vorbei am Hochsiedellift wieder in den Wald hinein folgen. An der nächsten Abzweigung halten wir uns rechts und folgen den Schildern Richtung „Hündlekopf" bergan. Wir folgen

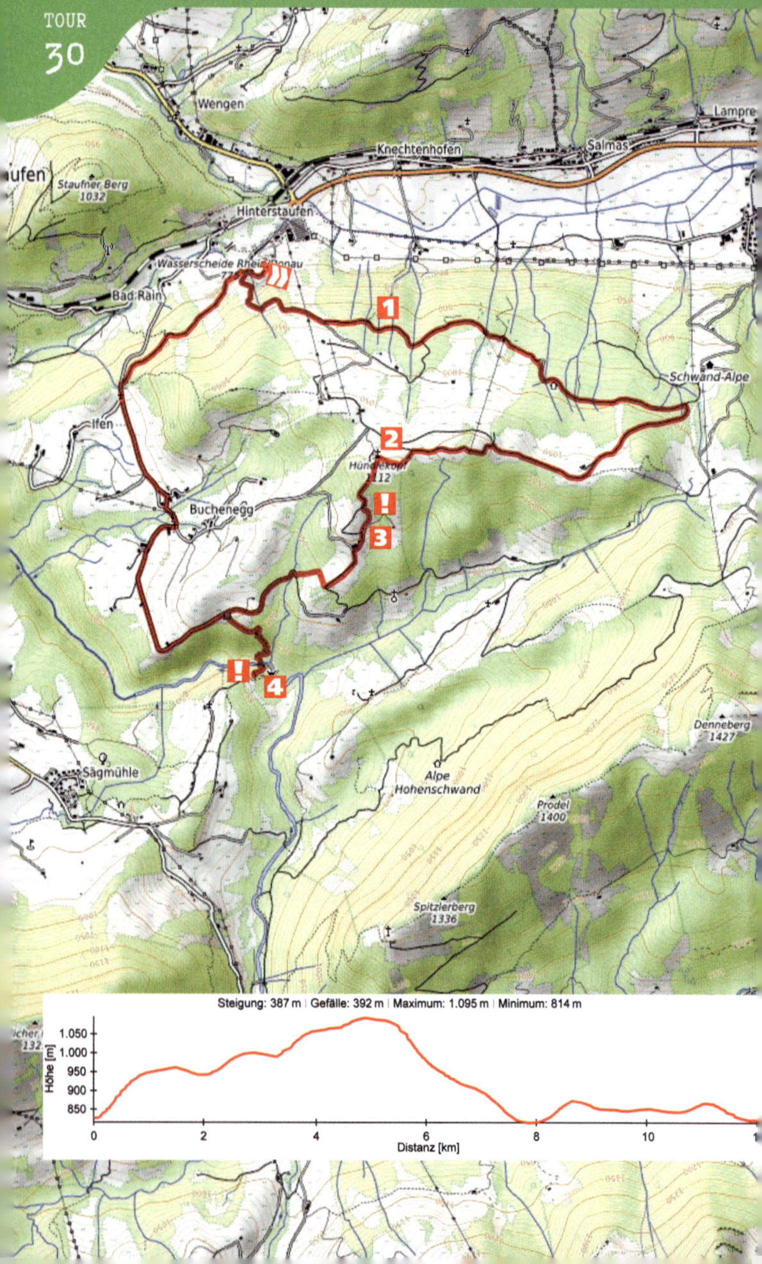
Wengen
Lampre
Knechtenhofen
Salmas
ufen
Staufner Berg
1032
Hinterstaufen
Wasserscheide Rhein-Donau
Bad Rain
1
Schwand-Alpe
Ifen
2
Hündlekopf
1112
3
Bucheneg
4
Denneberg
1427
Sägmühle
Alpe
Hohenschwand
Prodel
1400
Spitzlerberg
1336
Steigung: 387 m | Gefälle: 392 m | Maximum: 1.095 m | Minimum: 814 m
Höhe [m]
1.050
1.000
950
900
850
0
2
4
6
8
10
Distanz [km]

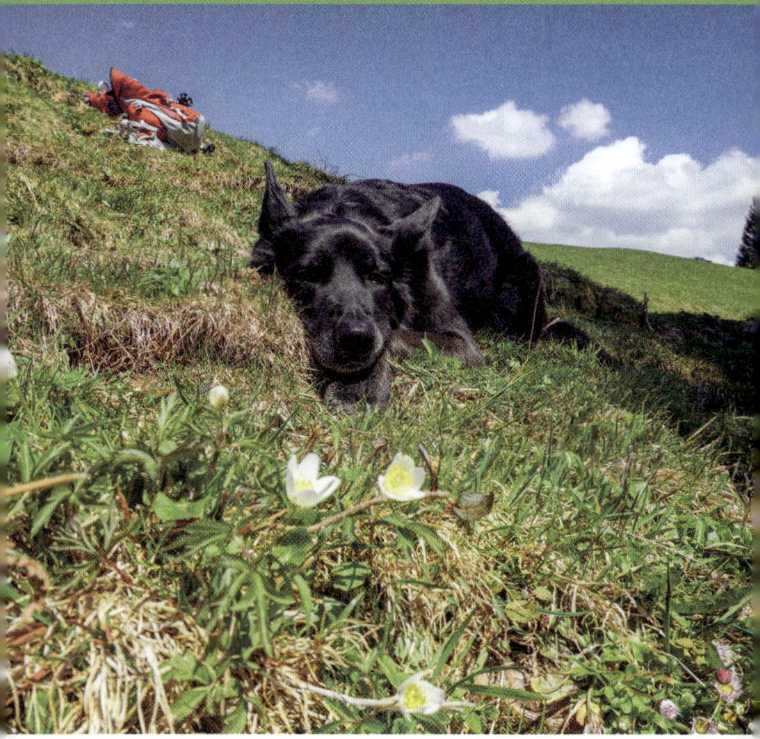

Eine Pause auf der Frühlingswiese

dem Weg am Grat entlang, bis wir zum Gipfelkreuz des **2** Hündlekopf gelangen. **!** Achtung an den Wiesenhängen des Hündlekopfes können wir auf Weidevieh stoßen, welches teilweise eingezäunt ist, ebenso können wir auf Fahrräder treffen.

Nach einer Pause und dem Genuss des Rundumblickes steigen wir auf der Rückseite des Hündlekopfes hinab Richtung Buchenegger Wasserfälle. Nach einem steilen Stück eine asphaltiere Straße hinunter erreichen wir die **3** Sennalpe Bärenschwand. Hier kann man neben einer Stärkung sogar selbstgemachten Käse erstehen. Köstlich! Wir folgen der Straße bis wir zu dem Parkplatz an der Abzweigung zu den Buchenegger Wasserfällen gelangen. Den Menschenmassen nach (die Wasserfälle sind ein touristisches Highlight der Region) folgen wir einem sehr steilen Wurzelpfad in die Schlucht

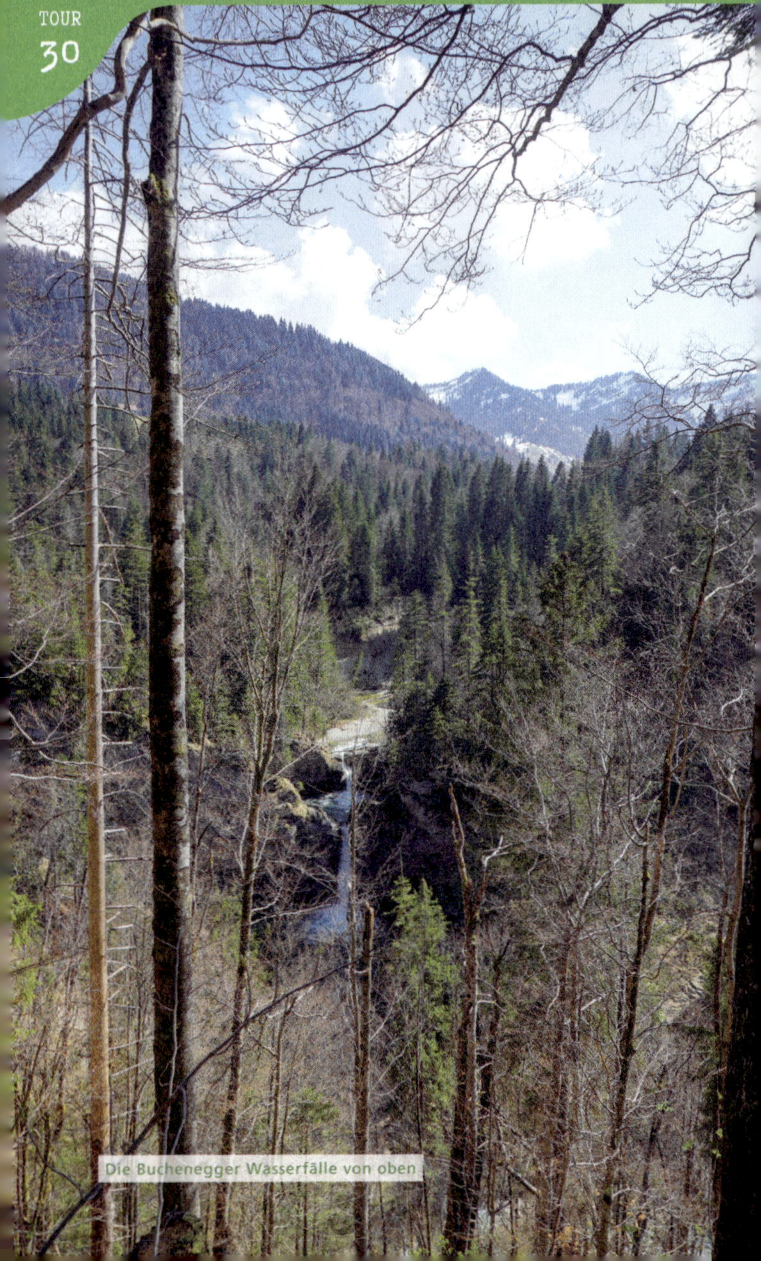

Die Buchenegger Wasserfälle von oben

der Weißach hinunter. ! Achtung: Für hüftkranke Hunde oder Angstbeißer (man muss oft und eng an fremden Menschen vorbei) ist dieser Abschnitt nicht geeignet. Schon bald können wir das Rauschen der 4 Buchenegger Wasserfälle hören und stehen nach einem anstrengenden Abstieg ganz nah am unteren Wasserfall. Über eine ! Gitterrostbrücke gelangen wir auf die andere Seite des Flusses und können dann linkerhand bis direkt an das Wasserbecken des unteren Wasserfalls wandern. Nicht nur die Hunde haben sich nach dieser Anstrengung ein erfrischendes Bad verdient! Im Sommer kann man hier sogar einige wagemutige „Gumpenspringer" beim Sprung in die Fluten beobachten, während man sich selber eine Verschnaufpause gönnt.

Zurück müssen wir den gleichen Pfad zurück zum Parkplatz aufsteigen. Von hier folgen wir der Straße nach links Richtung Buchenegg. Vorbei an Seppl's Gartenwirtschaft, die mit Erfrischungen lockt. Bevor die Straße zu steil wird, ein Schild weist auf 15 % Gefälle hin, zweigt rechterhand ein Schotterweg ab, dem wir zurück zum Parkplatz an der Hündle-Bergbahn folgen.

Info

H	Buslinie 39 (Immenstadt – Oberstaufen); nach Immenstadt mit dem Zug
P	Parkplatz Hündle Bergbahn
Karte	Kompass Wanderkarte Oberstaufen/Immenstadt (Band 2)
Einkehr	Bärenschwandalpe Buchenegg 87534 Oberstaufen Web: www.alpgenuss.de Mitte Mai bis Mitte Oktober Seppl`s Gartenwirtschaft Buchenegg 14 87534 Oberstaufen www. seppls-gartenwirtschaft.de bei schönem Wetter Sa & So 10-18 Uhr
Unterkunft	Pension Sabine Konstanzer 46 87534 Oberstaufen Tel.: 08325-1391 Web: www.sabine-allgaeu.de Preise ab 25 Euro (einfacher Standard)
i	Touristeninformation Oberstaufen Hugo-von-Königsegg-Straße 8 87534 Oberstaufen Tel.: 08386-93000 Web: www.oberstaufen.de
+	Tierklinik Blaichach Immenstäder Straße 26 87544 Blaichach Tel.: 08321-3660 www.tierklinik-blaichach.de 24h Notbereitschaft, bitte immer telefonisch anmelden

Westallgäu

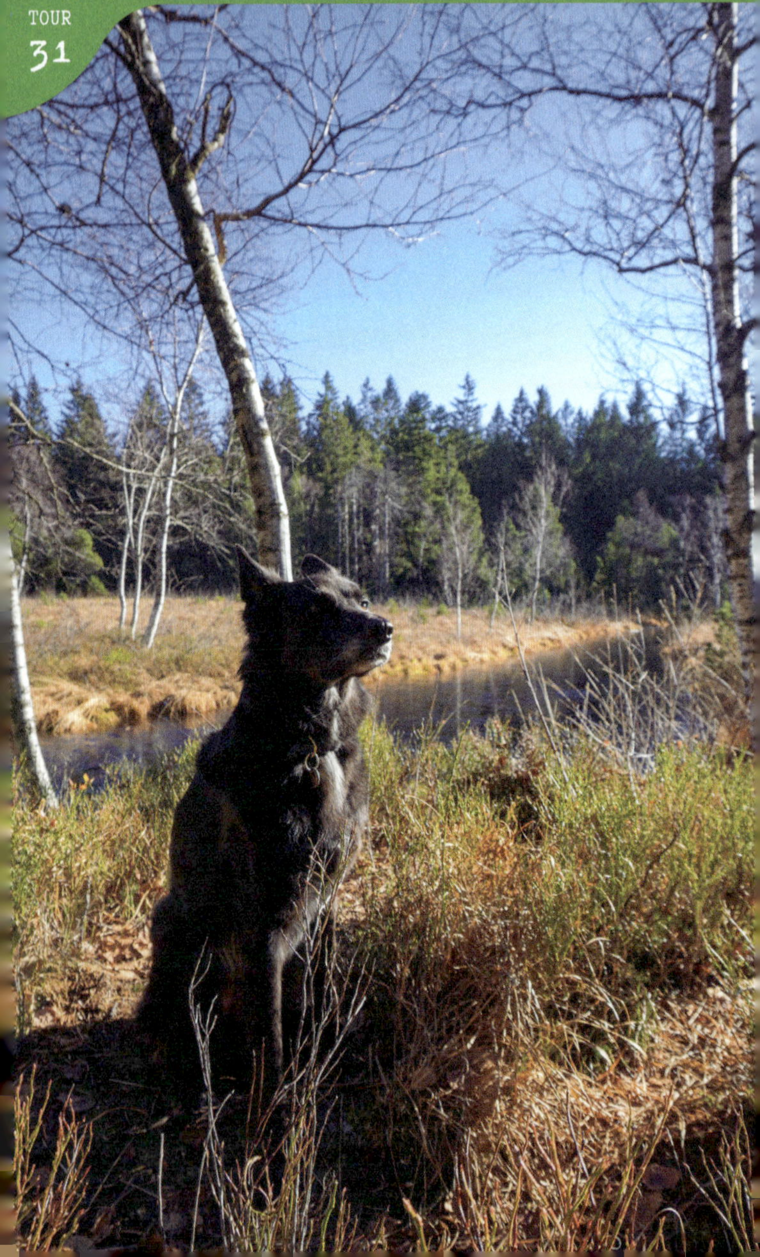

Abwechslungsreiche Wege – verschiedene Wasserlandschaften – Ausblick über den Bregenzer Wald

Eintauchen in Moor & Klamm

Hundefreundlichkeit: **Die Wanderung durch das zwar sehr kleine, dafür aber wunderschöne Wildrosenmoos bietet abwechslungsreiche Wege und erholsames Nass für Hundepfoten. Auf der Wanderung muss nur eine kleine Viehweide überquert werden, die sich aber in einem großen Bogen auch umgehen lässt. Zum Abschluss der Tour wandert man durch die Hausbachklamm und kann die Kraft des Wassers anhand der Steilhänge der Umgebung bestaunen. Da man sehr viel Zeit im Wald verbringt, eignet sich die Tour auch für warme Sommertage. Ganzjährig möglich.**

Tour-Info	↔ 11 km	3 Std.	++ mittel
Start-Ziel:	Parkplatz am Freibad in Oberreute		
GPS:	47°33'34.8"N 9°56'40.7"E		
Markierung:	graue Wanderschilder		
Wegecharakteristik:	40 % Wanderweg – 50 % Weg – 10 % Straße		

Das Wildrosenmoos im Grenzgebiet von Oberreute und Sulzberg (A) ist ein artenreicher Lebensraum mit Feuchtwiesen, Flach- und Hochmoorbereichen sowie Moortümpeln. Viele seltene Tiere und Pflanzen finden hier ein Zuhause, ! aus Rücksicht auf diese dürfen die Wege nicht verlassen werden.

Wir folgen vom Parkplatz am Freibad in Oberreute den Wanderschildern zum Wildrosenmoos. Alternativ kann man auch über die Martinshöhe gehen, allerdings weidet hier im Sommer viel Vieh. Kurz nachdem wir den Wald betreten haben, halten wir uns links und folgen dem Wanderschild Richtung „Kalter Brunnen". Nun befinden wir uns auf dem Grenzerpfad, der von allerlei Erlebnisstationen markiert wird. Der Wald wird

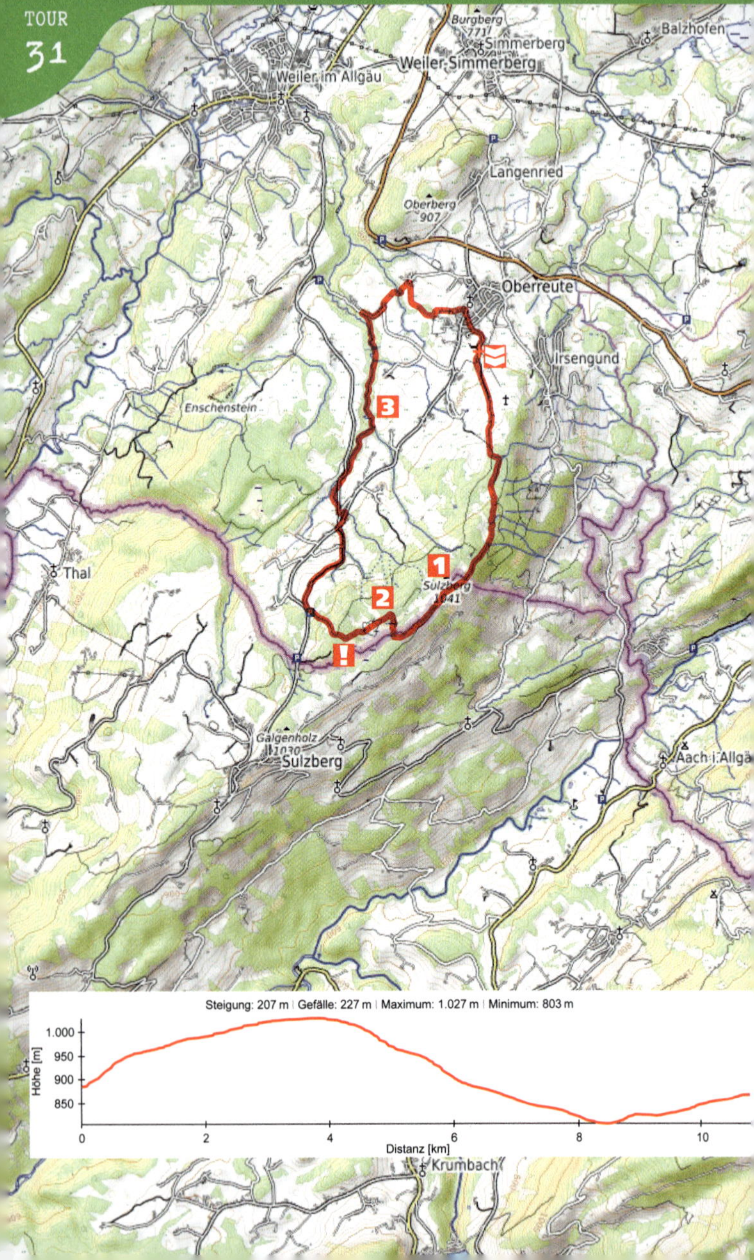
Burgberg
771
Simmerberg
Balzhofen
Weiler-Simmerberg
Weiler im Allgäu
Langenried
Oberberg
907
Oberreute
Irsengund
3
Enschenstein
1
Sulzberg
1041
2
Thal
!
Galgenholz
1030
Sulzberg
Aach i. Allgä
Krumbach
Steigung: 207 m | Gefälle: 227 m | Maximum: 1.027 m | Minimum: 803 m
Höhe [m]
1.000
950
900
850
0
2
4
6
8
10
Distanz [km]

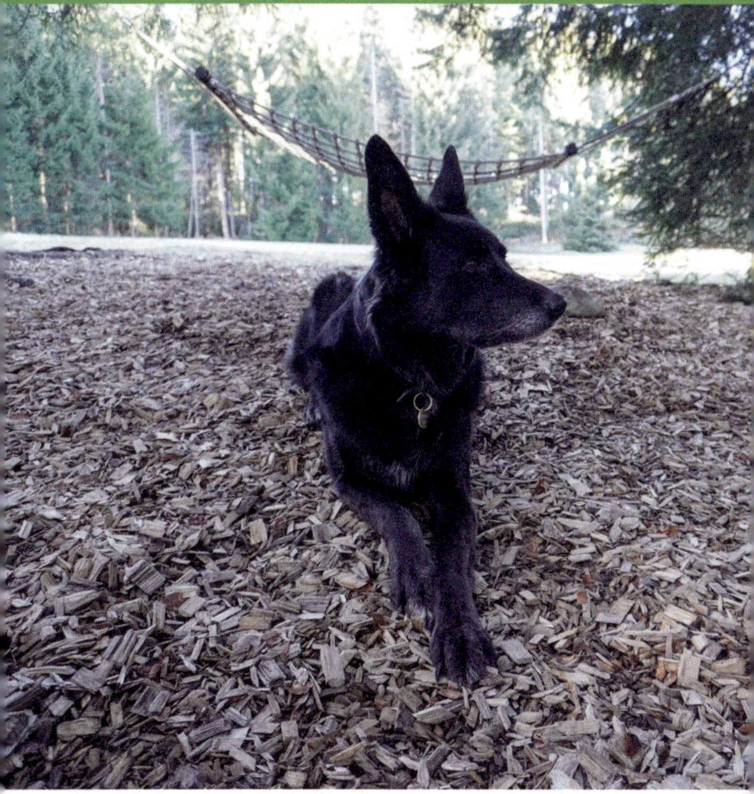

Rastmöglichkeit am Wegesrand

immer wieder von kleinen Feuchtwiesen des Bruckmooses durchbrochen, was schöne Ausblicke bietet.
Nach einer Weile verlassen wir den Wald und betreten einen Kamm. Linkerhand befindet sich Österreich, rechterhand Deutschland. Wir folgen dem Weg zunächst geradeaus. Wer den Ausblick zum Bregenzer Wald genießen oder sogar den Abstecher zum Café Hochsträßstüble machen möchte, bleibt auf dem breiten Kiesweg. Alle anderen können gleich rechterhand in den **1** Waldpfad zum Wildrosenmoos einbiegen. Hundefreundlicherweise ist hier Fahrradfahren verboten. Wir folgen den Schildern zum Wildrosenmoos und betreten über eine kleine Holzbrücke das **2** Schutzgebiet Hochmoor.

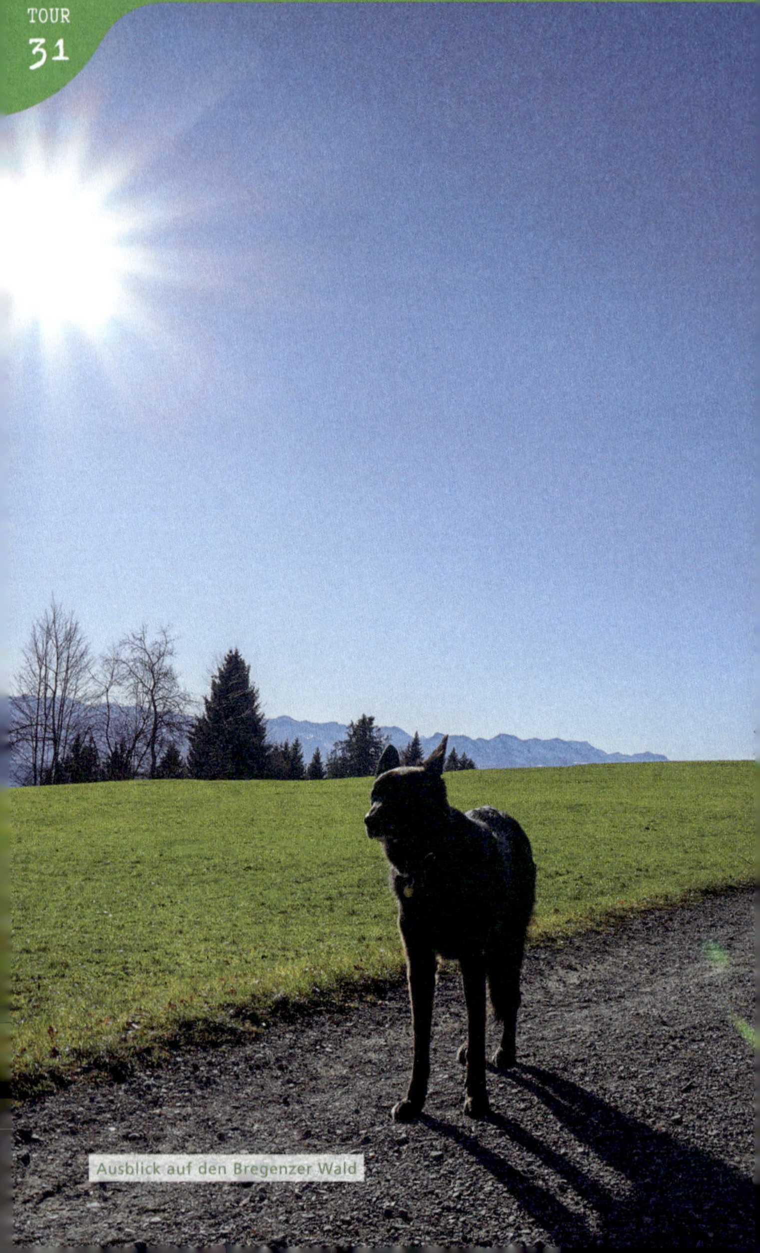

Ausblick auf den Bregenzer Wald

Der gut gepflegte Hackschnitzel- und Holzplankenweg führt vorbei an dem idyllischen Moorweiher, an dem Bänke zum Rasten einladen. Sobald wir das Schutzgebiet wieder verlassen, biegen wir links ab und folgen dem Pfad über das kurze Wiesenstück. **!** Achtung, im Sommer weiden hier Rinder. Wer die Viehweide lieber umgehen will, biegt nach dem Schutzgebiet rechts ab und folgt dem Forstweg Richtung Vorderschweinhöf, wo sich die Touren wieder treffen. Hinter der Weide betreten wir wieder Wald und folgen fortan den Wanderschildern zur Hausbachklamm. Zunächst geht es über Waldwege weiter. Ein Stück bergab erreichen wir eine kleine Teerstraße, der wir parallel zur Landstraße folgen. In Vorderschweinhöf müssen wir die Landstraße einmal queren, unsere Hunde leinen wir also besser an. Die **3** Hausbachklamm beginnt gegenüber dem ehemaligen Gasthof Traube, auch sie ist Fußgängern vorbehalten.

Wir folgen dem Pfad entlang des Baches für 1,5 km und halten uns an der Wegkreuzung links weiter entlang des Hausbachs, anstatt nach rechts direkt zurück nach Oberreute zu gehen. Irgendwann geht aber auch die schönste Wanderung zu Ende und wir verlassen die Hausbachklamm Richtung Längene/Oberreute. Wir wandern eine kleine Nebenstraße bis Unterreute und folgen hier dem Wanderweg nach Oberreute, welcher am Landhotel Krone endet. Ein kurzes Stück durch den Ort, und schon befinden wir uns am Ausgangspunkt.

Info

Buslinie 18, Die Bodensee-Allgäu-Linie (Oberstaufen – Lindau)

Parkplatz am Freibad in Oberreute

Kompass Wanderkarte Oberstaufen, Immenstadt im Allgäu (Band 2)

Café Hochsträßstüble
Gmeind 217
6934 Sulzberg, Vorarlberg, Österreich
kurzer Abstecher

Landhotel Krone
Hauptstraße 40
88179 Oberreute
Tel.: 08387-2536
Web: www.krone-oberreute.de
Preise ab 40 Euro (einfacher Standard), Hunde auf Anfrage und Aufpreis von 6 Euro

Gästeamt Oberreute
Hauptstraße 34
88179 Oberreute
Tel.: 08387 1233
Web: www.oberreute.de

Tierarztpraxis Oberstaufen
Paul-Rieder-Str. 2
87534 Oberstaufen
Tel.: 08386 991813
Kein Notdienst!

Tierärztliche Klinik in Opfenbach
08385 92290

TOUR 32

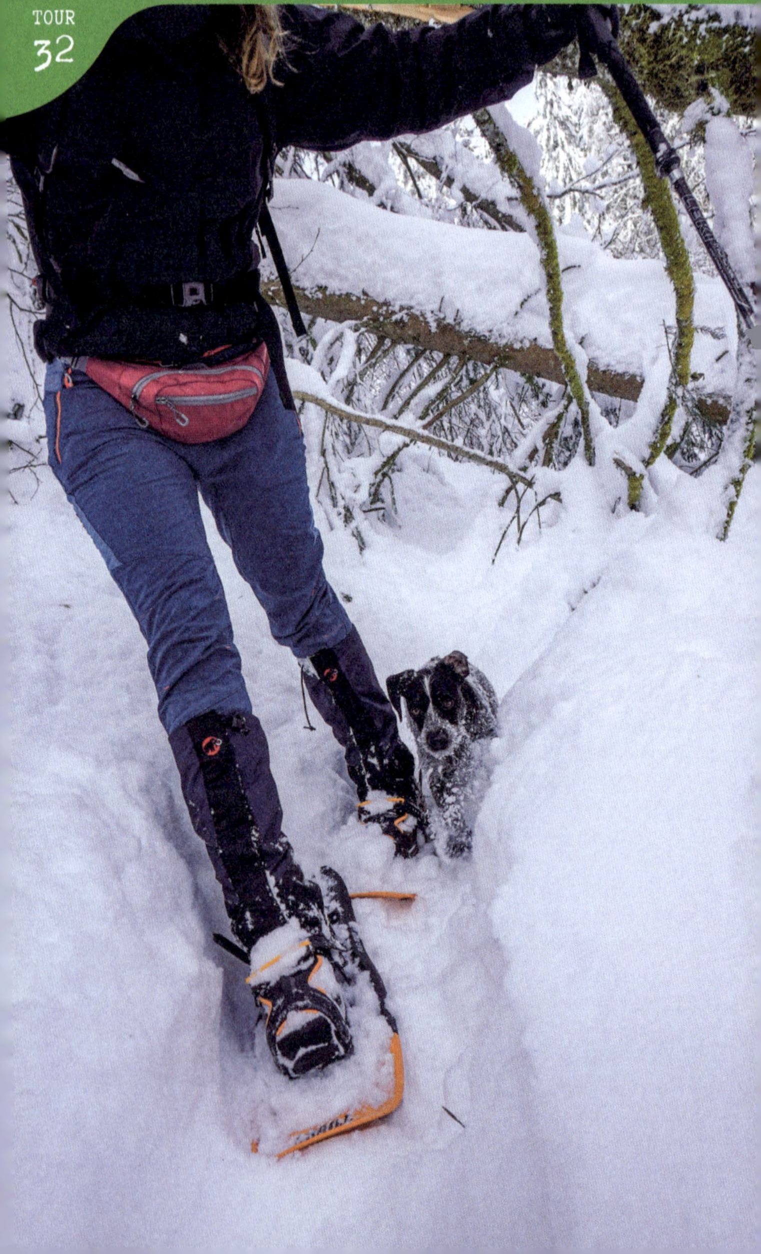

Wasserspaß – Artenvielfalt – Mystischer Ort

Die Welt erstarrt im Eistobel

Hundefreundlichkeit: **Die Wanderung durch den Eistobel bietet im Sommer viel Schatten und Wasser, sodass sich unsere Vierbeiner jederzeit erfrischen können. Im Sommer herrscht hier allerdings Leinenpflicht und es kann durchaus viel los sein. Im Winter sind die Pfade nicht geräumt, daher sind deutlich weniger Besucher unterwegs, sodass man in eine herrlich stille Winterwelt eintauchen kann. Eine Wanderung durch den Eistobel ist definitiv zu jeder Jahreszeit ein tolles Erlebnis, erfordert aber bei Nässe oder Schnee viel Vorsicht. Im Winter unbedingt Grödel, Steigeisen oder ähnliches einpacken.**

Tour-Info	↔ 6 km	2/4 Std.	++ mittel
Start-Ziel:	Parkplatz Eistobel bei Grünenbach		
GPS:	47°38'28.8"N 10°1'32.5"E		
Markierung:	graue Wanderschilder		
Wegecharakteristik:	40 % Bergwanderweg – 35 % Weg – 25 % (Neben-)straße		

Vom Parkplatz (P1 oder P2) gehen wir Richtung Infopavillon an der Argentobelbrücke. Im Sommer muss man Eintritt zahlen (2,50 Euro für Erwachsene), dafür kommt man in den Genuss von sorgfältig gepflegten Wegen und Stegen. Im Winter werden diese nicht geräumt, sodass es zu einer abenteuerlicher Kletterpartie über und unter umgestürzten Bäumen kommen kann. Daher sollte man von einer Begehung nach starken Schneefällen und stürmischen Episoden aus Sicherheitsgründen absehen.

Vom Infopavillon steigen wir einen steilen Pfad und Brücken hinab in den **1** Eistobel. Unten angekommen, wenden wir uns nach rechts und folgen nun einfach dem Pfad

TOUR 32

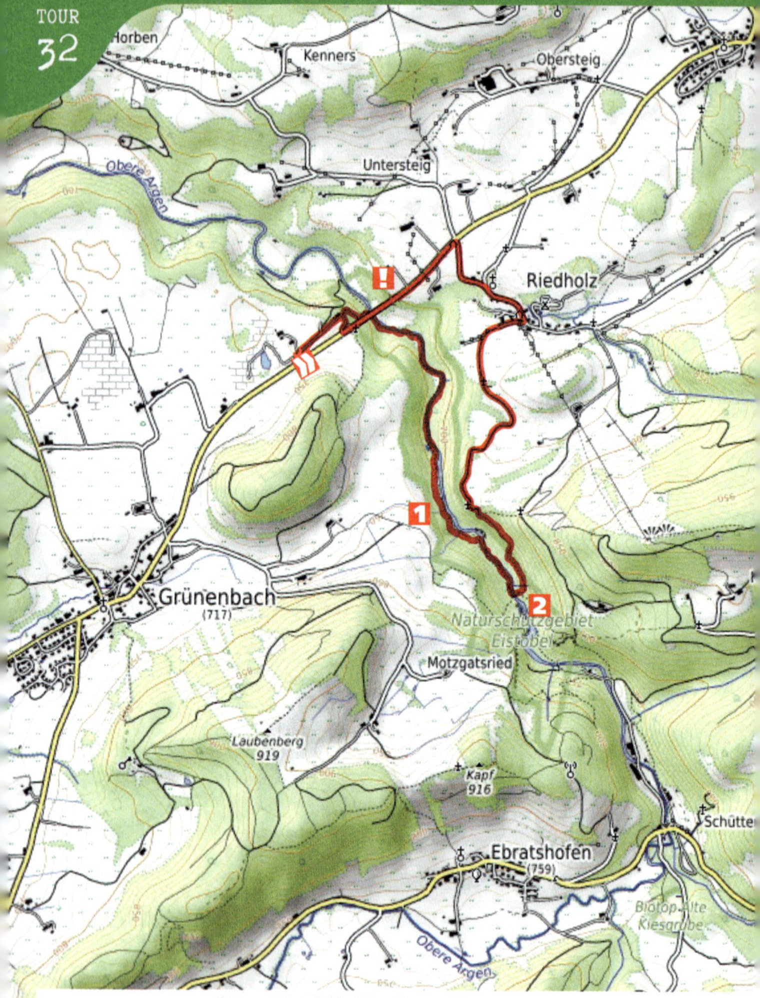
Horben
Kenners
Obersteig
Untersteig
Obere Argen
Riedholz
Grünenbach
(717)
Naturschutzgebiet
Eistobel
Motzgatsried
Laubenberg
919
Kapf
916
Ebratshofen
(759)
Schütte
Biotop Alte
Kiesgrube
Obere Argen
1
2

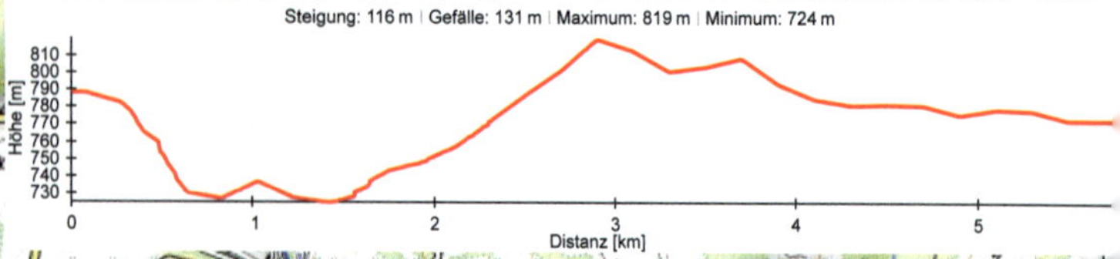
Steigung: 116 m | Gefälle: 131 m | Maximum: 819 m | Minimum: 724 m
Höhe [m]
810
800
790
780
770
760
750
740
730
0
1
2
3
4
5
Distanz [km]

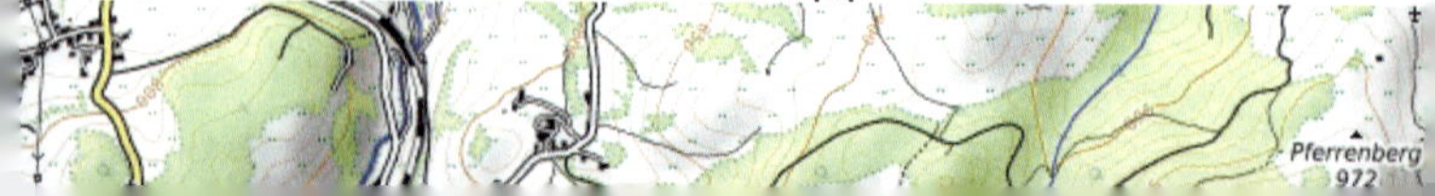
Pferrenberg
972

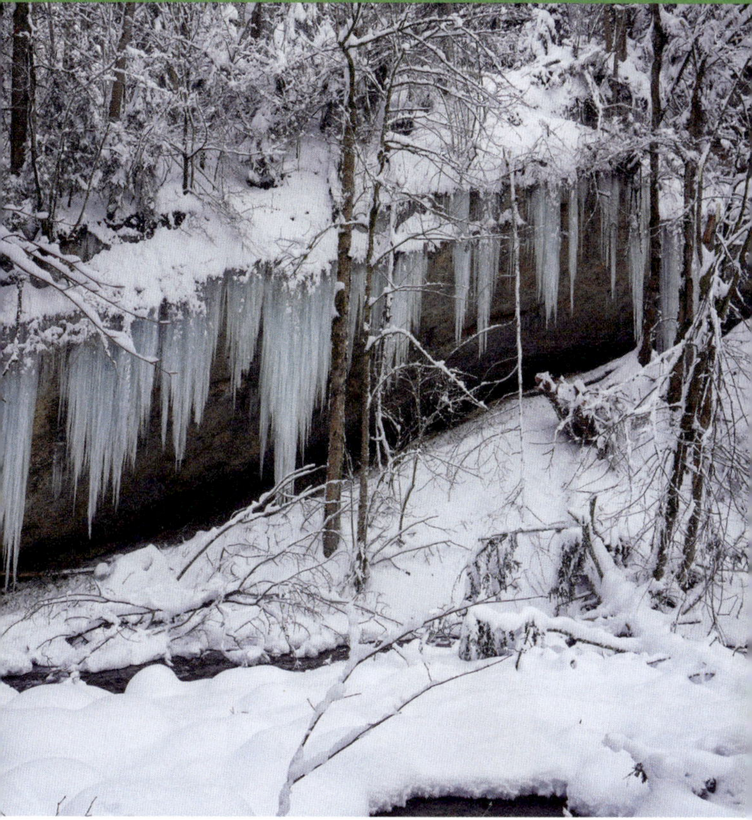

Gewaltige Eisformationen am anderen Ufer

entlang der Argen. Zu Beginn ist das Flussbett noch breit und friedlich. Der Fluss wird stetig wilder, je tiefer wir in den Eistobel vordringen. Entlang des Weges erklären Infotafeln alles über die Entstehung und Besonderheiten dieses Geotops. Der Pfad führt uns an steilen Felswänden vorbei und über artenreiche Wiesen.

Eistobel – Westallgäuer Wasserwege

Der Eistobel gehört zu den schönsten Geotopen Bayerns. Alle Informationen zu diesem findet man im Infopavillon am Eingang Argentobelbrücke oder im Web (www.eistobel.de). Hier findet man auch Wegvarianten und viel Wissenswertes über den Eistobel.

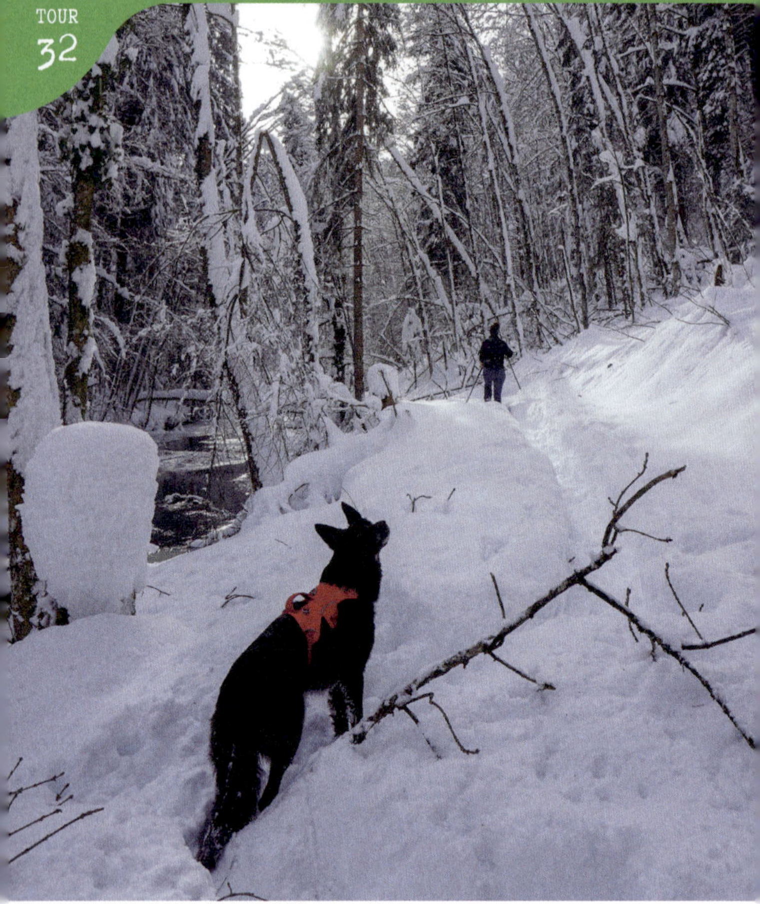

Der Pfad entlang der Argen durch den Eistobel

Im Winter bilden sich an den Felsen beeindruckende Eisformationen mit regelrechten Eisgrotten.
Auf diesen Anblick müssen wir zwar im Sommer verzichten, dafür können wir dann besser die artenreiche Vegetation bestaunen, welche zeitweise an Nebelregenwälder erinnert. Dem Ufer kommen wir oft ganz nah und können unsere Hunde im eiskalten Wasser baden lassen. ! Im Bereich der Wasserfälle bitte gut auf die

Wasserratten aufpassen, denn hier bilden sich tückische Strudellöcher mit starken Strömungen.

Wir passieren zunächst ein paar kleinere Wasserfälle, bis wir dem tosenden Großen Wasserfall (18 m) näherkommen. Weiter geht es zum sogenannten Zwinger. Hier muss sich das Wasser um gewaltige Felsblöcke zwängen. Auch für uns wird der Weg beschwerlicher, er führt manchmal direkt entlang der Felswände. Stahlseilsicherungen bieten aber jederzeit Sicherheit. Zum Schluss weitet sich nochmal das Flussbett und wir können auf einem großen Kiesbett rasten, uns die Beine im Wasser kühlen und überlegen, welcher Wegvariante wir zurück zum Parkplatz folgen wollen. Eine Übersichtskarte befindet sich direkt am 2 Eissteg. Für die Runde über Riedholz überqueren wir den Eissteg. Das ist die Brücke, die direkt oberhalb eines Wasserfalls über die Argen führt. An der nächsten Abzweigung halten wir uns links (für fitte Iron-Dogler bietet sich die Tour über die Riedholzer Kugel an, die rechterhand verläuft) und wandern stetig ansteigend am Waldhang entlang. Den Wald verlassen wir an einem Spielplatz, ! vorsichtshalber rufen wir also die Hunde zu uns. Wir folgen dem Wiesenpfad entlang des Waldes und stoßen schon bald auf eine kleine Straße, der wir bergab nach Riedholz folgen. In Riedholz haben wir die Möglichkeit im Gasthof Adler oder im Restaurant Sonnenstüble am Campingplatz Sonnenbuckel einzukehren. Gestärkt treten wir dann den an der ! Straße verlaufenden Rückweg zum Parkplatz an der Argentobelbrücke an.

Info

H	keine
P	Parkplatz Eistobel bei Grünenbach
Karte	Kompass Wanderkarte Oberschwaben – Isny – Wangen – Leutkirch (Band 187)
Gastronomie	Gasthof Adler Riedholz 32 88167 Maierhöfen
Übernachtung	Landpension Sternberg Am Kirchenbühl 26 88167 Grünenbach Tel.: 08383-6319993 Web: www.cafe-pension-sternberg.de Preise ab 85 Euro (Doppelzimmer)
i	Büro für Tourismus Isny im Allgäu Unterer Grabenweg 18 88316 Isny im Allgäu Tel.: 07562 – 975630 Web.: www.isny.de Eingangspavillon bei der Argentobelbrücke Tel.: 08383-7265 Web: www.eistobel.de (besetzt von Mai bis Oktober)
+	Gemeinschaftspraxis Damme und Erler Spitalhofweg 7 88316 Isny im Allgäu Tel.: 0756-8519 www.tierarzt-isny.de

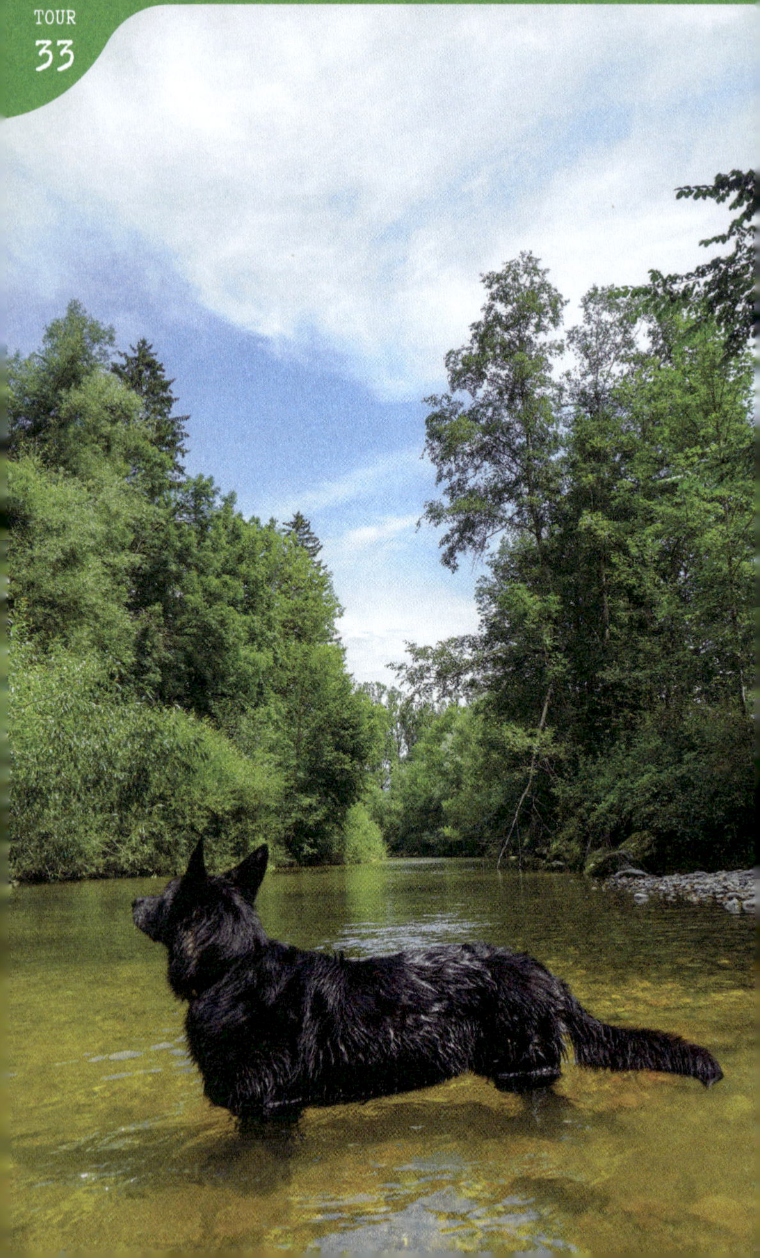

Tolle Badestellen – abwechslungsreiche Wege – Sonne und Schatten

Baden in der Unteren Argen

Hundefreundlichkeit: **Die Untere Argen ist nur eines der zahlreichen Wanderziele in der Umgebung von Isny. Das Tolle an diesem Fluss ist, dass er seinem natürlichen Lauf folgen kann und dadurch zahlreiche Kiesbänke zum Verweilen und Baden einladen. Hingegen ist der Herbisweiher im 16. Jahrhundert künstlich angelegt und erst 2003 renaturiert worden. Durch die uralte Tradition der Weiherpflege (die Weiher werden im Winter abgelassen, um die Verschlammung zu verhindern) bietet er als Biotop zahlreichen Tier- und Pflanzenarten eine Heimat und ist ein idyllisches Stillgewässer und Ausflugsziel. Diese beiden Gewässer verbinden schöne und abwechslungsreiche Wanderwege, die absolut pfotenfreundlich sind. Ganzjährig möglich.**

Tour-Info	↔ 7/10,5 km	2/3 Std.	++ mittel
Start-Ziel:	Parkplatz Schwanden		
GPS:	47°43'25.8"N 10°2'38.7"E		
Markierung:	graue Wanderschilder		
Wegecharakteristik:	15 % Wanderweg – 80 % Weg – 5 % Nebenstraße		

Vom Parkplatz Schwanden folgen wir dem Weg hinein in den Wald, halten uns an der ersten Gabelung rechts und erreichen schon nach kurzer Zeit den **1** Herbisweiher. Erstes Ziel ist die hölzerne Aussichtsplattform am Ufer. Hier können wir einfach die Landschaft genießen oder aber uns von den Informationstafeln über die Geschichte des Weihers und die Artenvielfalt aufklären lassen. Ein kleines Stück weiter den Weg entlang

TOUR 33

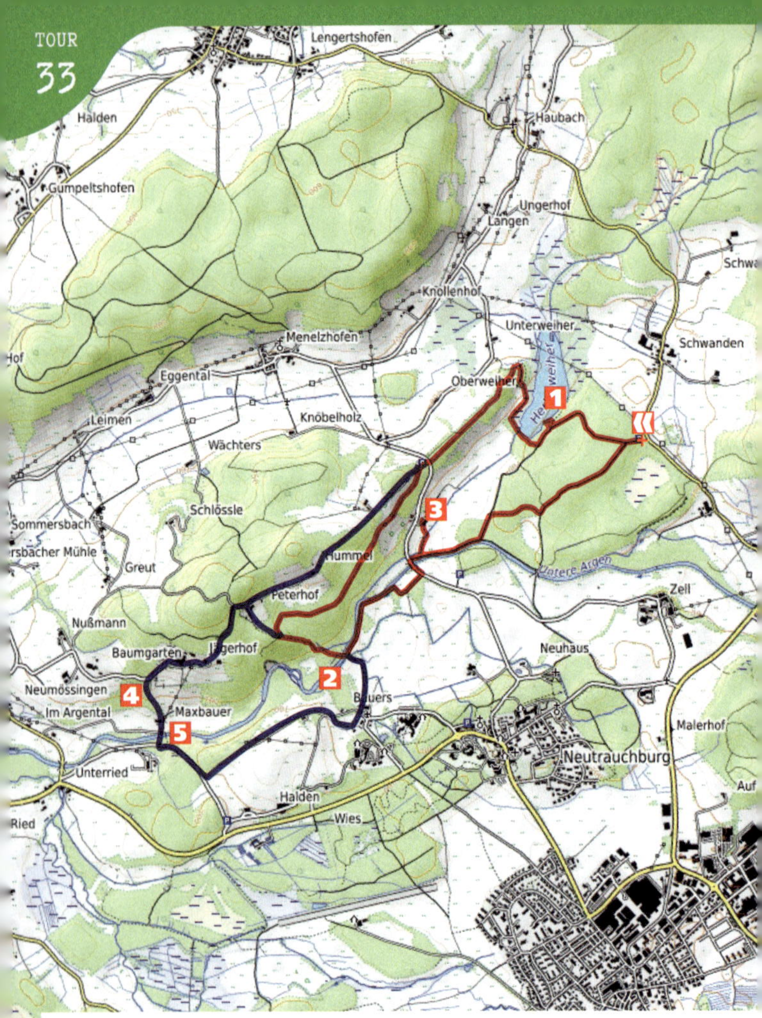
Lengertshofen
Halden
Haubach
Gumpeltshofen
Ungerhof
Langen
Knollenhof
Unterweiher
Schwanden
Menelzhofen
Eggental
Oberweiher
1
Leimen
Knöbelholz
Wächters
3
Schlössle
Sommersbach
Hummel
Greut
Untere Argen
Zell
Peterhof
Nußmann
Baumgarten
Jägerhof
Neuhaus
2
Neumossingen
4
Im Argental
Maxbauer
Bauers
5
Malerhof
Neutrauchburg
Unterried
Halden
Wies
Ried
Schweinebach
Dorenwaid
B 12

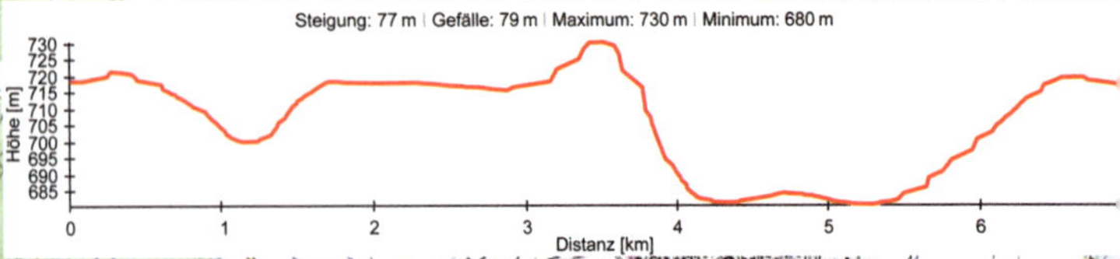
Steigung: 77 m | Gefälle: 79 m | Maximum: 730 m | Minimum: 680 m
730
725
720
715
710
705
700
695
690
685
Höhe [m]
0
1
2
3
4
5
6
Distanz [km]

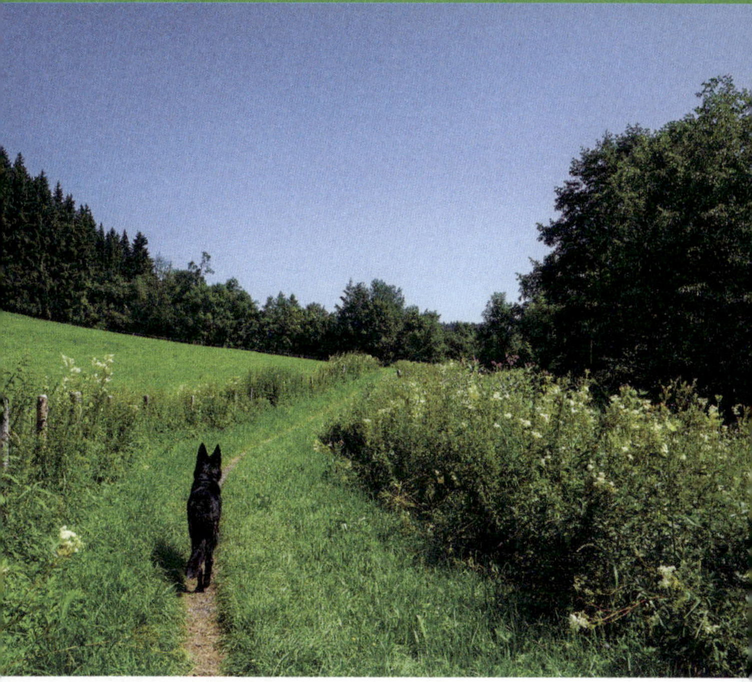

Die Wege sind abwechslungsreich und pfotenfreundlich

geht es rechterhand hinunter zu Holzbänken und der ersten Hundebadestelle der heutigen Wanderung. Weiter geht es dann dem Pfad folgend über das Bächlein. Nach ein paar Metern durch den Wald erreichen wir einen schönen Wiesenpfad entlang einer Viehweide.

Diesem folgen wir bis zum Wald, steigen über Wurzeln hinauf und folgen den grauen Wegweisern durch den Wald hindurch. Am anderen Waldrand angekommen, biegen wir nach links ab und folgen dem Wurzelpfad, zunächst entlang einer Viehweide und dann oberhalb der Abbruchkante, bis wir zu einer Straße kommen. ! Hunde anleinen. Wir überqueren die Straße und folgen der Teerstraße den Hügel hinauf. Rechterhand passieren wir einen Wanderparkplatz, wo wir eventuelle Kotbeutel entsorgen können. Nun gibt es zwei Möglichkeiten: Entweder wir folgen dem größtenteils geteerten, sonnigen und aussichtsreichen Westallgäuer Wasserweg Tour 26 und gehen geradeaus die

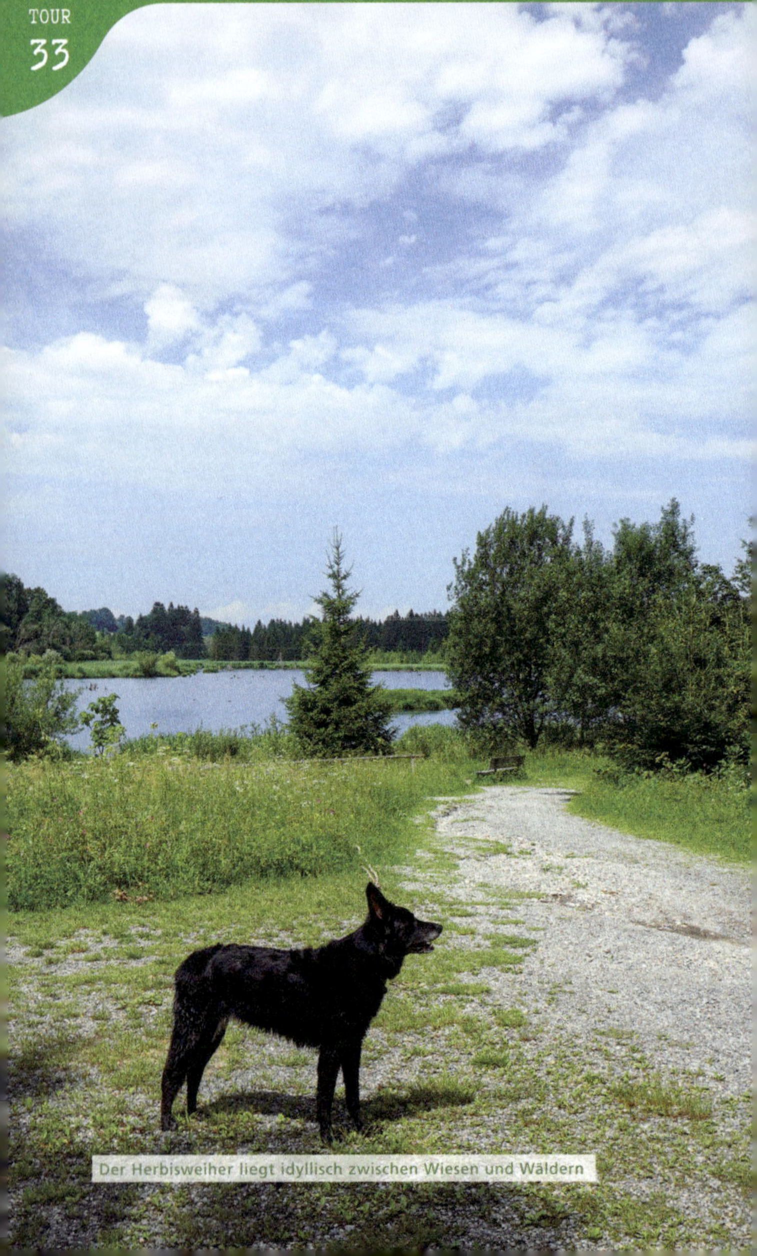

Der Herbisweiher liegt idyllisch zwischen Wiesen und Wäldern

längere Runde über 4 Berghotel Jägerhof und 5 Maxlbauer (bei Entstehung des Buches war die Holzbrücke beim Maxlbauer über die Untere Argen gesperrt) oder wir biegen bei der nächsten Gelegenheit links ab und folgen dem Schotterweg hinein in den schattigen Wald. Der Weg durch den Wald erreicht nach einiger Zeit eine Kreuzung, ab hier folgen wir einem Steig linkerhand recht steil bergab zur 2 Unteren Argen. Glasklares Wasser begrüßt uns. Die schönste Badestelle liegt etwa 150 m flussaufwärts. Wir queren also die Brücke, gehen dann links und folgen alsbald einem der kleinen Trampelpfade zum Wasser. Je nach Wasserstand suchen wir uns ein gemütliches Plätzchen auf der Kiesbank. An manchen Stellen ist die Untere Argen richtig tief und die Strömung überraschend stark. Sie lädt Zwei- und Vierbeiner zum Baden ein!

Baden macht bekanntlich hungrig. Wir setzen unseren Weg also flussaufwärts fort und folgen dem Teerweg, bis wir zu einer Straße kommen. ! Hunde anleinen. Auf der anderen Straßenseite ist der Fußweg, dem wir nach links folgen. Hinter der Brücke ist ein kleiner Parkplatz. Hier biegen wir nach rechts ab und folgen den Wegweisern Richtung Herbisweiher und Parkplatz Schwanden. Bald weist uns ein Schild den Weg zur 3 Fuchsbauer's Cafe-Stube, wo köstliche Kuchen locken. Für den restlichen Weg folgen wir dann dem Kiesweg, halten uns an der nächsten Gabelung links und spazieren zunächst am Waldrand entlang, wieder am Herbisweiher vorbei und zurück zum Parkplatz Schwanden.

	Info
H	von Neutrauchburg gelaufen, hierhin mit dem Bus 7542 (Wangen – Isny)
P	Parkplatz Schwanden
Karte	Kompass Wanderkarte Oberschwaben – Isny – Wangen – Leutkirch (Band 187)
Essen	Fuchsbauer's Café-Stube Fuchsbauer 2 88316 Isny im Allgäu Do.-Sa. 14-18 Uhr, Sonn- und Feiertags 13-18 Uhr
Übernachtung	Sonne Neutrauchburg Schlossstraße 7 88316 Neutrauchburg Tel.: 07562 9756458 Web: www.sonne-neutrauchburg.de Preise ab 59 Euro (einfacher Standard), Hunde auf Anfrage
i	Büro für Tourismus Isny im Allgäu Unterer Grabenweg 18 88316 Isny im Allgäu Tel.: 07562 – 975630 Web.: www.isny.de
+	Gemeinschaftspraxis Damme und Erler Spitalhofweg 7 88316 Isny im Allgäu Tel.: 0756-8519 www.tierarzt-isny.de

Iron-Dog-
Challenge

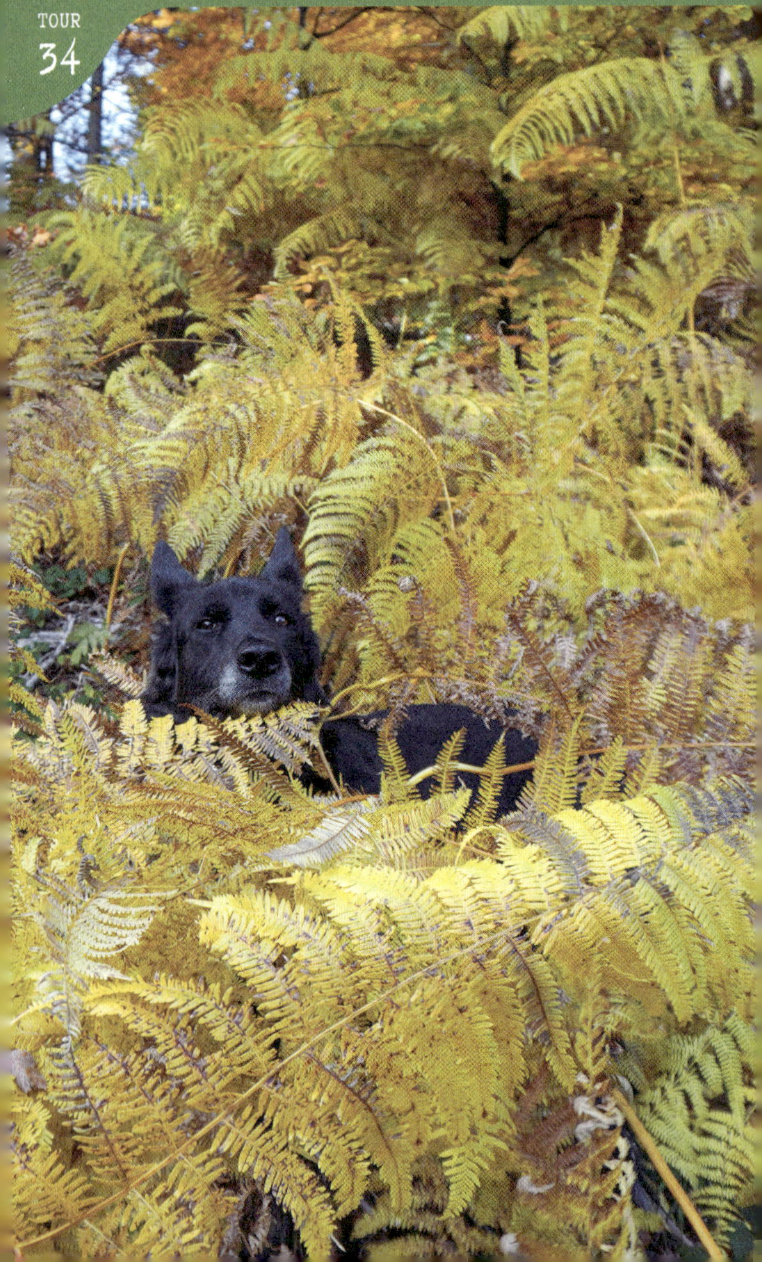

Waldparadies – artenreiche Kulturlandschaft - Ausblick von der Zugspitze bis zum Feldberg

Ein Streifzug durch die Adelegg

Hundefreundlichkeit: **Die Adelegg, unweit von Kempten, ist ein wahrer Geheimtipp für Waldliebhaber! Der Großteil der Wege ist wenig begangen, man taucht tief ein in die Ruhe des Waldes. Also Leinen los! Zahlreiche Tobel durchbrechen die Landschaft und bieten Wasserspaß für unsere Vierbeiner. Erst wenn man sich dem Aussichtsturm auf dem Schwarzen Grat nähert, begegnet man vermehrt anderen Wanderern und Mountainbikern. Rund um die Alpe Wenger Eck stößt man auf etliche Ziegen und Rinder, die die wichtige Aufgabe haben, die Alpweiden offenzuhalten. Ganzjährig möglich.**

Tour-Info	↔ 20 km · 5:40 Std. · +++! iron-dog
Start-Ziel:	Parkplatz Eschacher Weiher
GPS:	47°42'1.4"N 10°11'23.8"E
Markierung:	graue Wanderschilder, weißes Quadrat mit rotem Punkt
Wegecharakteristik:	85 % Forstweg – 10 % Waldweg – 5 % Straße

Die Adelegg, auch das dunkle Herz des Allgäus genannt, ist ein lang vergessenes, einsames und wildes Mittelgebirge mit spannender Vergangenheit. Früher war die Gegend von Bergbauern, Holzfällern und Glasmachern geprägt. Die heutigen Bewohner sind ihrer Heimat sehr verbunden, es gibt einige Initiativen, diese einmalige Landschaft zu pflegen und die Einzigartigkeit zu erhalten.

Am Parkplatz Eschacher Weiher starten wir Richtung Skilifte, die Berge im Rücken. Der Weg führt uns ein kurzes Stück über Wiesen, bevor wir für die nächsten Stunden im Wald verschwinden. Wir folgen dem Wegweiser geradeaus Richtung „Jägerhütte" und starten die Tour gleich

TOUR 34

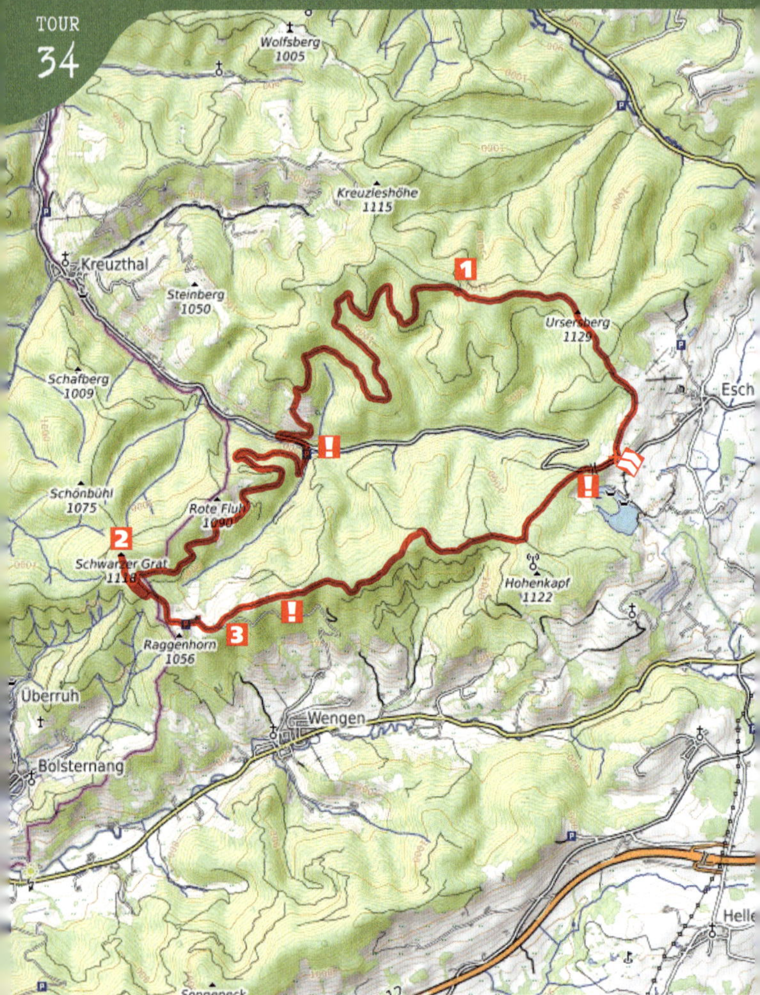

Wolfsberg
1005
Kreuzleshöhe
1115
Kreuzthal
Steinberg
1050
Schafberg
1009
Ursersberg
1129
Esch
Schönbühl
1075
Rote Fluh
1090
Schwarzer Grat
1118
Hohenkapf
1122
Raggenhorn
1056
Überruh
Wengen
Bolsternang
Helle
1
2
3

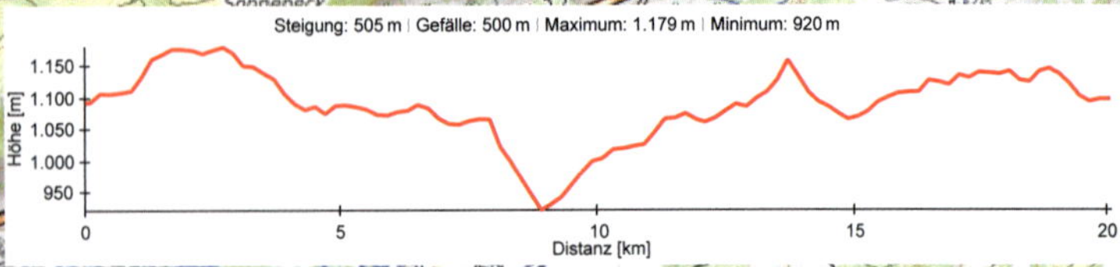

Steigung: 505 m | Gefälle: 500 m | Maximum: 1.179 m | Minimum: 920 m
Höhe [m]
1.150
1.100
1.050
1.000
950
0
5
10
15
20
Distanz [km]

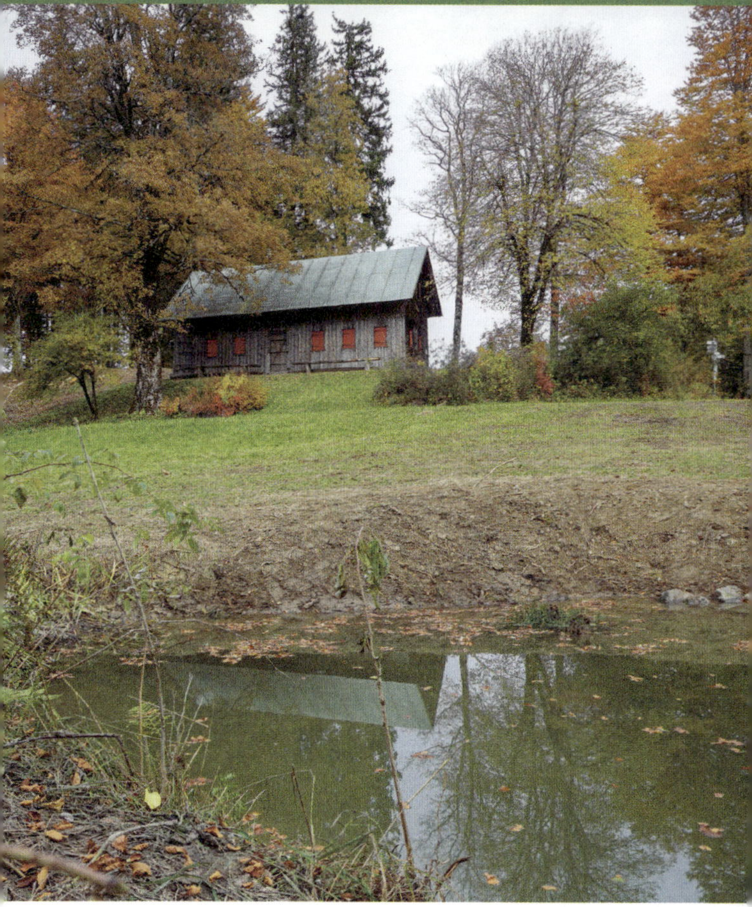

Die idyllische Jägerhütte, ein erster Rastplatz inklusive „Hundebadeweiher“

mit einer Gipfelbesteigung. Unser Weg führt direkt über den Ursersberg, mit 1129 m der höchste Punkt der Adelegg, markiert von der Witzgall-Linde. Vorbei an der Großen Schwedenschanze, ein Überbleibsel aus dem Dreißigjährigen Krieg, erreichen wir nach gut 3 km die auf einer großen Lichtung gelegene **1** Jägerhütte. Ein schöner Platz zum Innehalten.

Hier wählen wir den linken Weg

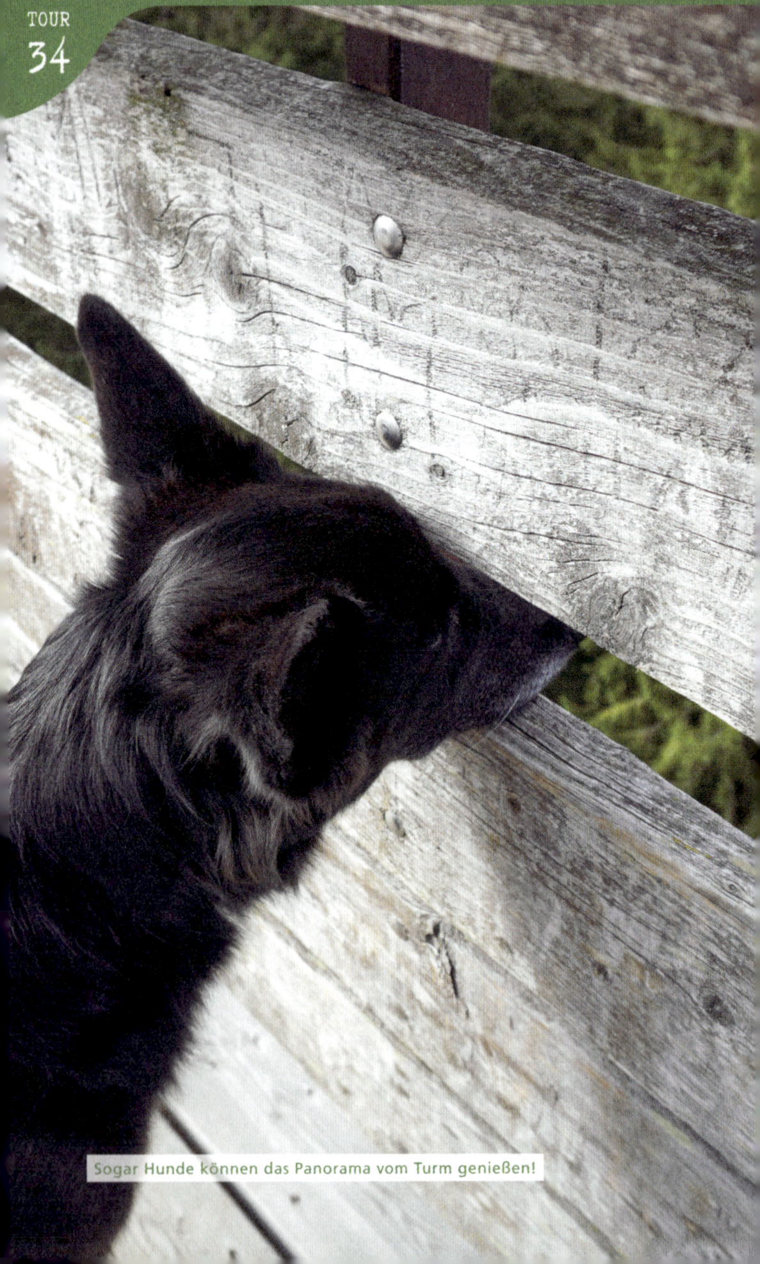

Sogar Hunde können das Panorama vom Turm genießen!

Richtung Eschachthal und gehen unterhalb der Jägerhütte wieder in den Wald hinein. Der Weg führt am Hang entlang und bietet ab und an Ausblicke über die bewaldeten Hängen der Adelegg. An der nächsten Wegkreuzung halten wir uns rechts und folgen dem Hangweg in großen Kehren um diverse Tobel, was die Wasserratten unter den Hunden bestimmt freuen wird. Im Webertobel kann man die noch immer imposanten Überbleibsel der Webertobel-Fichte bestaunen, mit 55 m der ehemals höchste Baum Deutschlands. Bald verlassen wir diese Seite der Adelegg und folgen einem steilen Stich bergab Richtung Gasthof Batscher/Kreuzthal. Hier sollten wir die Hunde anleinen, da wir eine kleine Alpweide überqueren müssen und danach einer kleinen Teerstraße ins Eschachthal folgen. Im Tal angekommen, wenden wir uns nach links und müssen leider ein kurzes Stück die ! Straße entlanggehen. Auf der rechten Straßenseite erreichen wir bald einen großen Wanderparkplatz, wo wir wieder in den Wald eintauchen und die zweite Etappe der Wanderung in Angriff nehmen. Vorher können die Hunde in der Eschach aber nochmal ordentlich Wasser tanken. Die Hälfte des Weges ist geschafft! An der Weggabelung wählen wir den rechten und damit wesentlich ruhigeren Weg Richtung Schwarzer Grat (Höhenzug). Nun geht es wieder gut bergauf, ehe wir entlang der Hochweiden der Rothen Flue wieder ebenere Wege beschreiten. Hier können wir wieder einmal Sonne und weiten Blick genießen, müssen aber ! auf Weidevieh aufpassen. An der zweiten Wiese können wir rechts die Alpe Wenger Eck erblicken. Der Abstecher zum Schwarzen Grat ist aber ein Muss, rechterhand weisen uns Wanderschilder den Weg. Über einen Wurzelweg, welcher auch ! bei Mountainbikern beliebt ist, steigen wir den letzten Hang zum 2 Aussichtsturm Schwarzer Grat empor, welchen wir unbedingt besteigen sollten. Hunden ist der Zutritt gestattet und die breiten Holzstufen (156!) sind für Hundepfoten gut begehbar. Von oben bietet sich uns ein atemberaubender Rundumblick über die gesamte Alpenkette, den Bodensee bis hin zum Feldberg im Schwarzwald.

Wir nehmen den gleichen Weg zurück zum Forstweg und folgen diesem weiter zur 3 Alpe Wenger Eck, wo sich im Sommer zahlreiche ! Schumpen tummeln. Hunde also an die Leine und nah bei sich gehen lassen.

Nun haben wir uns eine ordentliche Pause und Stärkung aber wirklich verdient, denn es liegen bereits 14 km hinter uns. Die Alpe Wenger Eck ist leider nicht ganzjährig bewirtschaftet, wer außerhalb der

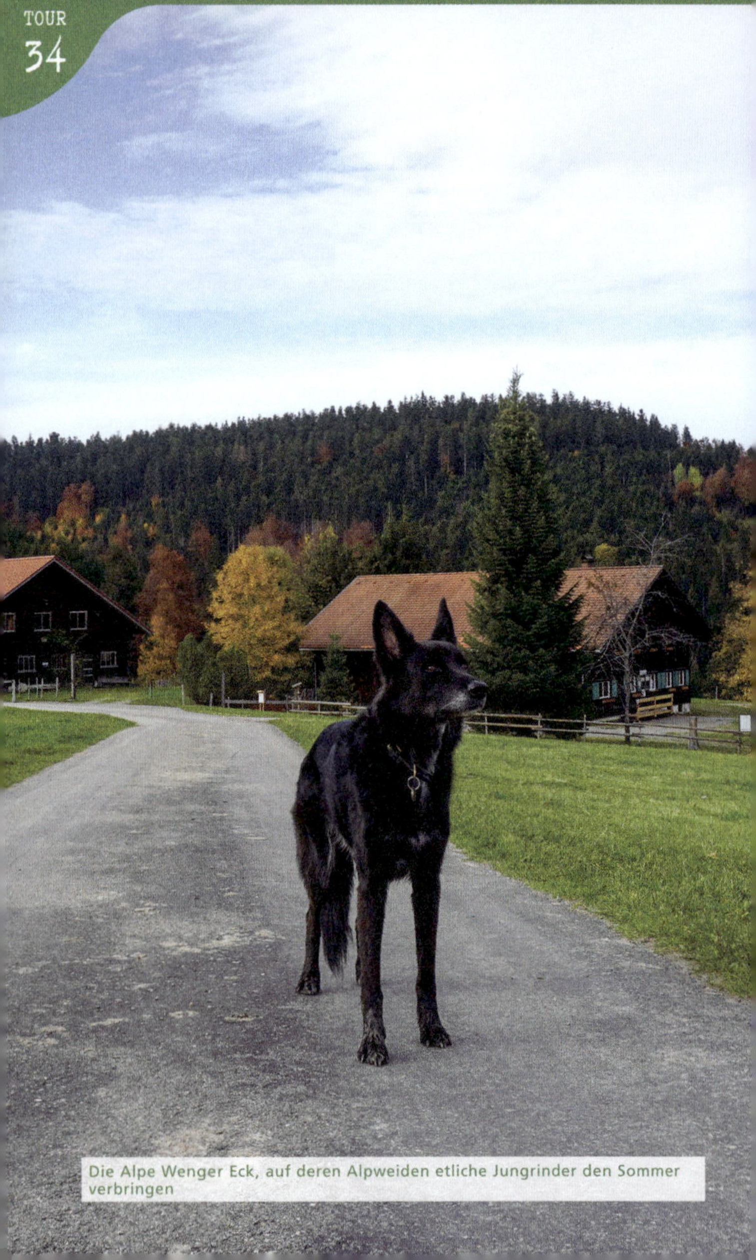

Die Alpe Wenger Eck, auf deren Alpweiden etliche Jungrinder den Sommer verbringen

Almsaison wandert, muss also genug Proviant einpacken!
Zurück zum Parkplatz folgen wir dem Höhenweg Richtung Eschacher Weiher, welcher auch von einem weißen Quadrat mit rotem Punkt markiert ist. Wir wandern entlang der Großen Europäischen Wasserscheide, bis wir auf einer Höhe an eine Weggabelung kommen. Rechts würde es Richtung Hohenkapf und Eschacher Weiher gehen. Wer noch Energiereserven hat, kann diesen Schlenker noch einbauen (+ 1,5 km und 110 m bergauf). Hunden ist das Baden im See leider untersagt. Zum Parkplatz gehen wir links entlang des Planetenwegs stetig bergab. (Zum Zeitpunkt der Tourbegehung war das Schild abgebrochen). An der Straße wenden wir uns nach rechts und erreichen bald den Parkplatz.

Info

keine

Parkplatz Eschacher Weiher

Kompass Wanderkarte Oberschwaben (Band 187)

Alpe Wenger Eck
Tel. 8375-3719859
Mitte Mai bis Mitte September
Di - Fr 11-19 Uhr
Sa - So und an Feiertagen
10-18 Uhr

Gletscheralp Eschach
Eschach 114
87474 Buchenberg
Tel. 08378/1222
Web: www.gletscheralp.de
Sommer: Do - So ab 11 Uhr
Winter: täglich bei Liftbetrieb ab 9 Uhr

Landhaus Sommerau
Eschacher Straße 35
87474 Buchenberg
Tel.: 08378/940930
Web: www.landhaus-sommerau.de
Preise ab 93 Euro (einfacher Standard)

Tourist-Info Buchenberg
Rathaussteige 2
87474 Buchenberg
Tel.: 08378/920222
Web: www.buchenberg.de/tourismus

Tierarztpraxis Angelika Uher
Höfatsweg 4
87435 Kempten (Allgäu)
Tel.: 0831/23235

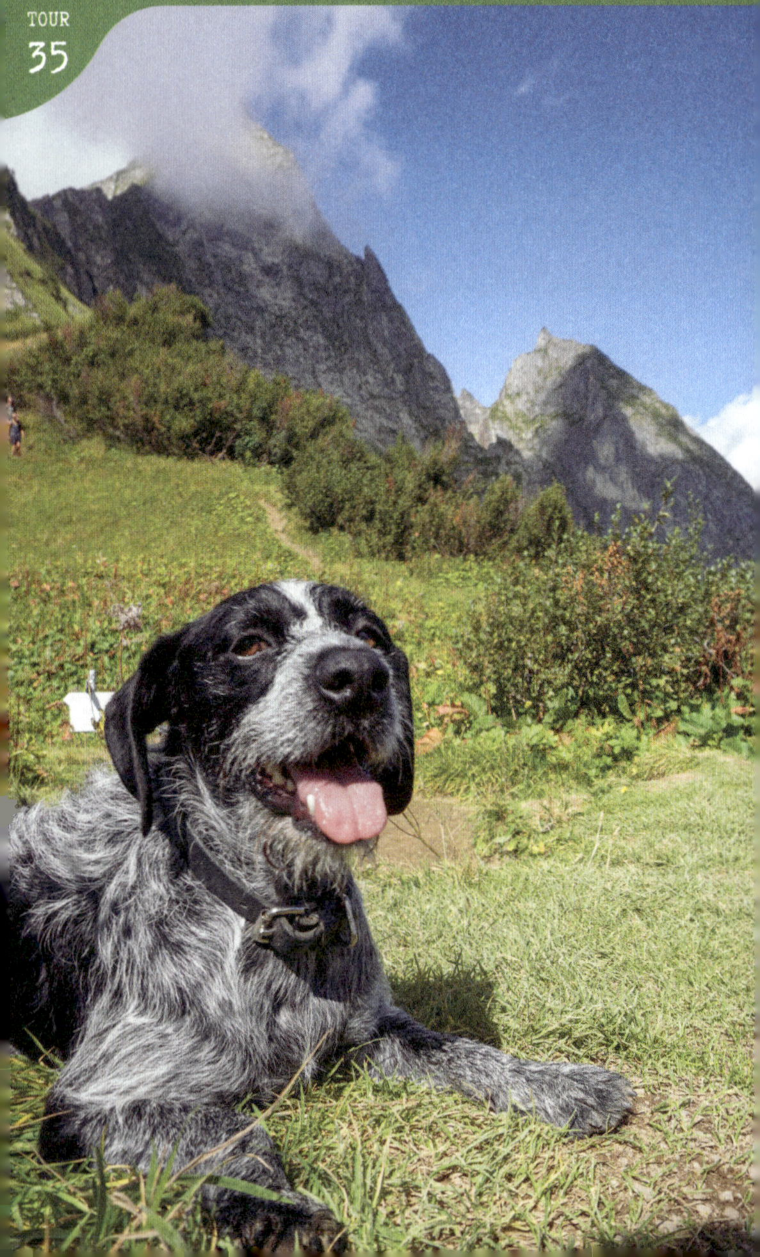

Wunderschöne Landschaft – Wasserstellen entlang der ganzen Tour – viele Einkehrmöglichkeiten

Um die Höfats hinauf zum Eissee

Hundefreundlichkeit: Die Höfats, das Wahrzeichen der Allgäuer Alpen und berühmt für sein Edelweißvorkommen, ist kein Berg zum leichtfertigen Besteigen. Aber eine Wanderung rundherum ist dafür umso empfehlenswerter, auch wenn sie sehr lang ist. An- und Abstieg erfolgen durch zwei Täler, vorbei an rauschenden Wasserfällen und über Almwiesen. Der Anstieg zum Älpelesattel und zur Passhöhe ist zwar sehr steil, aber technisch einfach. Und ein Bad im Eissee macht müde Wanderer sofort wieder munter. Entlang des Weges gibt es viele Einkehrmöglichkeiten, die mit selbstgemachten Köstlichkeiten aufwarten. Nur im Sommer möglich.

Tour-Info	↔ 27 km	10 Std.	+++! iron-dog
Start-Ziel:	Parkplatz Nebelhornbahn		
GPS:	47°24'18.4"N 10°17'8.9"E		
Markierung:	graue Wanderschilder, rote Punkte, gelbe Wanderschilder		
Wegecharakteristik:	50 % Weg – 35 % Bergwanderweg – 10 % Nebenstraße – 5 % Wanderweg		

Von Oberstdorf nehmen wir entweder die Bergsteigerlinie bis zur Haltestelle Christlessee oder wir wandern nach Süden hinaus, den Schildern Richtung „Dietersberg/Gerstruben" folgend, und auf einem schattigen Weg die Trettach entlang. In Dietersberg gabelt sich der Weg. Um den schöneren Aufstieg durch den 1 Hölltobel zu nehmen, halten wir uns rechts und wandern dann den am Mumme-Stüble nach links ausgewiesenen Pfad in den Tobel hinein. Im unteren Teil gibt es noch Zugang zum Dietersbach. Der Weg an sich führt nun recht steil über Wurzelwerk hinauf, ist für Hunde aber problemlos zu bewältigen. Je weiter wir

TOUR
35

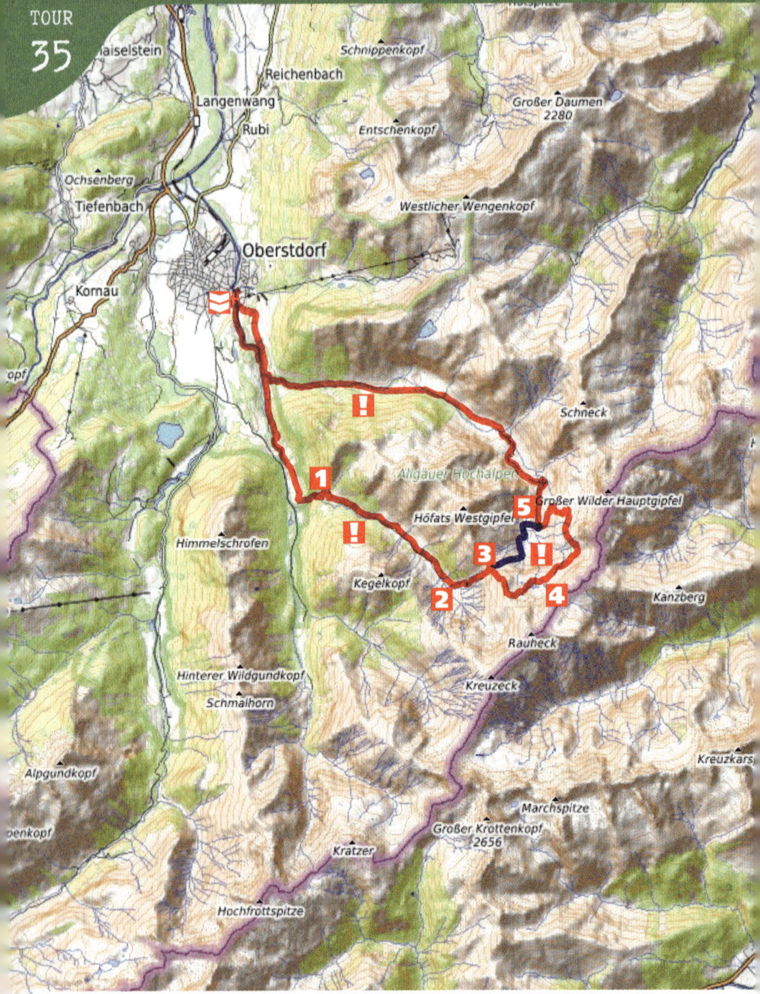

Schnippenkopf
Reichenbach
Langenwang
Rubi
Großer Daumen
2280
Entschenkopf
Ochsenberg
Tiefenbach
Westlicher Wengenkopf
Oberstdorf
Kornau
Schneck
Allgäuer Hochalpen
Großer Wilder Hauptgipfel
Höfats Westgipfel
Himmelschrofen
Kegelkopf
Kanzberg
Rauheck
Kreuzeck
Hinterer Wildgundkopf
Schmalhorn
Alpgundkopf
Kreuzkars
Marchspitze
Großer Krottenkopf
2656
Kratzer
Hochfrottspitze
Steeg
Hinterer Sonnenkogel

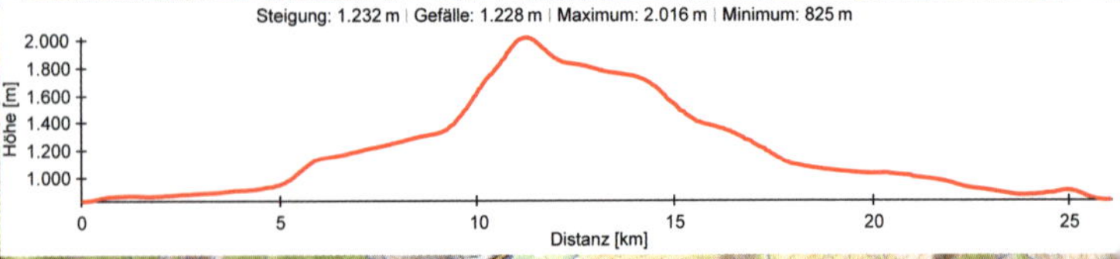

Steigung: 1.232 m | Gefälle: 1.228 m | Maximum: 2.016 m | Minimum: 825 m
Höhe [m]
2.000
1.800
1.600
1.400
1.200
1.000
0
5
10
15
20
25
Distanz [km]

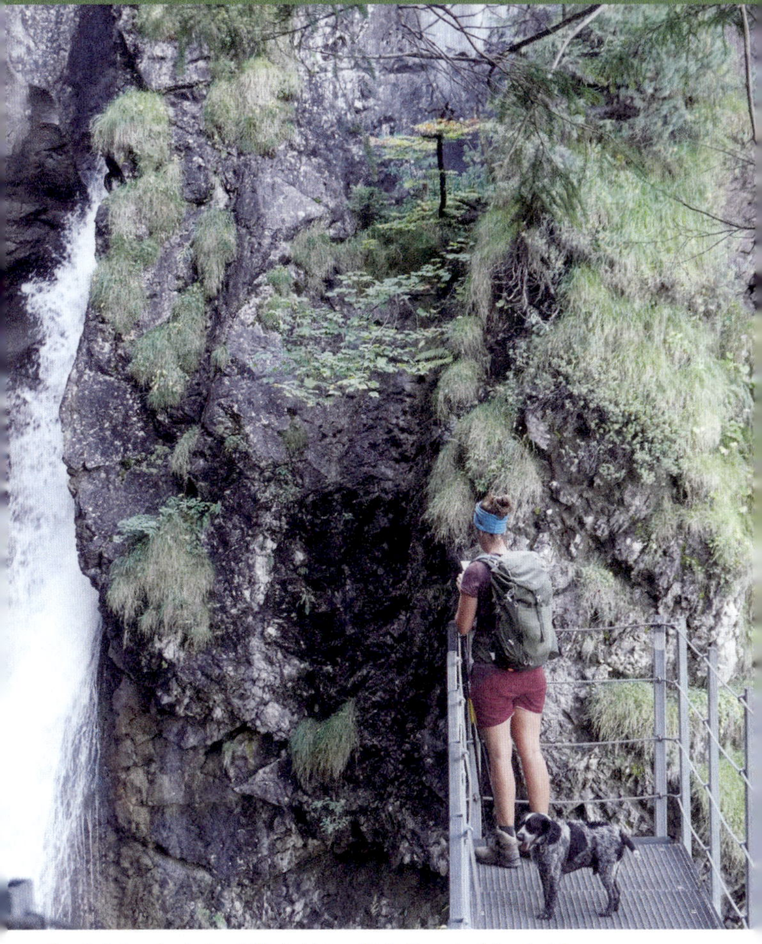

Der Aufstieg durch den Hölltobel ist spektakulär und schön schattig

gehen, umso lauter wird das Tosen des Wasserfalls, Aussichtsplattformen aus Gitterrost ermöglichen tolle Einblicke.

Der Tobelweg mündet auf ein Alpsträßchen, hier wenden wir uns nach rechts und wandern hinauf ins denkmalgeschützte Bergbauerndorf Gerstruben. Hinter der Kapelle können wir das erste Mal die

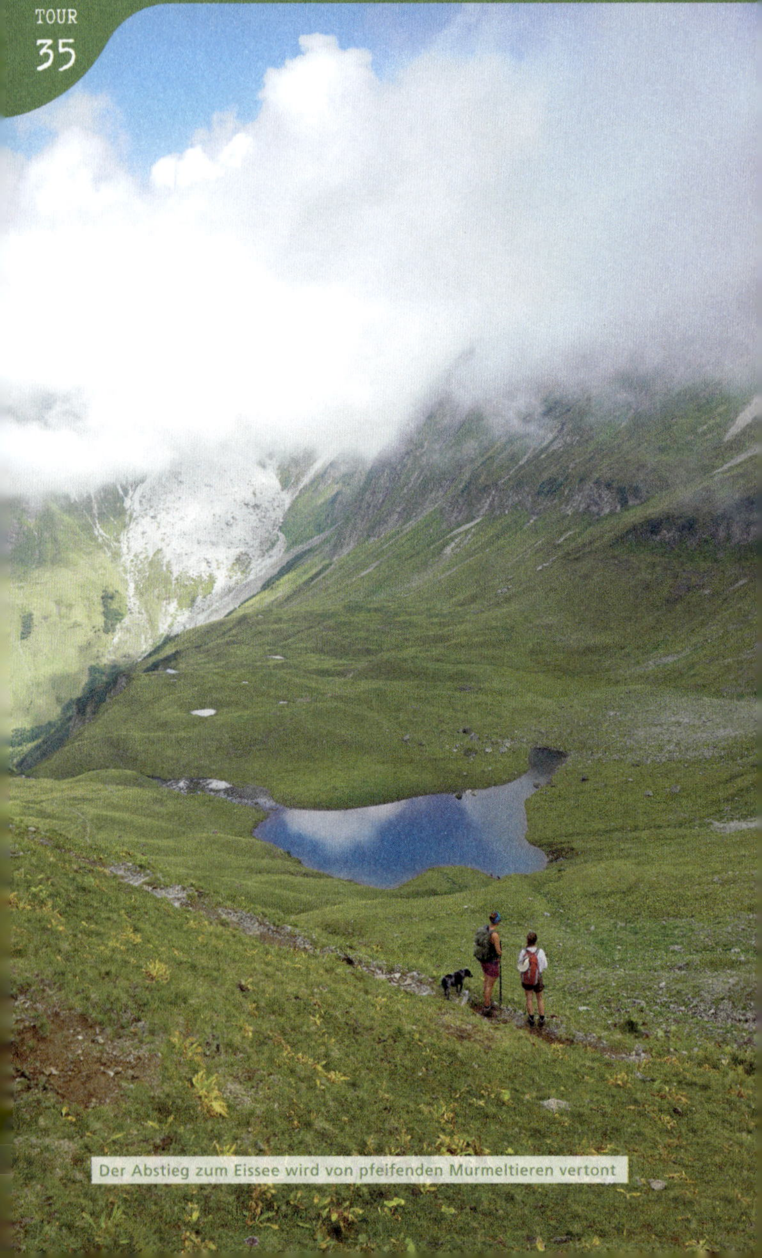

Der Abstieg zum Eissee wird von pfeifenden Murmeltieren vertont

Höfats entdecken. Von Gerstruben wandern wir auf einem gemütlich ansteigenden Wanderweg zur **2** Dietersbachalpe.

! Achtung, hier verbringt viel Weidevieh den Sommer, außerdem nutzen Fahrradfahrer den Weg. In der Dietersbachalpe sollten wir uns nun erstmal ausruhen und für den weiteren Anstieg stärken, die vielen hausgemachten Köstlichkeiten laden dazu ein. **!** Achtung, freilaufende und unerschrockene Hühner suchen unter den Tischen nach Essensresten.

Und nun beginnt der anstrengende Teil des Aufstiegs. Hinter der Hütte passieren wir ein Weideviehgatter und folgend dem Pfad, der sich steil den Hang hinaufschlängelt. Schon bald tauchen wir in dichte Vegetation ein und genießen den Schatten, den uns Bäume und Sträucher fast den ganzen Aufstieg zum **3** Älpelesattel (1780 m) spenden. Auf dem Älpelesattel angekommen, genießen wir erstmal den atemberaubenden Blick auf die Höfatsgipfel, hinüber zum Felsmassiv des Großen und Kleinen Wilden und über das Dietersbachtal, durch welches wir aufgestiegen sind.

Wer keine Kraft mehr für weitere Höhenmeter hat oder wem die Zeit im Nacken sitzt, der kann von hier direkt über die Obere Gutenalpe zur Käseralpe absteigen. Allen anderen sei der Weg über den Eissee ans Herz gelegt. Dafür steigen wir in nun noch steileren Kehren den Steig Richtung Rauheck hinauf. Der Blick von der Passhöhe (2023 m) hinunter zum Eissee lässt jedoch schnell die Strapazen vergessen. Wir wandern ein kleines Stück auf dem Gratweg entlang, ehe wir linkerhand den Abstieg beginnen.

Der Weg hinunter zum **4** Eissee ist einfach, man wird dabei lautstark von Murmeltierwarnpfiffen begleitet. **!** Achtung mit Hunden, die den Murmeltieren in ihre endlosen Erdbauten folgen würden. Das glasklare und eiskalte Wasser des Eissees ist eine Wohltat für müde Pfoten und Füße. Eine Rast am Ufer ist wohlverdient, Krafttanken für den folgenden Abstieg empfehlenswert. Für den weiteren Weg orientieren wir uns an den roten Punkten und Markierungen auf Steinen und Felsen. Wir gehen dafür um den See herum in Richtung der Gipfel vom Großen und Kleinen Wilden. Der Weg wird zunehmend steiniger, wir müssen das Geröllfeld leicht bergauf queren. Aber auch dies stellt für unsere Hunde kein großes Hindernis dar. Wir sollten zügig durch das Geröllfeld gehen und unbedingt auf dem markierten Weg bleiben. Dahinter stoßen wir dann wieder auf Wegweiser und wir folgen dem Höhenweg zur unbewirteten Wildenfeld-Hütte. Hier angekommen, führt

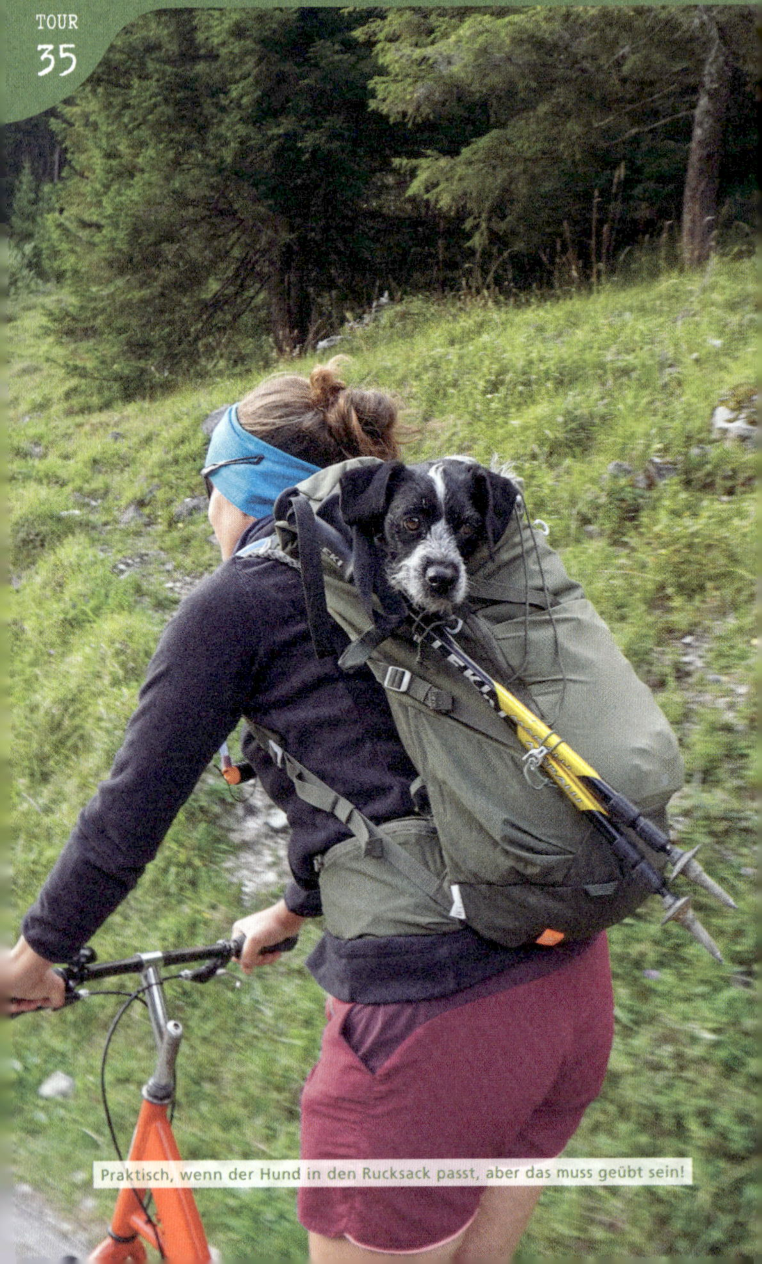

Praktisch, wenn der Hund in den Rucksack passt, aber das muss geübt sein!

uns der nächste Wegweiser hinunter zur Käseralpe. Der Abstieg ist steil und dementsprechend anstrengend. Die idyllisch gelegene 5 Käseralpe ist aber ein lohnendes Ziel. Hier stoßen wir auch wieder auf einen Bach, der für Hunde Abkühlung bringt. Der Blick zurück lohnt und sollte bei einem erfrischenden Getränk ausgekostet werden, ehe wir den Rückweg nach Oberstdorf antreten. ! Achtung, ab hier müssen wir uns wieder den Weg mit Fahrradfahrern teilen. Zunächst wandern wir auf einem gut ausgebauten Fahrweg, der bald in einigen Kehren am Stuibenfall vorbeiführt und zügig an Höhe verliert. Dann queren wir den Oybach und wandern nun gemächlicher an der Unteren Gutenalpe vorbei zum Oytalhaus. Von hier führt eine ca. 6 km lange Teerstraße zurück nach Oberstdorf, die, anstatt zu Fuß, auch mit dem Tretroller (7 Euro) bewältigt werden kann. Das geht natürlich nur mit Hunden, die in den Rucksack verstaut werden können und so sicher die Fahrt überstehen. Nach der doch sehr langen und anstrengenden Wanderung ist es nicht empfehlenswert, seinen Hund nebenher rennen zu lassen.

Info

H	Mit dem Zug nach Oberstdorf, mit der Buslinie 8 (Bergsteigerlinie) zur Haltestelle Christlessee
P	Parkplatz Nebelhornbahn
Karte	Kompass Wanderkarte Oberstdorf, Kleinwalsertal (Band 3)
Einkehr	Dietersbachalpe Gerstruben 87561 Oberstdorf Mo - So 9-17 Uhr (im Sommer) Käseralpe Oytal 87561 Oberstdorf Web: www.kaeseralpe.de Mo - So 9-18 Uhr (im Sommer)
Übernachtung	Hotel Wittelsbacher Hof Prinzenstraße 24 87561 Oberstdorf Tel.: 08322-6050 Web: www.wittelsbacherhof.de Preise ab 95 Euro (einfacher Standard)
i	Tourist-Information im Oberstdorf Haus Prinzregenten-Platz 1 87561 Oberstdorf Tel.: 08322-7000 Web: www.oberstdorf.de
+	Regina Speiser Walserstraße 36 87561 Oberstdorf Tel.: 08332 8098610

Impressum

Bibliografische Informationen der Deutschen Nationalbibliothek
Die Deutsche Nationalbibliothek verzeichnet diese Publikation in der Deutschen Nationalbibliografie; detaillierte bibliografische Daten sind im Internet über http://dnb.d-nb.de abrufbar.

ISBN: 978-3-95693-060-7

Grafisches Gesamtkonzept, Titelgestaltung, Satz und Layout:
fototypo.de

Abbildungsnachweis

alle Fotos:
Inga Wolff-Junghans

Karten:
Kartendaten:
© OpenStreetMap-Mitwirkende, SRTM
Kartendarstellung:
© OpenTopoMap (CC-BY-SA)

Freundschaft: www.facebook.com/fredundotto

Mehr unter www.fredundotto.de

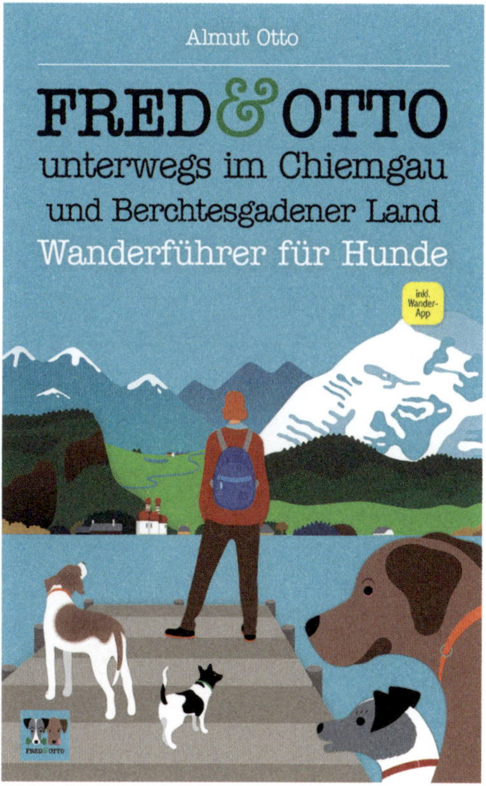

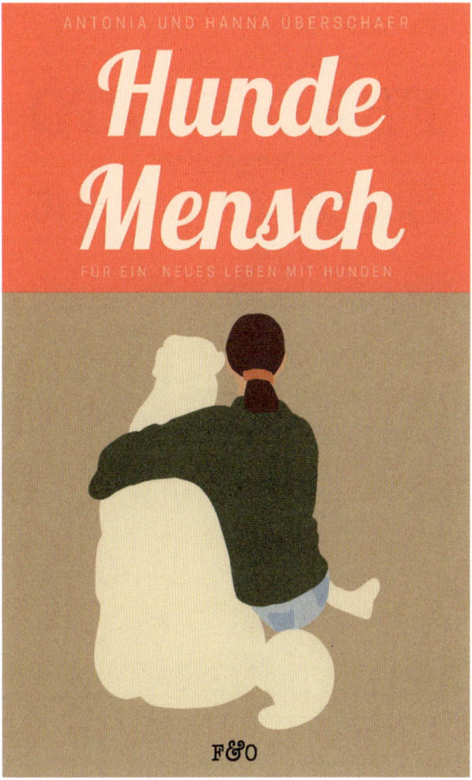
ANTONIA UND HANNA ÜBERSCHAER
Hunde
Mensch
FÜR EIN NEUES LEBEN MIT HUNDEN
F&O

Mehr unter

www.fredundotto.de

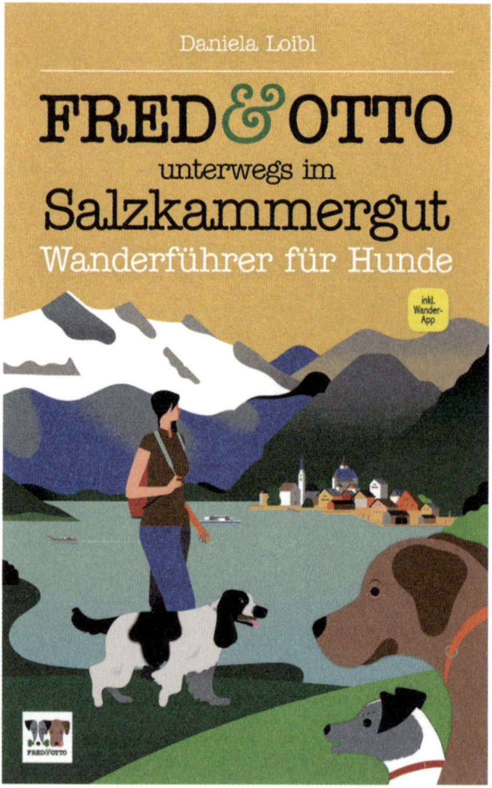